AF725299

DISCLAIMER

The author and publisher are providing this book and its contents on an "as is" basis and make no representations or warranties of any kind with respect to this book or its contents. The author and publisher disclaim all such representations and warranties, including but not limited to warranties of merchantability. In addition, the author and publisher do not represent or warrant that the information accessible via this book is accurate, complete, or current.

Except as specifically stated in this book, neither the author nor publisher, nor any authors, contributors, or other representatives will be liable for damages arising out of or in connection with the use of this book. This is a comprehensive limitation of liability that applies to all damages of any kind, including (without limitation) compensatory; direct, indirect, or consequential damages; loss of data, income, or profit; loss of or damage to property; and claims of third parties.

BESTACTIVITYBOOKS.COM

FIRST EDITION - Published 2022

Extra Graphic Material From: www.freepik.com
Thanks to: Alekksall, Starline, Pch.vector, Rawpixel.com, Vectorpocket, Dgim-studio, Upklyak, Macrovector, Stockgiu, Pikisuperstar & Freepik.com Designers

This Book Comes With Free Bonus Puzzles

Available Here:

BestActivityBooks.com/WSBONUS20

5 TIPS TO START!

1) HOW TO SOLVE

The Puzzles are in a Classic Format:

- Words are hidden without breaks (no spaces, dashes, ...)
- Orientation: Forward & Backward, Up & Down or in Diagonal (can be in both directions)
- Words can overlap or cross each other

2) ACTIVE LEARNING

To encourage learning actively, a space is provided next to each word to write down the translation. The **DICTIONARY** allows you to verify and expand your knowledge. You can look up and write down each translation, find the words in the Puzzle then add them to your vocabulary!

3) TAG YOUR WORDS

Have you tried using a tag system? For example, you could mark the words which have been difficult to find with a cross, the ones you loved with a star, new words with a triangle, rare words with a diamond and so on...

4) ORGANIZE YOUR LEARNING

We also offer a convenient **NOTEBOOK** at the end of this edition. Whether on vacation, travelling or at home, you can easily organize your new knowledge without needing a second notebook!

5) FINISHED?

Go to the bonus section: **MONSTER CHALLENGE** to find a free game offered at the end of this edition!

Want more fun and learning activities? It's Fast and Simple!
An entire Game Book Collection just one click away!

Find your next challenge at:

BestActivityBooks.com/MyNextWordSearch

Ready, Set... Go!

Did you know there are around 7,000 different languages in the world? Words are precious.

We love languages and have been working hard to make the highest quality books for you. Our ingredients?

A selection of indispensable learning themes, three big slices of fun, then we add a spoonful of difficult words and a pinch of rare ones. We serve them up with care and a maximum of delight so you can solve the best word games and have fun learning!

Your feedback is essential. You can be an active participant in the success of this book by leaving us a review. Tell us what you liked most in this edition!

Here is a short link which will take you to your order page.

BestBooksActivity.com/Review50

Thanks for your help and enjoy the Game!

Linguas Classics Team

1 - Antiques

ਐ	ਡ	ਈ	ਪ	ਲ	ਗ	ਉ	ਉ	ਸ	ਬ	ਏ	ਲ	ਯ	ਕ	ਅ	ਏ
ਠ	ਆ	ਤ	ਅ	ਏ	ਹ	ਸ	◌਼	◌ਾ	ਨ	ਦ	◌ਾ	ਰ	◌ੀ	ਖ	ਸ
ਬ	ਹ	◌ਾ	ਲ	◌ੀ	◌ਿ	ੜ	ਫ	◌ੁ	ਲ	ਦ	ਧ	◌ੁ	ਮ	◌ੁ	ਇ
ਥ	ਦ	ਵ	◌ੀ	ਓ	ਣ	ਖ	ਟ	ਥ	◌ੱ	ਕ	ਤ	ਊ	ਤ	ਤ	ਸ
ਏ	ਥ	◌ੱ	◌ੈ	ਕ	◌ੇ	◌ਾ	ਹ	ਦ	◌ੁ	ਛ	ਆ	ਗ	ਲ	ਉ	ਚ
ਘ	ਧ	ਣ	◌਼	ਸ	◌ਿ	◌ੱ	ਕ	◌ੇ	ਮ	◌ੂ	ਰ	ਤ	◌ੀ	ਈ	ਓ
ਹ	ਰ	◌ੁ	ਸ	ਦ	ਲ	ਠ	ਕ	◌ੁ	ਲ	◌ੈ	ਕ	ਟ	ਰ	ਭ	ਛ
ਐ	ਬ	ਗ	ਭ	ਪ	ਉ	ਤ	ਸ	◌਼	◌ਾ	ਹ	◌ੀ	ਖ	◌ੀ	ਵ	ਈ
ਢ	ਛ	ਠ	ਰ	ਢ	◌੍	ਨ	ਐ	ਦ	ਣ	ਕ	ਜ	ਖ	ਲ	ਨ	ਵ
ਫ	ਇ	◌ੁ	ਅ	ਧ	ਚ	ਰ	ਚ	◌ੀ	ਨ	ਰ	ਫ	ਘ	◌ੈ	ਆ	ਢ
ਛ	ਬ	ਠ	ਠ	ਰ	ਯ	ਉ	ਮ	◌ੀ	ਲ	◌ਾ	◌ਿ	ਨ	ਗ	ਗ	ਦ
ਧ	ਇ	ਲ	ਖ	ਠ	ਲ	ਛ	ਮ	◌ਾ	ਈ	ਮ	ਠ	◌ਿ	ਰ	ਠ	ਠ
ਸ	ਦ	◌ੀ	ਇ	ਜ	ਤ	ਖ	ਠ	ਰ	ਣ	ਟ	◌ੀ	ਵ	◌ਾ	ਜ	ਸ
ਟ	ਠ	ਯ	ਛ	ਢ	ਕ	ਇ	ਰ	ਖ	ਓ	◌ਿ	ਘ	◌ੇ	ਧ	ਊ	ਗ
ਟ	ਟ	ਓ	ਓ	ਉ	ੜ	ਘ	ਨ	ਏ	ਫ	ਲ	ਕ	ਸ	ਊ	ਐ	ਣ
ਨ	ਖ	ਦ	ੜ	ਠ	ਆ	ਛ	ਏ	ਰ	ਖ	ਹ	ਛ	◌਼	ਮ	ਏ	ਲ

ਕਲਾ
ਨਿਲਾਮੀ
ਪ੍ਰਮਾਣਿਕ
ਸਦੀ
ਸਿੱਕੇ
ਕੁਲੈਕਟਰ
ਦਹਾਕੇ
ਸਜਾਵਟੀ
ਸ਼ਾਨਦਾਰ
ਉਤਸ਼ਾਹੀ
ਫਰਨੀਂਚਰ
ਗੈਲਰੀ
ਨਿਵੇਸ਼
ਗਹਿਣੇ
ਕੀਮਤ
ਗੁਣਵੱਤਾ
ਬਹਾਲੀ
ਮੂਰਤੀ
ਸ਼ੈਲੀ
ਮੁੱਲ

2 - Food #1

ਚ	ਖ	ੜ	ਐ	ਡ	ੜ	ਬ	ਧ	◌ੱ	◌ੁ	ਦ	ਮ	ਅ	ਜ	ਧ	ਊ
ਇ	ਅ	◌ੁ	ਆ	ਦ	ਥ	◌ੇ	ਓ	ਇ	ਅ	◌ਾ	ਈ	ਅ	◌ੌ	◌ੁ	ਐ
ਸ	ਸ	ਨ	ਰ	ਡ	ਆ	ਸ	ਥ	ਗ	ਕ	ਲ	◌ਾ	ਪ	◌ਂ	ਲ	ਮ
ਲ	ਲ	◌ਾ	◌ੀ	ਮ	ਦ	ਿ◌	ਘ	ਕ	ਯ	ਚ	ਫ	ਟ	ਠ	ਬ	ਡ
◌ਾ	ਬ	ਸ	ਬ	ਗ	◌ਾ	ਲ	ਭ	ਬ	ਲ	◌ੀ	ਫ	ਗ	◌ੰ	◌ੂ	ਮ
ਦ	ਢ	◌਼	◌ੈ	ਲ	ਧ	ਨ	ਖ	ਪ	ਖ	ਨ	ਲ	◌ੂ	ਣ	◌ੰ	◌ੁ
ਛ	ਚ	ਪ	ਰ	◌਼	ਓ	◌ਾ	◌ੀ	◌ੰ	ੜ	◌ੀ	ਜ	◌ੂ	ਸ	ਿ◌	ਲ
◌ੁ	ਏ	◌ਾ	◌ਾ	ਸ	ਭ	◌ੁ	ਦ	ਫ	ਡ	ਆ	ਢ	ਊ	ਤ	ਨ	ਸ
ਡ	ਸ	ਤ	◌੍	ਮ	ਦ	ਟ	ਛ	ਇ	ਈ	ਲ	ਸ	ਆ	ਸ	ੜ	ੜ
ਧ	ੜ	◌ੀ	ਟ	ਮ	ਫ	ਆ	ਰ	ਤ	ਠ	ਠ	ਨ	ਚ	◌ੂ	ਕ	ਐ
ਐ	ਖ	ਲ	ਸ	ਕ	ਣ	ਓ	ਦ	ਉ	ਮ	ਜ	ਆ	ਿ◌	ਪ	ਰ	ਉ
ਨ	ਇ	ਦ	ਘ	ਈ	ਆ	ਘ	ਨ	ਊ	ਲ	ਪ	ਈ	ਊ	ਕ	ਕ	ਊ
ਗ	ਖ	ਧ	ੜ	ਗ	ਢ	ਮ	◌ੁ	ਠ	ਡ	ਚ	ਸ	ਇ	ਗ	ਛ	ਣ
ਨ	◌ਾ	ਚ	ਥ	ਰ	ਹ	ਟ	ਘ	ਦ	ਏ	ਈ	ਕ	ਗ	ਉ	ਠ	ਊ
ਫ	ਐ	ਜ	ਣ	ਆ	ਗ	ਆ	ਚ	ਢ	ਏ	ਅ	ਲ	ਟ	◌ੁ	ਲ	ਠ
ਸ	ਗ	ਰ	ਰ	ਭ	ਠ	ਸ	ਸ	ਓ	ਤ	ਖ	ਮ	ਲ	ਸ	ਣ	ਫ

ਖੁਰਮਾਨੀਂ
ਜੌਂ
ਬੇਸਿਲ
ਗਾਜਰ
ਦਾਲਚੀਨੀ
ਲਸਣ
ਜੂਸ
ਨਿੰਬੂ
ਦੁੱਧ
ਪਿਆਜ

ਮੂੰਗਫਲੀਂ
ਨਾਸ਼ਪਾਤੀ
ਸਲਾਦ
ਲੂਣ
ਸੂਪ
ਪਾਲਕ
ਸਟ੍ਰਾਬੈਰੀ
ਖੰਡ
ਟੂਨਾ
ਸ਼ਲਗਮ

3 - Measurements

ਸ	ਨ	ਲ	ਧ	ਸ	◌ਂ	ਔ	ਊ	ਯ	ਨ	ਅ	ਗ	ਮ	ਉ	ਛ	ਥ
ਗ	ਟ	◌ੰ	ਡ	◌ੈ	ਅ	ਨ	ੜ	ਐ	ਭ	ਟ	ਡ	ਰ	◌ੀ	ਨ	ਨ
ਥ	ਢ	ਬ	ਿ◌	◌ਂ	ਘ	ਜ	ਉ	ਚ	◌ਾ	ਈ	ਕ	◌ਾ	ਦ	ਟ	ਓ
ਖ	ਧ	◌ਾ	ਗ	ਟ	ਇ	◌ੰ	ਚ	ਛ	ਇ	ੜ	ਘ	ਗ	ਖ	ਈ	ਰ
ਠ	ਥ	ਈ	ਰ	◌ੀ	ਮ	◌ੁ	ਊ	ਜ	ਸ	ਦ	ਠ	◌੍	◌ੁ	◌ਾ	ਟ
ਰ	ਐ	ਗ	◌ੀ	ਮ	ਵ	ਪ	ਕ	ਫ	ਤ	ਬ	ਜ	ਲ	ਵ	ਬ	ਿ◌
ਦ	ਡ	ਹ	ਈ	◌ੀ	ੜ	ਮ	ਿ◌	◌ੰ	ਟ	ਢ	ਠ	◌ੋ	ਸ	ਚ	ਲ
ਡ	ਸ	ਬ	ਢ	ਟ	ਲ	ਰ	◌ੁ	ੜ	ਚ	ਉ	◌ੁ	ਿ◌	ਥ	ਪ	ਸ
ਕ	ਹ	◌਼	ਊ	ਰ	ਡ	◌ਾ	ਫ	ਠ	ਘ	ਊ	ਖ	ਕ	ਓ	ਰ	ਵ
◌ੁ	ਿ◌	ਪ	ਮ	ਸ	ਦ	◌੍	ਊ	ਦ	◌ੁ	ਟ	ਕ	ਬ	ਊ	ਪ	ਣ
ਜ	ਛ	ਲ	ਮ	ਲ	ਘ	ਗ	ਠ	ਚ	ਘ	ਏ	ੜ	ਹ	ਧ	ਦ	ਆ
ਵ	ਹ	ਵ	◌ੋ	ਐ	ਵ	ਛ	ੜ	ੜ	ਚ	ਦ	ਚ	◌ੌ	ੜ	◌ਾ	ਈ
ਗ	ੜ	ਛ	ਖ	ਮ	ਖ	ਐ	ਸ	ਆ	ਘ	◌ੁ	ਘ	ਏ	ਭ	ਰ	ੜ
ਪ	ਦ	ਭ	ਚ	ੜ	◌ੀ	ਡ	◌ੂ	◌ੰ	ਘ	◌ਾ	ਈ	ਲ	ਭ	ਦ	ਐ
ਛ	ੜ	ਆ	ਦ	ਰ	ਣ	ਟ	ਯ	ਭ	◌ਾ	ਰ	ਘ	ਫ	ਪ	ਧ	ਨ
ਓ	ਟ	ਊ	ਏ	ਇ	ਨ	ਟ	ਰ	ਚ	ਯ	ਚ	ਦ	ਬ	ਛ	ਠ	ਹ

ਬਾਇੰਟ
ਸੈਂਟੀਮੀਟਰ
ਦਸ਼ਮਲਵ
ਡਿਗਰੀ
ਡੂੰਘਾਈ
ਗ੍ਰਾਮ
ਉਚਾਈ
ਇੰਚ
ਕਿਲੋਗ੍ਰਾਮ
ਕਿਲੋਮੀਟਰ

ਲੰਬਾਈ
ਲਿਟਰ
ਪੁੰਜ
ਮੀਟਰ
ਮਿੰਟ
ਔਂਸ
ਟਨ
ਭਾਰ
ਚੌੜਾਈ

4 - Farm #2

ਲ	ਦ	ਦ	ਮ	ਆ	ਤ	ਡ	ਛ	ਗ	ਢ	ਛ	ਘ	ਭ	ਪ	ਘ	ਬ
◌਼	ਗ	◌ੁ	ਸ	◌ੀ	ਖ	ਧ	ਆ	ਰ	ਚ	ਰ	ਡ	ਜ	ਹ	ਜ	ਧ
ਖ	ਲ	◌ੱ	ਨ	ਨ	ਡ	◌ੇ	ਭ	ਛ	ਟ	ਏ	ਢ	ਧ	ਪ	◌ੁ	ਐ
ਤ	ਯ	ਧ	ਢ	ਊ	ਦ	◌ੋ	ਅ	ਤ	ਜ	ਰ	ਓ	ਯ	ਉ	ਣ	ਜ
ਬ	◌ਾ	ਰ	ਨ	ਵ	ਕ	ਡ	ਈ	ਵ	ਹ	◌ੌ	◌ੈ	ਭ	◌ੋ	ਜ	ਨ
ਢ	ਪ	ੜ	ਅ	ਆ	ਘ	ਦ	ਫ	ਛ	ਬ	ਣ	◌ਂ	ਕ	ਰ	ਸ	ਸ
ਨ	ਉ	ਖ	ਭ	ਦ	ਛ	◌ੁ	ਇ	◌ੁ	ਭ	ਉ	ਊ	ਤ	ਟ	ਆ	◌ਾ
ਸ	ਬ	ਜ	◌਼	◌ੀ	ਸ	ਆ	ਲ	ਠ	ਦ	ਬ	ਕ	ਅ	ਜ	ਰ	ਿ◌
ਘ	ਕ	ਸ	ਵ	ਿ◌	◌ੰ	ਡ	ਮ	ਿ◌	ਲ	◌ੀ	ਣ	ੜ	ਟ	ਵ	ਕ
ਵ	ਦ	ਲ	ਏ	ਨ	ਦ	ਤ	ਯ	ੜ	ਥ	ਹ	ਕ	ਘ	ੜ	ਨ	ਠ
ਜ	ਅ	ਧ	ਦ	ਬ	ਮ	ਥ	ਦ	ਥ	ਫ	◌ੀ	ਲ	◌ਾ	ਮ	◌ਾ	ਲ
ਇ	ਣ	ਆ	ਡ	ਯ	ਹ	ਉ	ਵ	ਹ	ਠ	ਵ	ਧ	ਕ	ਦ	ਜ	ਇ
ਣ	ਖ	ਖ	ਐ	ਉ	ਈ	ਚ	ਠ	ਐ	ਠ	ਕ	ਘ	ਡ	ਇ	ਇ	ਜ
ਵ	ਹ	ਸ	ਐ	ਸ	ਧ	ਹ	ਚ	ਐ	ਸ	ਿ◌	◌ੰ	ਚ	◌ਾ	ਈ	ਠ
ਐ	ਅ	ਠ	ਕ	ਘ	ਫ	ਇ	ੜ	ਘ	ਛ	ਨ	ਦ	ਦ	ਓ	ਛ	ਓ
ਥ	ਮ	ਸ	ਖ	ਘ	ਲ	ਰ	ਗ	ਣ	ਛ	ਧ	ਖ	ਛ	◌ੁ	ਣ	ਉ

ਜ਼ਾਨਵਰ
ਜੌਂ
ਬਾਰਨ
ਬੀਹੀਵ
ਬਤਖ਼
ਕਿਸਾਨ
ਭੋਜਨ
ਫਲ
ਸਿੰਚਾਈ
ਲਾਮਾ
ਮੀਡੋ
ਦੁੱਧ
ਆਰਚਰਡ
ਭੇਡ
ਟਰੈਕਟਰ
ਸਬਜ਼ੀ
ਕਣਕ
ਵਿੰਡਮਿਲ

5 - Books

ਨ	ਦ	ਈ	ਮ	ਐ	ਅ	ਦ	ਵ	ਰ	ਦ	ਲ	ਥ	ਕ	ਠ	ਇ	ਯ
ਥ	ਨ	◌ਾ	ਵ	ਲ	ਪ	◌ੱ	ਲ	ਖ	ਆ	ਅ	ਜ	ਵ	ਭ	◌ੁ	ਲ
ਸ	ਘ	ਰ	ਅ	ਚ	ਲ	ਿ◌	ਖ	◌ੇ	ਐ	ਧ	ਰ	ਿ◌	ਢ	ਕ	ਤ
ਕ	ਖ	◌ੇ	ਲ	ਗ	ਯ	ਘ	ਕ	ਰ	ਰ	ਆ	ਕ	ਤ	ਉ	ਤ	ਫ
ਠ	ਨ	ਖ	ਵ	ਣ	◌ੀ	ਹ	◌ੀ	ਸ	◌ੋ	◌ਾ	ਹ	◌ਾ	ਦ	ਰ	ਢ
◌ਾ	ਖ	◌ੋ	ਜ	◌ੀ	ਘ	ਲ	ਠ	ਗ	ਵ	ਇ	ਨ	ਪ	ਅ	ਵ	ਵ
ਪ	◌੍	ਰ	ਸ	◌ੰ	ਗ	ਿ◌	ਈ	ਹ	ਧ	ਫ	ਸ	◌ਾ	ਢ	ਆ	ਭ
ਵ	ਏ	ਛ	ਆ	ਮ	ਗ	ਖ	ਮ	ਕ	ਇ	ਉ	◌ੰ	ਪ	ਲ	ਐ	ਏ
ਇ	ਤ	ਯ	ਖ	ਹ	ਪ	ਿ◌	ਯ	ਊ	ਫ	ਢ	ਗ	ਊ	ਐ	◌ੁ	ਹ
ਇ	ੜ	ਣ	ਇ	ਨ	ਣ	ਆ	ਲ	ੜ	ਟ	ਐ	◌੍	ਈ	ਭ	ਡ	ਗ
ਕ	ਹ	◌ਾ	ਣ	◌ੀ	ਸ	ਫ	◌਼	◌ਾ	ਣ	ਠ	ਰ	ਦ	ਵ	◌ੈ	ਤ
ਐ	ਣ	ਸ	ਖ	ਦ	◌ੁ	ਖ	ਦ	◌ਾ	ਈ	ਥ	ਹ	ਘ	ਪ	ਓ	ਜ
ਓ	ਆ	ਚ	ਜ	ਢ	ਵ	ਜ	ਯ	ਵ	ਤ	ਧ	ਿ◌	ਬ	◌ੰ	◌ੰ	ਸ
ਡ	ਸ	◌ਾ	ਹ	ਿ◌	ਤ	ਕ	ਬ	ਫ	ਦ	ਓ	◌ੁ	ਯ	ਡ	ਲ	ਰ
ਇ	ਤ	ਿ◌	ਹ	◌ਾ	ਸ	ਕ	ਇ	ਠ	ਭ	ਥ	ਮ	ਈ	ਹ	ੜ	ਓ
ਹ	ਘ	ਸ	ਯ	ਛ	ਲ	ਜ	ਗ	ਫ	ਈ	ਓ	ਧ	ਯ	ਏ	◌ੀ	ਛ

ਦਲੇਰਾਨਾ
ਲੇਖਕ
ਅੱਖਰ
ਸੰਗ੍ਰਹਿ
ਪ੍ਰਸੰਗ
ਦਵੈਤ
ਐਪਿਕ
ਇਤਿਹਾਸਕ
ਹਾਸੋਹੀਣੀ
ਖੋਜੀ
ਸਾਹਿਤਕ
ਨਾਵਲ
ਸਫ਼ਾ
ਕਵਿਤਾ
ਪਾਠਕ
ਸੰਬੰਧਿਤ
ਲੜੀ
ਕਹਾਣੀ
ਦੁਖਦਾਈ
ਲਿਖਿਆ

6 - Days and Months

ਣ	ਰ	ਪ	ਬ	ਵ	ਇ	ਜ	ਕ	ਰ	ਪ	ਲ	ਘ	ਠ	ਧ	ਦ	ਥ
ਕ	ਠ	ਵ	ਜ	ਜ	ਉ	◌ੁ	◌ੁ	ਣ	ਮ	ਠ	ਆ	ਆ	ਲ	ਖ	ਚ
ਵ	◌ੀ	ਰ	ਵ	◌ਾ	ਰ	ਲ	ਢ	ਸ	◌ਾ	ਹ	ਟ	ਐ	ਢ	ਭ	ਰ
ਗ	ਇ	ਬ	ਓ	ਦ	ਮ	◌ਾ	ਈ	ਚ	ਰ	ਵ	◌ਾ	ਧ	◌ੱ	◌ੁ	ਬ
ਣ	ਊ	◌ੰ	ਯ	ਅ	ਇ	ਈ	ਚ	ਉ	ਚ	ਮ	ਸ	ਜ	ਈ	ਛ	◌ੂ
ਸ	ਰ	ਵ	◌ਾ	ਰ	ਕ	◌ੱ	◌ੁ	◌਼	ਸ	ਸ	ਤ	ਨ	ਖ	ਰ	ਤ
ਜ	◌਼	ਨ	ਲ	ਖ	ਪ	ਦ	ਅ	ਅ	ਉ	ਵ	◌ੰ	ਵ	ਰ	ਹ	ਕ
ਖ	ਧ	ਨ	ਮ	ਆ	ਠ	ਚ	ਸ	ਗ	ਪ	ਕ	ਬ	ਰ	ਬ	ਨ	ਅ
ਐ	ਐ	ਈ	◌ੀ	ਰ	ਡ	ਲ	◌ੰ	◌ੈ	ਕ	◌੍ਰ	ਰ	◌ੀ	ਬ	ਜ	ਆ
ਹ	ਦ	ਹ	ਧ	ਵ	ਜ	ਹ	ਇ	ਠ	ਵ	ਊ	ਰ	ਡ	ਠ	ਐ	ਏ
ਫ	ਯ	ਪ	◌ੁ	◌ਾ	◌ਾ	ਫ	ਮ	ਖ	ਢ	ਗ	ਵ	◌ੈ	ਲ	ਊ	ੜ
ਤ	ਚ	ਧ	ਸ	ਲ	ਓ	ਰ	ਰ	ਏ	ਟ	ਸ	◌ਾ	ਨ	ਲ	ਠ	ਐ
◌ਾ	ਭ	ਠ	ਯ	ਗ	ਡ	ਧ	ੜ	ਵ	ਏ	◌ਾ	ਮ	ਢ	ਪ	ਇ	ਤ
ਊ	ਓ	ਠ	ੜ	◌ੰ	ਗ	ਸ	ਥ	ਗ	ਰ	ਲ	◌ੋ	ਣ	◌ੁ	ਗ	ਵ
ਦ	ਦ	ਠ	ਜ	ਮ	ਮ	ਹ	◌ੀ	ਨ	◌ਾ	◌ੀ	ਸ	ਗ	◌ੁ	ਏ	◌ਾ
ਨ	ਭ	ਰ	ਟ	ਭ	ਦ	ਸ	ਪ	ਨ	ਫ	ਡ	ਅ	ਗ	ਸ	ਤ	ਰ

ਅਪ੍ਰੈਲ
ਅਗਸਤ
ਕੈਲੰਡਰ
ਫ਼ਰਵਰੀ
ਸ਼ੁੱਕਰਵਾਰ
ਜਨਵਰੀ
ਜੁਲਾਈ
ਮਾਰਚ
ਸੋਮਵਾਰ
ਮਹੀਨਾ
ਨਵੰਬਰ
ਅਕਤੂਬਰ
ਸ਼ਨੀਵਾਰ
ਸਤੰਬਰ
ਐਤਵਾਰ
ਵੀਰਵਾਰ
ਮੰਗਲਵਾਰ
ਬੁੱਧਵਾਰ
ਹਫ਼ਤਾ
ਸਾਲ

7 - Energy

ਠ	ਇ	ਤ	ਹ	ਗ	ਡ	ਪ	ਸ	ਮ	ਅ	ਤ	ੜ	ਓ	ਚ	ਬ	ਡ
ਟ	ਵ	◌ੰ	ਠ	ਮ	◌ੀ	ਟ	ਸ	ਮ	◌ੋ	ਟ	ਰ	ਗ	ਢ	◌ੈ	ਆ
◌ੋ	ਆ	◌ਿ	ਜ	ਨ	ਜ	ਰ	◌ੋ	ਡ	◌੍	ਈ	◌ਾ	ਹ	ਖ	ਟ	ਣ
◌ੋ	ਹ	ਜ	ਆ	ਣ	◌਼	ੜ	ਭ	ਣ	ਠ	◌ੁ	ਵ	ਰ	ਇ	ਰ	ਣ
ਫ	ਵ	ਯ	ਥ	ਉ	ਲ	◌ੀ	ਜ	◌ਿ	ਬ	ਹ	ਹ	ਓ	ਰ	◌ੀ	ਨ
ਉ	ਗ	ਰ	ਮ	◌ੀ	ਣ	ਗ	◌ੈ	ਸ	◌ੋ	ਲ	◌ੀ	ਨ	ਧ	◌ਂ	ਈ
ਇ	ਦ	ਡ	ਛ	ੜ	ਸ	ਯ	ਡ	ਬ	ਐ	ਓ	ਣ	ਬ	ਉ	ਯ	◌ਾ
ਲ	ਪ	ਯ	ਘ	ਨ	◌਼	ਨ	◌ੋ	ਠ	ਨ	ਦ	ਬ	ਰ	ਲ	ਥ	ਬ
◌ੈ	ਈ	ਠ	◌ੋ	ਖ	ਦ	ਭ	ਤ	ਗ	ਟ	ਨ	ਭ	◌ਾ	ਣ	ਰ	ਰ
ਕ	ਪ	ਵ	ਖ	ਗ	◌ੂ	ਣ	ਓ	ਢ	◌੍	ਆ	ਟ	ਕ	ਲ	ਉ	ਟ
ਟ	ਐ	ਗ	ਈ	ਆ	ਰ	ਮ	ਆ	ਹ	ਰ	ਪ	ਚ	ਘ	ਥ	ਆ	ਥ
◌੍	ਈ	ਐ	ਓ	ਪ	◌੍	ਧ	ਇ	ਫ	◌ੌ	ਆ	ਯ	ਠ	ਊ	ਹ	ਯ
ਰ	ੜ	ਤ	ਏ	ੜ	ਪ	ਵ	ੜ	ਚ	ਪ	ਟ	ਨ	ਇ	ਕ	ਘ	ਉ
◌ੋ	ਯ	ਲ	ਵ	ਦ	ਅ	ੜ	ਰ	ਬ	◌ੀ	ਊ	ਮ	ਕ	ਏ	ਡ	ਢ
ਨ	ਢ	ਭ	ਡ	ਚ	ਣ	ਅ	ਊ	ਵ	◌ਾ	ਤ	◌ਾ	ਵ	ਰ	ਨ	ਥ
ਘ	ਚ	ਢ	ਇ	ਦ	ਘ	ਲ	ਲ	ਖ	ਓ	ੜ	ਢ	ਕ	ਆ	ਢ	ਸ

ਬੈਟਰੀ
ਕਾਰਬਨ
ਡੀਜ਼ਲ
ਬਿਜਲੀ
ਇਲੈਕਟ੍ਰੌਨ
ਇੰਜਣ
ਐਨਟ੍ਰੌਪੀ
ਵਾਤਾਵਰਨ
ਈਂਧਨ
ਗੈਸੋਲੀਨ
ਗਰਮੀ
ਹਾਈਡ੍ਰੋਜਨ
ਉਦਯੋਗ
ਮੋਟਰ
ਫੋਟੋਨ
ਪ੍ਰਦੂਸ਼ਣ
ਨਵਿਆਉਣਯੋਗ
ਸਟੀਮ
ਟਰਬਾਈਨ
ਹਵਾ

8 - Chess

ਰ	ਚ	ਇ	ਵ	ਣ	ਮ	ਟ	ਭ	ਡ	ਛ	ਦ	ਵ	ਓ	ਊ	ਗ	ਨ
◌ਾ	◌ਿ	ਣ	ਚ	ਇ	ਵ	ਮ	ਯ	◌ਿ	ਨ	ਰ	◌ਾ	ਜ	◌ਾ	ਇ	ਐ
ਣ	◌ੱ	ਘ	ਛ	ਬ	ਚ	◌ੈ	◌ਂ	ਪ	◌ੀ	ਅ	ਨ	ਖ	ੜ	ਉ	ਆ
◌ੀ	ਟ	ਦ	ਸ	ਈ	ਘ	◌ਂ	◌ਾ	ਜ	ਬ	ਵ	ਤ	◌ਿ	ਰ	ਛ	◌ੀ
ਬ	◌ਾ	ਅ	ਆ	ਧ	ਰ	ਨ	ਮ	ਗ	◌ਾ	ਰ	◌ਿ	ਡ	ਓ	ਵ	ਗ
ਡ	ਹ	◌ੰ	ਫ	ਪ	ਦ	◌ਾ	ਸ	ਪ	ਰ	◌ੁ	ਣ	ਰ	ਐ	ਇ	ਊ
ਏ	ਤ	ਕ	ਊ	ਪ	ਚ	ਰ	ੜ	ਘ	◌ੁ	ਲ	ਥ	ਨ	◌ੋ	ਯ	ਠ
ਕ	ਭ	ਰ	ਖ	ਈ	ਮ	◌ੂ	ਰ	◌ੁ	ਕ	ਦ	ਗ	ੜ	◌ੀ	ਧ	ਸ
ਮ	◌ਾ	ਠ	ਦ	ਦ	ਗ	ਟ	ਨ	ਛ	ਅ	ਟ	◌ੁ	ਮ	ਣ	ਤ	◌ੀ
ਐ	ਢ	ਲ	ਦ	ਐ	◌ੁ	ਥ	ੜ	ਵ	ਨ	ਣ	ਨ	ਇ	ਬ	ਢ	◌ੀ
ਇ	ਊ	ਰ	◌ਾ	ਕ	ਮ	ਮ	ਤ	ਇ	ਆ	ਕ	ਇ	ਉ	ਲ	ਤ	ਡ
ਆ	ਆ	ਈ	ਲ	ਮ	ਡ	◌ੁ	ਪ	ਆ	ਐ	ਭ	ਘ	ਵ	ਪ	ਓ	ਰ
ਅ	ਉ	ਪ	ਸ	ਟ	ਢ	ਇ	ਖ	◌ਿ	ਡ	◌ਾ	ਰ	◌ੀ	◌ੈ	ਟ	ਓ
ਐ	ਊ	ਡ	ਖ	◌ੇ	ਡ	ਠ	ਈ	ਖ	ਅ	ਜ	ਭ	ਘ	ਸ	ਵ	ਦ
ਘ	◌ੁ	ਛ	ਟ	ਮ	◌ੁ	ਕ	◌ਾ	ਬ	ਲ	◌ਾ	ਸ	ਏ	◌ਿ	ਐ	ਕ
ਘ	ਧ	ਦ	ਅ	ਕ	ਡ	ਛ	ਭ	ਕ	ਕ	ਹ	ਈ	◌ੁ	ਵ	◌ੁ	ਲ

ਕਾਲਾ
ਚੈਂਪੀਅਨ
ਮੁਕਾਬਲਾ
ਤਿਰਛੀ
ਖੇਡ
ਰਾਜਾ
ਵਿਰੋਧੀ
ਪੈਸਿਵ
ਖਿਡਾਰੀ
ਅੱਕ
ਰਾਣੀ
ਨਿਯਮ
ਕੁਰਬਾਨੀ
ਰਣਨੀਤੀ
ਸਮਾਂ
ਟੂਰਨਾਮੈਂਟ
ਚਿੱਟਾ

9 - Archeology

ਈ	ਘ	ਣ	ਢ	ਨ	ਛ	ਅ	ਟ	ਪ	ਜ	ਊ	ਓ	ਫ	ਟ	ਤ	ਟ
ਟ	ਦ	ਤ	◌ਾ	◌ਂ	ਭ	◌ੱ	ਲ	◌੍	ਵ	ਈ	ਮ	ਫ	◌ੁ	ਠ	ਧ
ਨ	ਜ	◌ਾ	ੜ	ਥ	ਨ	ਖ	ਨ	ਰ	ਸ	ਖ	ਦ	ਢ	ਕ	ਨ	ਆ
ਢ	ਓ	ਅ	ਨ	ਖ	ਣ	ਰ	ਚ	◌ੋ	ਤ	ਸ	◌ੋ	ਠ	ੜ	ਚ	ਧ
ਤ	ਨ	◌ਿ	ਸ	◌਼	◌ਾ	ਨ	◌ੀ	ਫ	◌ੂ	ਡ	ਪ	ਜ	◌ੇ	ਚ	ਉ
ਮ	ਭ	ਭ	ੜ	ਘ	ਜ	◌ੁ	ਰ	◌ੈ	ਆ	ਭ	ਵ	ਟ	ਕ	ਅ	ਠ
ਵ	ਨ	ਸ	ਚ	ਲ	ਣ	ਲ	◌ਾ	ਸ	◌ਂ	ਕ	ਜ	ਚ	ਯ	◌ਾ	ਖ
ਛ	◌ਿ	ਰ	ਖ	ਹ	ਅ	ਚ	◌੍	ਰ	ਮ	ਫ	ਮ	ੜ	ਮ	ੜ	ਰ
ਬ	ਗ	ਸ	ਖ	ਮ	ਚ	ਣ	ਪ	ਰ	ਇ	◌ੁ	ਮ	ਊ	ਬ	ੜ	ਹ
ਸ	◌ਾ	ਲ	◌਼	ਡ	ਗ	ਉ	ਓ	ਭ	ਨ	ਸ	ਡ	ਧ	ਉ	ਬ	◌ਾ
ਥ	ਲ	ਖ	ਰ	ਲ	ਫ	ਭ	ਲ	ਸ	ਏ	ਰ	ਬ	ਰ	ਦ	◌ੰ	ਮ
ਣ	ਪ	ਢ	ਅ	ਓ	◌ੇ	ਣ	◌ੇ	ਮ	ਟ	ਸ	ਉ	ਢ	ਅ	ਰ	ਰ
ਟ	ਗ	ਧ	ੜ	ਏ	ਰ	ਸ	ਆ	ਤ	◌ਾ	ਨ	ਤ	ਰ	◌ਾ	◌ੁ	ਪ
◌ੀ	ਡ	ਓ	ਇ	ਡ	ਬ	ਢ	◌਼	ਥ	ਰ	ਲ	ਐ	ਬ	ਫ	ਡ	ਪ
ਮ	ਖ	ਊ	ਏ	ਰ	ਕ	ਛ	ੜ	ਣ	ਕ	ਲ	◌ਾ	◌ਂ	◌ੁ	ਮ	ਧ
ਭ	ਇ	ਥ	ਜ	ਐ	ਮ	ਸ	◌਼	ਵ	◌ਾ	◌ੀ	ਜ	ਦ	ਪ	ਸ	ਫ

ਵਿਸ਼ਲੇਸ਼ਣ
ਪ੍ਰਾਚੀਨ
ਪੁਰਾਤਨਤਾ
ਸਭਿਅਤਾ
ਮੁਲਾਂਕਣ
ਮਾਹਰ
ਲੱਭਤਾਂ
ਜੀਵਾਸ਼ਮ
ਟੁਕੜੇ
ਖੇਤ
ਵਸਤੂਆਂ
ਪ੍ਰੋਫੈਸਰ
ਨਿਸ਼ਾਨੀ
ਖੋਜਕਾਰ
ਟੀਮ
ਮੰਦਰ
ਮਕਬਰੇ
ਅਣਜਾਣ
ਸਾਲ

10 - Food #2

ਛ	ਰ	ਟ	◌ਾ	ਮ	ਟ	ਊ	ਸ	ਚ	ਰ	ਸ	ਕ	ਅ	ਡ	ਕ	ਬ
ਣ	ਇ	◌ੀ	ਅ	◌ੰ	ਗ	◌ੂ	ਰ	ਓ	◌ਾ	ਘ	ਣ	ਅ	ਧ	◌ੇ	ਅ
ਚ	ਿ◌	ਕ	ਨ	ਆ	ਢ	ਜ	ੜ	ਧ	ਸ	ਕ	ਕ	ਉ	ਸ	ਲ	ਹ
ਧ	ਐ	ਓ	ਬ	ਪ	ਨ	ਪ	ਘ	ਆ	◌ੁ	ਏ	ਲ	ਪ	ਐ	◌ਾ	ਤ
ਬ	◌ੈ	◌ਂ	ਗ	ਣ	ਤ	ਹ	ਢ	◌ਂ	ਟ	ਜ	◌ੌ	◌ੇ	ਢ	ਛ	ਵ
ਠ	ਧ	ਥ	ਤ	ਮ	ਭ	ਚ	ਮ	ਟ	ਣ	ਓ	ਚ	ਫ	ਟ	ਓ	ਹ
ਆ	ਥ	ਉ	ਖ	ਸ	ਭ	ਐ	ਵ	ਿ◌	ਈ	ਛ	ਣ	ਓ	ਆ	ਵ	ੜ
ਗ	ਬ	ਬ	ਕ	ਬ	ਠ	ਕ	ਊ	ਚ	ਅ	ਜ	ਵ	◌ਾ	ਇ	ਨ	ਈ
ਇ	ਗ	ਦ	ਰ	ਫ	ਗ	ਭ	ਟ	◌ੋ	ਏ	ਲ	ਠ	ਨ	ਮ	ਇ	ਸ
ਫ	ਹ	ਨ	ਛ	◌ੌ	ਐ	ਦ	ਠ	ਕ	ਚ	ਯ	◌ੁ	ਟ	ਓ	ਹ	ਵ
ਓ	ਊ	ਪ	ਬ	ਈ	ਕ	ਸ	ਖ	ਗ	ਨ	ਭ	ਦ	ਠ	ਦ	ਛ	ਰ
ਖ	◌ੁ	◌ੰ	ਭ	ਜ	ਛ	ਲ	ਖ	ਪ	ਛ	ਤ	ਇ	ਓ	ਹ	◌ੇ	ਮ
ਗ	ਯ	ਵ	ਵ	◌ੀ	◌ੀ	ਕ	◌ੀ	ਕ	ਰ	◌ੁ	ਚ	ਜ	ਦ	ਹ	◌ੁ
ਐ	ਅ	ਵ	ੜ	ਜ	◌ੱ	ਈ	ਛ	ਫ	ਘ	ਏ	◌ੈ	ਬ	ਖ	ਰ	ਰ
ਅ	ਉ	ਐ	ਮ	◌ੀ	ਮ	ਟ	ਛ	ਊ	ਜ	ਤ	ਰ	ਓ	ਖ	ਦ	ਰ
ਡ	ਉ	ਆ	ਡ	ਅ	ਥ	ਧ	ਧ	ਭ	ਥ	ਧ	◌ੀ	ਸ	ਦ	ਸ	ਆ

ਐਪਲ
ਆਂਟਿਚੋਕ
ਕੇਲਾ
ਬਰੌਕਲੀ
ਅਜਵਾਇਨ
ਪਨੀਰ
ਚੈਰੀ
ਚਿਕਨ
ਚਾਕਲੇਟ
ਈ.ਜੀ.ਜੀ
ਬੈਂਗਣ
ਮੱਛੀ
ਅੰਗੂਰ
ਹੇਮ
ਕੀਵੀ
ਖੁੰਭ
ਚੌਲ
ਟਮਾਟਰ
ਕਣਕ
ਦਹ

11 - Chemistry

ਥ	ਈ	ਟ	ਧ	ਛ	ਫ	ਓ	ਮ	ਨ	ਯ	ਣ	ਕ	ਣ	ਐ	ੜ	ਊ
ਧ	ਨ	ਲ	◌ੂ	ਣ	ਊ	ਣ	ਫ	ਚ	ਲ	ਅ	ਥ	ਫ	ਸ	ਸ	ਦ
ੜ	ਫ	ਯ	ਣ	ੜ	ਏ	ਧ	ਮ	ਏ	ਢ	ਟ	ਘ	ਈ	◌ਿ	ਗ	ੜ
ਏ	ਛ	ਨ	ਅ	ਣ	ਦ	ਲ	ਸ	ਆ	◌ੁ	ਕ	ਊ	ਇ	ਡ	◌ੈ	ਚ
ਐ	ਛ	ਜ	ਥ	ਤ	ਏ	◌ੁ	ਅ	ਘ	ਅ	ਤ	ਫ	ਤ	ਖ	ਸ	ਇ
ੜ	ਓ	ਨ	ਦ	◌ੱ	ਹ	ਓ	ਸ	ਈ	ਨ	ਬ	ਰ	◌ਾ	ਕ	◌ੁ	ਲ
ਦ	ਬ	◌ੀ	ਐ	ਤ	ਇ	◌ਾ	ਨ	ਅ	ਥ	◌ਿ	◌ਿ	ਲ	ਰ	◌ਾ	ਭ
ਸ	ੜ	ਲ	ਆ	ਕ	ਬ	ਲ	ਈ	ਘ	ਚ	ਭ	ਇ	ਤ	ਰ	ਥ	ਅ
ੜ	ਆ	ਕ	ਸ	◌ੀ	ਜ	ਨ	◌ੈ	ਡ	ਗ	ਰ	ਮ	◌ੀ	◌ੇ	ਲ	ਧ
ਖ	ਥ	ਲ	ਨ	ਰ	◌ੀ	◌ੋ	ਲ	ਕ	◌੍	ਧ	◌ਾ	ਤ	◌੍	ਣ	ਵ
ਤ	ਯ	ਅ	ਸ	ਉ	ਊ	ਨ	ਤ	ਮ	ਟ	ਰ	ਛ	ਣ	ਪ	ਤ	ਸ
ਰ	ਮ	ਐ	ਨ	ਜ	◌਼	◌ਾ	ਈ	ਮ	◌ੁ	◌੍	◌ੋ	ਟ	ਤ	◌ਾ	ਟ
ਜ	ਈ	ਅ	ਦ	ਛ	ਰ	ਠ	ਅ	ਆ	ਮ	ਫ	ਰ	ਜ	ਉ	ਪ	ਸ
ਥ	ਈ	ਪ	ਧ	ਭ	ੜ	ਉ	ਡ	ਕ	ਣ	ਵ	ਘ	◌ੋ	ਨ	ਮ	ਥ
ੜ	ਬ	ਨ	◌ੁ	ਜ	ਚ	ਲ	ਭ	ਯ	ਲ	ਊ	ਪ	ਰ	ਨ	◌ਾ	ੜ
ਆ	ਰ	ਗ	◌ੈ	ਨ	◌ਿ	ਕ	ਜ	ਧ	ਣ	ਧ	ਹ	ਢ	ਦ	ਨ	ਥ

ਔਂਸਡ
ਅਲਕਲੀਨ
ਕਾਰਬਨ
ਉਤਪ੍ਰੇਰਕ
ਕਲੋਰੀਨ
ਇਲੈਕਟ੍ਰੋਨ
ਤੱਤ
ਐਨਜ਼ਾਈਮ
ਗੈਸ
ਗਰਮੀ

ਹਾਇਡ੍ਰੋਜਨ
ਲਿਥਿਅਨ
ਤਰਲ
ਧਾਤ
ਅਣੂ
ਆਰਗੈਨਿਕ
ਆਕਸੀਜਨ
ਲੂਣ
ਤਾਪਮਾਨ
ਭਾਰ

12 - Family

ਨ	ਊ	ਮ	ਡ	ਨ	ਥ	ਟ	ਟ	ਧ	ਯ	ਭ	ਈ	ਚ	ਉ	ਢ	ਐ
ਪ	◌ੋ	ਤ	◌ਾ	ਰ	ਭ	◌ੁ	ਪ	ਊ	◌ੀ	◌ੂ	ਖ	ਚ	ਡ	ਡ	ਣ
ਚ	ਓ	ਪ	ਆ	ਜ	ਡ	ਕ	ਕ	ਤ	ਓ	ਆ	ਠ	ਓ	ਅ	ਈ	◌ੁ
ਬ	ਐ	ਕ	ਤ	ਪ	◌ੁ	ਰ	ਖ	ਬ	◌ੱ	ਚ	◌ਾ	ਮ	ਚ	ਈ	ਰ
ਓ	ਸ	ਤ	◌ਾ	◌ੀ	ਓ	ਹ	ਥ	ਏ	ਹ	ਇ	◌ੁ	ਡ	◌ਾ	ਰ	ਫ
ਪ	ਅ	ਓ	ਿ◌	ਧ	ਢ	ਦ	ਘ	ਛ	ਥ	ਜ	ਓ	ਇ	ਮ	◌ਂ	ਫ
ਤ	ਪ	ਮ	ਪ	ਮ	ਣ	ਪ	ਇ	ਊ	ਨ	ਬ	ਭ	ਸ	ਊ	ਕ	ਅ
ਨ	ਉ	ਣ	ਤ	ਡ	ਵ	ਯ	ਛ	ਭ	ਐ	ਦ	◌ੈ	ਧ	ਰ	ਜ	ਦ
◌ੀ	ਜ	ਫ	ਹ	ਲ	ਢ	ਈ	ਗ	ਇ	ਖ	ਠ	ਣ	ਸ	ਬ	ਅ	ਵ
ਆ	ਖ	ਉ	ਏ	ਢ	ਉ	ਕ	ਬ	ਸ	ਨ	ਏ	ਰ	ਇ	ਟ	ਗ	ਆ
ਘ	◌ੁ	ਮ	ਨ	ਡ	ਢ	ਓ	ਓ	ਓ	ਟ	ਭ	ਟ	ਵ	ਸ	ਭ	ਲ
ਥ	ਓ	ਧ	ਯ	ਅ	ਇ	ਠ	ਪ	ਉ	ਦ	ਤ	ਅ	◌ੰ	ਕ	ਲ	ਸ
ਗ	ਲ	ਬ	ਦ	◌ਾ	◌ਾ	ਦ	ਊ	ਉ	ਮ	◌ੀ	ਚ	ਮ	ਫ	ਆ	ਅ
ਛ	◌ੁ	ਉ	◌ਾ	ਵ	ਡ	ਘ	ਛ	ਬ	ਨ	ਜ	◌ੇ	◌ੀ	ਤ	ਭ	ਛ
ਨ	ਦ	ਕ	ਦ	ਆ	ਪ	ਢ	ਓ	ਦ	ਹ	◌ੀ	◌ੱ	ਊ	ਬ	ਥ	ਥ
ਸ	ਘ	ਉ	◌ੀ	ਤ	ਆ	ਉ	ਰ	ਤ	ਊ	ਇ	ਬ	ਣ	ਊ	ਣ	ਢ

ਪੁਰਖ
ਭੂਆ
ਭੁਰਾ
ਬੱਚਾ
ਬਚਪਨ
ਬੱਚੇ
ਧੀ
ਪਿਤਾ
ਪੋਤਾ
ਦਾਦਾ
ਦਾਦੀ
ਪਤੀ
ਮਾਂ
ਭਤੀਜੇ
ਭਤੀਜੀ
ਭੈਣ
ਅੰਕਲ
ਪਤਨੀ

13 - Farm #1

ਖ	ਈ	ਚ	ਪ	ਕ	ਤ	ਦ	ਆ	ਚ	ਕ	ਇ	ਰ	ੜ	ਯ	ਝ	◌ੁ
ੜ	ਹ	ਖ	ਖ	ਸ	ਫ	ਛ	ਲ	ਅ	◌ੁ	ਆ	ਈ	ਵ	ਵ	◌ੁ	ਤ
ਡ	ਊ	ਗ	ਇ	ਗ	ਛ	ਘ	ਤ	ਘ	◌ੱ	ਵ	ਹ	ਫ	ਭ	◌ੰ	ਇ
ਧ	ਘ	ਧ	ਕ	ਭ	ਯ	ਭ	ਠ	ਣ	ਤ	ਵ	ਗ	ਵ	ਗ	ਡ	ਤ
ਰ	ੜ	◌ਾ	ਵ	ਭ	ੜ	ਵ	ਥ	ਲ	◌ੇ	ਬ	ਿ◌	◌ੱ	ਲ	◌ੀ	ਇ
ਖ	◌ੇ	ਤ	◌ੀ	ਬ	◌ਾ	ੜ	◌ੀ	ਛ	◌ੁ	ਏ	ਧ	ਪ	◌ਾ	ਣ	◌ੀ
ਤ	ਮ	ਸ	◌ੁ	ਕ	◌ੋ	ਇ	ਸ	ਐ	ਵ	ਰ	ਯ	ਮ	ਮ	ਆ	ਸ
ਐ	ਈ	ਧ	ਫ	ਯ	ਘ	ਦ	ਬ	ਨ	ਮ	◌ੱ	ਕ	ਰ	ਫ	ਉ	ਊ
ਅ	ਬ	ਨ	ਯ	ਏ	ਈ	ਈ	◌ੀ	ਬ	◌ਂ	ਸ	ਛ	ਤ	ਠ	ਆ	ਈ
ਸ	ਖ	ਸ	ਦ	ਨ	ਛ	ਚ	ਜ	ਛ	◌ਾ	ਐ	ਗ	◌ੇ	ਗ	◌ੁ	ਪ
◌਼	ਣ	◌ਾ	ਯ	ਓ	ਉ	◌ੌ	ਥ	ਢ	ਕ	ਈ	ਤ	ਖ	ਏ	ਹ	ਣ
ਹ	ਆ	ਮ	ਦ	ਊ	ਭ	ਲ	ਗ	ਐ	ਘ	ਉ	ਸ	ਈ	ਉ	ਰ	ਡ
ਿ◌	ਇ	ਐ	ਥ	ਏ	ਐ	ਣ	ਹ	ਥ	ਦ	ਗ	ਈ	ਨ	ਮ	◌ੀ	ਸ
ਦ	ਫ	ੜ	ਭ	ਟ	ਦ	ਅ	ਚ	ਡ	ਣ	ਟ	ਡ	ਚ	ਿ◌	ਕ	ਨ
ਯ	ਜ	ਮ	ਥ	ਛ	ਲ	ਖ	ਅ	ਅ	ਥ	ਛ	ਯ	ਨ	ਓ	◌ੱ	ਉ
ਦ	ਲ	ਆ	ਢ	ਹ	ਇ	ਕ	ਧ	ਈ	ਘ	ੜ	ਨ	ਡ	ਥ	ਬ	ਜ

ਖੇਤੀਬਾੜੀ
ਬੀ.ਈ.ਈ
ਬਾਈਸਨ
ਵੱਛੇ
ਬਿੱਲੀ
ਚਿਕਨ
ਗਊ
ਕਾਂ
ਕੁੱਤੇ
ਗਧਾ

ਵਾੜ
ਖਾਦ
ਖੇਤਰ
ਝੁੰਡ
ਬੱਕਰੀ
ਸ਼ਹਿਦ
ਘੋੜਾ
ਚੌਲ
ਬੀਜ
ਪਾਣੀ

14 - Camping

ਤ	ਹ	ਰ	ਈ	ਜ	ਇ	ਢ	ਇ	ਜ	ਲ	ਫ	ਲ	ਥ	ਕ	ਅ	ਧ
ਧ	ਉ	ਫ	ਊ	ਚ	ਉ	ੜ	ਢ	ਜ	ਣ	ਜ	ਏ	ਟ	ਜ	ਡ	ਥ
ਈ	ਕ	ਗ	◌ੂ	ਪ	ਘ	ਯ	ਹ	ਹ	ਦ	ਮ	ਕ	ਸ	ਅ	ਗ	ਫ
ਮ	ਕ	◌ੈ	ਨ	◌ੋ	ਜ	ਬ	ਈ	ਰ	ਦ	◌ਾ	◌ੇ	◌਼	ਜ	ਮ	ਠ
ਥ	ਮ	ਰ	ਬ	ਕ	◌ਾ	ਣ	ਣ	ਉ	ਘ	ਰ	ਪ	ਿ◌	ਗ	ਠ	ਰ
ਗ	◌ੌ	ਪ	ਿ◌	◌ੀ	ਨ	ਆ	ਕ	ਏ	ਮ	ਦ	ਥ	ਕ	ਧ	ਠ	ਨ
ਯ	◌ੈ	ਊ	◌ੈ	ੜ	ਵ	ਵ	ਕ	ਛ	ਮ	◌ੰ	ੜ	◌ਾ	ਹ	ਪ	ਉ
ਥ	ਹ	ਤ	ਕ	◌ੇ	ਰ	ਵ	ਤ	◌ੰ	ਘ	ਚ	ਫ	ਰ	ਐ	ਸ	ਈ
ਅ	ਕ	◌ੁ	ਦ	ਰ	ਤ	ਭ	ਣ	◌ੰ	ਪ	ਐ	ਚ	ਏ	ਟ	◌ੀ	ਝ
◌ੱ	ਨ	ਕ	ਸ	◌਼	◌ਾ	ਘ	ਖ	ਚ	ਬ	◌ਾ	ਊ	ਰ	ਚ	ੜ	◌ੀ
ਗ	ਦ	ਲ	◌ੇ	ਰ	◌ਾ	ਨ	◌ਾ	ਬ	ਐ	◌ੂ	ਸ	◌ੁ	ਢ	ਟ	ਲ
ੜ	ਰ	◌ੱ	ਸ	◌ੀ	ੜ	ਬ	ਕ	ਛ	ਤ	ਮ	ਉ	◌ੱ	◌ੁ	ਨ	ਚ
ਛ	ਊ	ਇ	ਐ	ਐ	ਆ	ਣ	ੜ	ਯ	ਆ	ਢ	ਅ	ਖ	ਡ	ਨ	ਮ
ਫ	ਏ	ਣ	ਤ	ਏ	ਇ	ਐ	ਜ	ਟ	ਨ	ਹ	ਧ	ਥ	ਨ	ਥ	ਨ
ਅ	ਲ	◌ੁ	ਢ	ਹ	ਤ	ਢ	ਫ	ਚ	ਠ	ਭ	ਖ	ਮ	ਬ	ਯ	ਰ
ਘ	ਖ	ਖ	ਅ	ਫ	ਠ	ਹ	ਤ	ਛ	ਡ	ਪ	ਉ	ਟ	ਖ	ਧ	ਆ

ਦਲੇਰਾਨਾ
ਜਾਨਵਰ
ਕੈਬਿਨ
ਕੈਨੋ
ਕੰਪਾਸ
ਅੱਗ
ਵਣ
ਮਜ਼ੇਦਾਰ
ਹੈਮੌਕ
ਐਚ.ਏ.ਟੀ
ਸ਼ਿਕਾਰ
ਕੀੜੇ
ਝੀਲ
ਨਕਸ਼ਾ
ਚੰਦਰਮਾ
ਪਹਾੜ
ਕੁਦਰਤ
ਰੱਸੀ
ਤੰਬੂ
ਰੁੱਖ

15 - Conservation

ਵ	ਠ	ਭ	ਧ	ਅ	ੁ	ਭ	ਯ	ਆ	ਤ	ਛ	ਊ	ਭ	ਦ	ਸ	ਆ
ਸ	ਾ	ਰ	ਹ	ੳ	ਇ	ਗ	ਥ	ਡ	ਖ	ਲ	ਕ	ਜ	ਣ	ਯ	ਗ
ਸ	ਸ	ਤ	ੀ	ਰ	ਦ	ੁ	ਕ	ਸ	਼	ਨ	ਾ	ਟ	ੀ	ਕ	ਏ
ਢ	ਠ	ਿ	ਾ	ਐ	ਜ	ਥ	ਨ	ੁ	ਚ	ਤ	ਿ	ਧ	ਐ	ੜ	ਸ
ਕ	ਯ	ਹ	ਹ	ਵ	ਊ	ਣ	ਜ	ਊ	ਇ	ਏ	ਟ	ਈ	ਊ	ਰ	ਿ
ਜ	ਸ	ੁ	ਠ	ਤ	ਰ	ਈ	ਕ	ੋ	ਸ	ਿ	ਸ	ਟ	ਮ	ੀ	ੱ
ਤ	ਲ	ਲ	ਭ	ਸ	ਚ	ਣ	ਸ	਼	ਦ	ੂ	ਰ	੍	ਪ	ਸ	ਖ
ਬ	ਹ	ਵ	ਨ	ਰ	ੱ	ੀ	ਆ	ਡ	ਮ	ਉ	ਗ	ਭ	ਛ	ਾ	ਿ
ਦ	ੈ	ਵ	ਾ	ਅ	ਕ	ਾ	ਰ	ਢ	ਤ	ਊ	ਡ	ਊ	ਵ	ਈ	ਆ
ੀ	ਬ	ੁ	ਖ	ਯ	ਰ	ਪ	ਗ	ਅ	ਘ	ਯ	ਕ	ਆ	ਲ	ਕ	ਮ
ਲ	ੀ	ਐ	ਮ	ਐ	ੂ	ਏ	ੈ	ਆ	ਠ	ਰ	ਚ	ਥ	ਆ	ਲ	ਬ
ੀ	ਟ	ਭ	ਇ	ਥ	ਚ	ਘ	ਨ	ਣ	ਅ	ਆ	ਿ	ਡ	ਠ	ਐ	ਰ
ਆ	ੋ	ਊ	ਆ	ਐ	ਰ	ਟ	ਿ	ਕ	ਜ	ਣ	ੰ	ਊ	ਜ	ਨ	ੳ
ਂ	ਟ	ਵ	ਕ	ਘ	ਟ	ਾ	ਕ	ਧ	ਰ	ਪ	ਤ	ਘ	ਊ	ਏ	ਛ
ਐ	ਨ	ਣ	ਭ	ਪ	ਲ	ੳ	ਗ	ਜ	ਇ	ਲ	ਾ	ਨ	ੁ	ਪ	ੁ
ਐ	ਵ	ਲ	ੰ	ਟ	ੀ	ਅ	ਰ	ਘ	ਆ	ਖ	ਮ	ਛ	ਣ	ਸ	ਧ

ਤਬਦੀਲੀਆਂ
ਜਲਵਾਯੂ
ਚਿੰਤਾ
ਚੱਕਰ
ਈਕੋਸਿਸਟਮ
ਸਿੱਖਿਆ
ਵਾਤਾਵਰਣ
ਹਰਾ
ਹੈਬੀਟੇਟ
ਸਿਹਤ

ਕੁਦਰਤੀ
ਆਰਗੈਨਿਕ
ਕੀਟਨਾਸ਼ਕ
ਪ੍ਰਦੂਸ਼ਣ
ਰੀਸਾਈਕਲ
ਘਟਾਓ
ਟਿਕਾਊ
ਵਲੰਟੀਅਰ
ਪਾਣੀ

16 - Algebra

ਜ	ਵ	ਟ	ਥ	ਣ	ਏ	ਤ	ਉ	ਠ	ਐ	ਠ	ਘ	ਨ	ਦ	ਡ	ਬ
ਲ	ਅ	◌ੇ	ਕ	ਖ	ਿ◌	◌ੇ	ਰ	ਧ	ਕ	ਠ	ਫ	ਓ	ਆ	ੜ	ਧ
ਫ	ਢ	ਢ	ਰ	ਥ	ਆ	ਡ	◌ਾ	ੜ	ਸ	ੜ	ਏ	ੜ	ਣ	ਕ	ੜ
◌ਾ	ਣ	ਫ	◌ਾ	◌ੀ	ਣ	ਮ	ਤ	ਢ	ਪ	ਘ	ਜ	ਕ	ਐ	ਅ	ਣ
ਰ	ੜ	ਣ	ਕ	ਠ	ਏ	ਜ	◌ਾ	ਏ	◌ੋ	ਟ	◌਼	ਦ	ਜ	ਵ	ਰ
ਮ	ਛ	ਨ	ਚ	ਫ	ਛ	ਬ	ਮ	ਘ	ਨ	◌ਾ	◌ੀ	ਜ	ਪ	◌ੋ	ਜ
◌ੂ	ਦ	ਤ	ਤ	ਗ	ਓ	ਊ	ਲ	ਹ	◌ੇ	ਓ	ਰ	ਓ	ਖ	ਪ	ੜ
ਲ	ਅ	ਆ	ਸ	ਿ◌	◌ੱ	ਮ	ਸ	◌ੱ	ਟ	ਈ	◌ੋ	ਚ	ਡ	ਡ	ਓ
◌ਾ	ਪ	ਤ	ਕ	ਣ	ਨ	ਇ	ਈ	ਲ	ਰ	ਸ	ਛ	ਣ	ਣ	ਏ	ਵ
ਘ	ਦ	ਫ	ਰ	ਤ	ਅ	◌ੰ	◌ੇ	ਬ	ਉ	ਨ	ਕ	ਇ	ਦ	ਢ	ਦ
ਹ	ਟ	ਬ	ਿ◌	◌ੀ	ਪ	ਮ	ਚ	ਿ◌	◌ੱ	ਤ	ਰ	ਬ	ਜ	ਜ	◌ੁ
ਸ	ਰ	ਊ	ਟ	ਅ	ਮ	ਫ	ਸ	ਇ	ਯ	ਵ	ਵ	ਕ	ਨ	ਰ	ਓ
ਉ	ਦ	ਵ	◌ੈ	◌ੁ	ਅ	ਡ	ਿ◌	ਵ	◌ੀ	ਜ	◌਼	ਨ	◌ੀ	ਜ	ਆ
ਰ	ਓ	ੜ	ਮ	ਊ	ਢ	ਬ	ਧ	ਮ	ਭ	ੜ	ਠ	ਖ	ਰ	ਮ	ਖ
ਉ	ਨ	ਵ	ਊ	ਐ	ਯ	ਬ	ਕ	ਖ	ਉ	ਨ	ਬ	ਤ	ਤ	ਯ	ਸ
ਬ	ਠ	ਛ	ਕ	ਹ	ਵ	ਪ	ਤ	ਥ	ਟ	ਠ	ਦ	ਗ	ਢ	ਏ	ਫ

ਚਿੱਤਰ
ਡਿਵੀਜ਼ਨ
ਸਮੀਕਰਨ
ਐਕਸਪੋਨੇਟ
ਕਾਰਕ
ਫਾਰਮੂਲਾ
ਬੇਅੰਤ
ਰੇਖਿਕ
ਮੈਟਰਿਕਸ
ਗਿਣਤੀਂ
ਸਮੱਸਿਆ
ਮਾਤਰਾ
ਸਰਲ
ਹੱਲ
ਘਟਾਓ
ਜੋੜ
ਵੇਰੀਏਬਲ
ਜ਼ੀਰੋ

17 - Numbers

ਜ	ਬ	ਘ	ੳ	ਚ	ਦ	ਊ	ਆ	ਪ	ਦ	ਣ	ਦ	ਗ	ਟ	ਰ	ਰ
ਅ	ਮ	ਐ	ਐ	ਵ	ਲ	ਮ	◌਼	ਸ	ਦ	◌ਾ	◌ਂ	◌ੌ	ਚ	◌ੋ	ਇ
ਐ	ਥ	ਠ	ਰ	ਮ	ਜ	ਰ	ਚ	◌ੋ	ਦ	ਨ	ਡ	ਲ	ਬ	◌ੀ	ਇ
ਭ	◌ੁ	ਟ	ਫ	ਨ	ਘ	ਅ	ਅ	ਲ	ਦ	ਜ	ਊ	ਐ	ਬ	◌਼	ਨ
ਵ	ਢ	ਅ	ਧ	ਇ	ਟ	ਆ	ੳ	◌੍	◌ੁ	ਸ	ੳ	ਪ	◌ੰ	ਜ	◌ੁ
ਥ	ਫ	ਅ	ਹ	ਅ	ਏ	ਧ	ਫ	ਹ	ਚ	ਗ	ੳ	ਵ	ਛ	◌ੇ	ਹ
ਪ	ਦ	ਹ	ੜ	ਲ	ਖ	ਓ	ਰ	◌ਾ	◌ਂ	◌ਾ	ਬ	◌ੀ	ਈ	ਏ	ਊ
ਅ	ਖ	ਈ	ਗ	ਜ	ਣ	ਭ	ਤ	◌ਂ	ਯ	ਖ	ਰ	ਹ	ਠ	ਚ	ਅ
ਗ	ਮ	ਓ	ਗ	ਫ	ਕ	ਭ	◌ੱ	ਲ	ਧ	ਫ	ਈ	ਧ	ਛ	ਨ	ਖ
ਡ	ਹ	ਥ	ਏ	ਰ	ਓ	ਟ	ਸ	ਪ	ਓ	ਫ	ੜ	ਗ	ਡ	ਕ	ਇ
ੳ	ਊ	ਸ	ਈ	ਡ	ਠ	ਇ	◌ੱ	ਕ	ਡ	ਆ	ਰ	ਢ	ਭ	ਤ	ਯ
ਬ	◌ੰ	ਧ	ਨ	ਕ	◌ਾ	ਰ	◌ੀ	ਸ	ਈ	ਗ	ਣ	◌ਿ	ਤ	◌ਿ	ਠ
ਭ	ਫ	ਖ	ਲ	ਬ	ਨ	ਟ	ਆ	ਲ	ਧ	ਮ	ਦ	ਕ	ਰ	◌ੰ	ਛ
ਓ	ਊ	ਬ	ਲ	ਪ	◌ੁ	ਤ	ਮ	ਜ	ਨ	ਈ	ਠ	ਦ	◌ੇ	ਨ	ਕ
ਖ	ਭ	ਠ	ਖ	ਖ	ਈ	ਅ	◌ੱ	ਠ	◌ੌ	ਅ	ਆ	ਜ	◌੍	ਰ	ੳ
ਵ	ਇ	ਈ	ਨ	ਏ	ਓ	ਅ	ਘ	ਸ	ਈ	ਖ	ਨ	ਆ	ਪ	ਰ	ਖ

ਦਸ਼ਮਲਵ
ਅੱਠ
ਪ੍ਰੈਤ
ਪੰਜ
ਚ੍ਹਾਰ
ਚੌਦਾਂ
ਗੁਣਿਤ
ਨੌਂ
ਇੱਕ
ਸੱਤ

ਸੱਤਰ
ਛੇ
ਸੋਲ੍ਹਾਂ
ਦਸ
ਬੰਧਨਕਾਰੀ
ਤਿੰਨ
ਬਾਰਾਂ
ਵੀਹ
ਦੋ
ਜ਼ੀਰੋ

18 - Spices

ਜ	ਠ	ਪ	ਹ	ਲ	ਦ	◌ੀ	ਯ	ਦ	ਗ	ਛ	ਵ	ਧ	ਮ	ਯ	ਢ
ਅ	ਤ	◌ਿ	ਦ	ਆ	◌ੁ	ਸ	ਰ	◌ਿ	ਕ	◌ੋ	◌ਿ	ਲ	◌ਿ	ਘ	ਖ
ਵ	ਚ	ਆ	ੜ	◌ਾ	◌ੌ	ਕ	ਜ	ਪ	ਦ	ੳ	ਨ	ਧ	◌ੱ	ਰ	ਊ
ਛ	ੜ	ਜ	ਣ	◌ੂ	ਲ	ਬ	ਸ	◌ੌ	◌ਂ	ਫ	ਪ	ਮ	ਠ	ਗ	ਚ
ਨ	ਦ	ਥ	ਸ	ਉ	ਇ	ਚ	ਅ	ਚ	ੜ	ਫ	ੳ	ੜ	◌ਾ	ਵ	◌ੁ
ਫ	ਗ	ਢ	ਲ	ਬ	ਹ	ਲ	◌ੀ	ਏ	ਕ	ਥ	ਆ	ਧ	◌ੁ	ਨ	ਡ
ਕ	ਘ	ਏ	ਭ	ਤ	ਘ	◌ੁ	◌ਾ	ਨ	ਕ	ਰ	◌ੀ	ਆ	ਲ	◌ੀ	ਮ
ਭ	◌ੁ	ਵ	ਰ	ਜ	ਧ	ਦ	ਕ	ਇ	◌ੀ	ਚ	ਏ	ਣ	ਇ	ਲ	ਥ
◌ੁ	ਊ	ਪ	ਐ	◌ੁ	ਨ	ਊ	ਜ	ਪ	ਚ	ਉ	ਰ	ਣ	ਧ	◌ਾ	ਗ
ਧ	ੳ	ਏ	ਪ	ਮ	◌ੀ	ਭ	ਦ	◌ੁ	ਚ	◌ੀ	ੜ	ਧ	ਈ	ਮ	◌ੁ
ਚ	ਡ	ੜ	ਜ	◌੍	ਆ	ਥ	ਘ	ਊ	ਗ	ੳ	ਅ	ਫ	ਡ	◌ਿ	ਢ
ਧ	ਵ	ਊ	ਢ	ਐ	ਰ	ਸ	◌ੇ	ਕ	ਮ	ਈ	◌ੁ	ਨ	ਧ	ਰ	ਰ
ੜ	ਟ	ਅ	ਤ	◌ੁ	ਜ	◌ਿ	ਹ	ਰ	ਟ	ਈ	◌ੁ	ਥ	ਣ	ਚ	ਣ
ਚ	ਜ	ਦ	ਫ	ਮ	ਕ	ਚ	ਕ	ਅ	ਨ	◌ੀ	ਸ	ਤ	ਥ	ਈ	◌ੁ
ਯ	ਊ	ਰ	ਘ	ਟ	ਮ	ਮ	ਫ	◌ਾ	ਛ	ਚ	ਨ	ਧ	ਨ	ਰ	ਭ
ਢ	ੜ	ਕ	ਫ	ਣ	ਢ	ਫ	ਘ	ਟ	ਦ	ਨ	ਠ	ਬ	ਇ	ਦ	ਹ

ਅੂਨਾਂਸ
ਕੌੜਾ
ਇਲਾਇਚੀ
ਦਾਲਚੀਨੀ
ਧਨੀਆ
ਕੁਰੀ
ਸੌਂਫ
ਸੁਆਦ
ਲਸਣ
ਅਦਰਕ

ਲਿਕੋਰਿਸ
ਨਟਮਗ
ਪਿਆਜ
ਪਪ੍ਰਿਕਾ
ਮਿਰਚ
ਕੇਸਰ
ਲੂਣ
ਮਿੱਠਾ
ਹਲਦੀ
ਵਨੀਲਾ

19 - Universe

ਆ	ਟ	ਤ	ਆ	ਸ	ਅ	ਓ	ਲ	ਏ	ਉ	ਜ	ਵ	ਚ	ਘ	ਰ	ਗ
ਕ	◌ੈ	ਭ	ਯ	◌ੋ	ਖ	ਕ	ਈ	ਓ	ਐ	ਨ	ਏ	ਵ	ਹ	ਕ	ਮ
◌ਾ	ਲ	ਭ	ਢ	ਲ	ਗ	◌ਾ	ਸ	ਟ	ਤ	ਫ	ਲ	ਹ	◌ੌ	◌ਾ	ਮ
ਸ	◌ੀ	ਊ	◌ੂ	ਰ	◌ੋ	◌ੁ	ਛ	◌਼	ਕ	ਭ	ਈ	ਈ	ਰ	ਬ	ਣ
◌਼	ਸ	ੜ	ਡ	ਮ	ਲ	ਝ	ਸ	ਅ	◌ਾ	ਟ	ਇ	ਊ	◌ੀ	◌ੰ	ਲ
ਯ	ਕ	ਦ	ਫ	ਠ	◌ੱ	ਫ	◌਼	◌ੰ	ਓ	◌ਂ	ਵ	ਯ	ਜ	ਲ	ਓ
ਹ	◌ੋ	ਿ◌	ਚ	ਆ	ਖ	ਧ	◌ੀ	ਥ	ਗ	ਹ	ਸ	ਵ	◌਼	ਬ	ਭ
ਏ	ਪ	ਖ	ਉ	ਗ	ਣ	ਭ	◌ਾ	ਟ	ਡ	ਰ	ਥ	◌਼	ਨ	ਈ	ਫ
ਫ	ਉ	ਣ	ਜ	ਚ	ਦ	ਘ	ਰ	ਦ	ਨ	ਛ	◌ਾ	ਯ	ਓ	ਇ	ਯ
ਦ	ਯ	ਯ	ਬ	◌੍	ਰ	ਹ	ਿ◌	ਮ	◌ੰ	ਡ	◌ੀ	ਦ	ਆ	ਓ	◌ੁ
ਉ	ਇ	◌ੋ	ਸ	ਗ	ਇ	ਗ	ਵ	ਓ	ਐ	ਚ	ਥ	ਛ	ਰ	ਉ	ਗ
ਭ	ਢ	ਗ	◌ੀ	ਭ	ਮ	ਣ	ਮ	ਛ	ਬ	◌ੰ	ਸ	ਏ	ਬ	ਐ	◌ੋ
ਤ	ਣ	ਟ	ਕ	ਰ	◌ਾ	ਉ	ਣ	ਖ	ਲ	ਦ	ਫ	ਧ	ਿ◌	ਰ	ਲ
ਲ	ਡ	ਣ	◌ੈ	ਮ	ਨ	ਘ	ਭ	ਇ	ਥ	ਰ	ਸ	ਗ	ਟ	ਏ	◌ਾ
ਟ	◌ੁ	ਟ	ਲ	ਰ	ਧ	ਫ	ਸ	ਗ	ਵ	ਮ	ਪ	ਟ	ਫ	ਘ	ਯ
ਉ	ਰ	ਯ	ਗ	ਡ	ਊ	ਛ	ਚ	ਢ	ਜ	◌ਾ	ਮ	ਫ	ਸ	ਭ	ਠ

ਟਕਰਾਉਣ
ਖਗੋਲ
ਮਾਹੌਲ
ਬ੍ਰਹਿਮੰਡੀ
ਈਓਐਨ
ਭੂਮੱਧ
ਗਲੈਕਸੀ
ਗੋਲਾ
ਹੋਰੀਜ਼ਨ
ਅਕਸ਼ਾਂਸ਼
ਲੰਬਕਾਰ
ਚੰਦਰਮਾ
ਓਆਰਬਿਟ
ਆਕਾਸ਼
ਸੋਲਰ
ਸੰਗਰਾਦ
ਟੈਲੀਸਕੋਪ
ਝੁਕਾਓ
ਦਿਖਣਯੋਗ
ਰਾਸ਼ੀ

20 - Mammals

ਕ	ਬ	ਹ	ਲ	ਵ	ਉ	ਆ	ਈ	ੳ	ਚ	ਜ	ਛ	ਟ	ਲ	ਚ	ਕ
◌ੁ	ਲ	ਢ	◌ਾ	ਚ	ਥ	ੜ	ੜ	ਨ	ਤ	◌ਿ	ਅ	ਢ	ਥ	ਮ	◌ੋ
◌ੱ	ਦ	ਮ	ਰ	ਥ	ਬ	◌ਾ	◌ਂ	ਦ	ਰ	ਰ	ਭ	ਣ	ਉ	ਭ	ਯ
ਤ	ਖ	ੜ	◌ਿ	ਫ	◌ੀ	◌ੋ	ਥ	ਉ	ਵ	◌ਾ	ਰ	◌ਿ	◌ੱ	ਛ	◌ੋ
◌ੇ	ਮ	ਰ	◌ੋ	ਵ	ਘ	ਘ	ਬ	ਠ	◌ੀ	ਫ	◌ੂ	ਊ	ਪ	ਡ	ਟ
ਠ	ਛ	◌ਾ	ਗ	ਯ	ਹ	ਠ	◌ਿ	ਥ	ਬ	ਲ	ਗ	ਨ	ਪ	ਗ	ਣ
ਚ	◌ੀ	ਬ	ਐ	◌ੋ	ੜ	ਮ	◌ੱ	ਤ	ਘ	◌ੁ	◌ਾ	ਠ	ਲ	ਏ	ਦ
ਥ	ਈ	◌ੈ	ੜ	ੜ	ਸ	ਧ	ਲ	ਇ	ੳ	ਵ	◌ਂ	ਗ	ਘ	ਆ	ਦ
ਡ	ਆ	◌਼	ਡ	ਅ	ਕ	◌਼	◌ੀ	ਢ	ਖ	ਐ	ਕ	ੜ	ਆ	ਐ	ੜ
ਦ	◌ਾ	ਜ	ਤ	ਕ	◌ੌ	ਮ	ਭ	ਐ	ਥ	ਵ	ਐ	ਚ	ਤ	ਰ	ਦ
ਖ	ਢ	ਲ	ਤ	ਖ	ਫ	ਇ	ਨ	ਘ	ਪ	ੜ	ਆ	ਭ	ਰ	ਲ	ਯ
ਯ	ਟ	ੜ	ਫ	ਏ	ਤ	ਵ	ਏ	ਸ	ਖ	ਘ	ੜ	◌ੇ	ਥ	ਰ	ਇ
ਨ	ਐ	ਘ	ਘ	◌ਿ	ਛ	ਰ	ਊ	ਡ	ਐ	ਧ	ਇ	ਡ	ਯ	ਏ	ਲ
ਲ	ਵ	ਜ	ੳ	ਡ	ਨ	ਆ	ਡ	ਸ	ਛ	ਵ	ਯ	ਦ	ਲ	ਫ	ਕ
ਗ	ੜ	ਟ	ਯ	ਟ	ਤ	ਗ	◌ੁ	ਚ	ਲ	ਵ	ਧ	ੜ	ਟ	ਟ	ਲ
ਐ	ਖ	ਇ	ਸ	◌਼	◌ੇ	ਰ	ੳ	ਲ	ਚ	ਖ	ਈ	ੳ	ੜ	ਰ	ਵ

ਰਿੱਛ
ਬੀਵਰ
ਬਲਦ
ਬਿੱਲੀ
ਕੋਯੋਟ
ਕੁੱਤੇ
ਡਾਲਫਿਨ
ਹਾਥੀ
ਫੌਕਸ
ਜਿਰਾਫ
ਗੋਰਿਲਾ
ਘੋੜਾ
ਕੰਗਾਰੂ
ਸ਼ੇਰ
ਬਾਂਦਰ
ਖਰਗੋਸ਼
ਭੇਡ
ਮਛੀ
ਵੂਲਫ
ਜ਼ੈਬਰਾ

21 - Restaurant #1

ਰ	ਕ	ਧ	ਲ	ਗ	ਤ	ਓ	ਡ	ਚ	ਸ	ਚ	ੜ	ਊ	ਤ	ਇ	ਰ
ਚ	◌ੋ	ਗ	ਉ	ਣ	ਈ	ਆ	ਠ	ਿ◌	ਮ	ਮ	ਲ	ਦ	ਣ	ਟ	ਿ◌
ਊ	ਮ	ਟ	ਚ	ਣ	ਉ	ਫ	ਆ	ਕ	ਐ	ਰ	◌ੱ	ਏ	ਉ	ਣ	ਜ
ਤ	ਅ	ਸ	◌ੀ	ਅ	ਗ	ਖ	ਏ	ਨ	ਬ	ਐ	ਘ	ਗ	ਊ	ਧ	◌਼
ਘ	ਗ	◌ੁ	ਕ	ਫ	ਵ	◌ੇ	ਟ	ਰ	◌ੇ	ਸ	ਘ	ਅ	ਰ	ਥ	ਰ
ਏ	ਤ	ਯ	ਣ	ਨ	◌ੁ	ਭ	ਖ	ਰ	ਡ	ਊ	ਬ	ਨ	ਦ	◌ੀ	ਵ
ਮ	ਵ	ਪ	ਰ	ਟ	ਜ	ਢ	ਪ	◌ੁ	ਹ	ਠ	ਤ	ਗ	ਤ	ਗ	◌ੇ
ਸ	ਤ	ਣ	ਅ	ਰ	ਸ	◌ੋ	ਈ	ਮ	ਇ	ਉ	ਰ	ਭ	ਨ	ਸ	ਸ
◌ਾ	ਕ	ਇ	ਕ	ਪ	ਆ	ਅ	ਭ	◌ਾ	ਨ	ਈ	ਐ	ਣ	ਦ	ਸ	◌਼
ਲ	ਤ	ਤ	ਦ	ਲ	ਤ	ਭ	ਪ	ਲ	ਊ	ਆ	ਲ	ਈ	ਉ	◌ਾ	ਨ
◌ੇ	ਸ	ਭ	ਐ	◌ੇ	ਮ	ਠ	ਕ	ਓ	ਨ	ਐ	ਕ	ਅ	ਜ	ਸ	ਠ
ਦ	ਇ	ਐ	ੜ	ਟ	ਗ	ਦ	◌ੂ	ਕ	◌ੂ	ਲ	ਮ	ਮ	ਫ	ਛ	ਐ
◌ਾ	ਠ	ਪ	ਅ	ਐ	ਣ	ਕ	◌ਾ	ਫ	◌ੀ	ਰ	ਸ	◌ੀ	ਊ	ਐ	ਟ
ਰ	ਠ	ਐ	ਣ	ਘ	ਬ	ਛ	ਚ	ਢ	ਮ	ਜ	ਕ	ਟ	ਜ	ਘ	ਫ
ਹ	ਖ	ਓ	ਟ	ਓ	ਤ	ਸ	ਣ	ਫ	ਆ	◌ੀ	ਹ	ਘ	ਖ	ਦ	ਊ
ਆ	ਰ	ਕ	◌ੈ	ਸ	◌਼	◌ੀ	ਅ	ਰ	ਕ	ਕ	ਧ	ਆ	ਰ	ਪ	ਇ

ਐਲਰਜਾਂ
ਰੋਟੀ
ਕੈਸ਼ੀਅਰ
ਚਿਕਨ
ਕਾਫੀ
ਮਿਠਆਈ
ਭੋਜਨ
ਸਮੱਗਰੀ
ਰਸੋਈ

ਚਾਕੂ
ਮੀਟ
ਮੀਨੂ
ਰੁਮਾਲ
ਪਲੇਟ
ਰਿਜ਼ਰਵੇਸ਼ਨ
ਸਾਸ
ਮਸਾਲੇਦਾਰ
ਵੇਟਰੇਸ

22 - Bees

ਹ	◌ੈ	ਬ	◌ੀ	ਟ	◌ੇ	ਟ	ਅ	ਹ	ਐ	ਐ	ਜ	ਪ	ਧ	ਵ	ਪ
ਆ	ਵ	ਮ	ਐ	ਟ	ਟ	ਲ	◌ੁ	ਵ	ਲ	ਆ	ਟ	ਗ	◌ੂ	ਿ◌	◌ੋ
ਜ	ਰ	ਰ	ਉ	ਢ	ਨ	ਬ	ਮ	ਪ	ਮ	ਲ	ਯ	ਨ	◌ੰ	ਭ	ਲ
ਦ	ੜ	ਏ	ਭ	ਲ	ਤ	ਟ	ਹ	ਬ	ਥ	ਵ	ਦ	ਟ	ਆ	ਿ◌	◌ੀ
ਭ	◌ੋ	ਜ	ਨ	◌ਾ	ਉ	ਮ	ਠ	ਸ	ਵ	ਲ	ਈ	ਮ	◌ਂ	◌ੰ	ਨ
ਆ	ਬ	ਨ	ਓ	ਭ	ਯ	ਮ	ਰ	ਵ	ਸ	ਯ	ਆ	ਟ	ਥ	ਨ	◌ੇ
ਸ	ਜ	ਐ	ਤ	ਦ	ਖ	◌ੋ	ਡ	ਈ	ਬ	◌਼	ਗ	ਸ	ਠ	ਤ	ਟ
ਇ	ਦ	ਟ	ਣ	◌ਾ	ਲ	ਮ	ਧ	◌ਾ	ਉ	ਠ	ਹ	ਸ	ਤ	◌ਾ	ਰ
ਲ	ਵ	ਅ	ਣ	ਇ	ਬ	ਢ	ਡ	ਹ	ਉ	ਟ	ਛ	ਿ◌	ਨ	ਡ	ਲ
ਆ	ਜ	ਘ	ਨ	ਕ	ਏ	ਉ	ਜ	ਗ	ਨ	ਈ	ਹ	◌ੋ	ਦ	ਐ	ਮ
ਭ	ਤ	ਊ	ਛ	ਇ	ਈ	ਆ	ਰ	ਦ	ਊ	ਪ	ਅ	ਕ	ਣ	ਸ	ਰ
ਚ	ਜ	ਉ	ਮ	ਊ	ਜ	ਦ	ਫ	ਬ	ਰ	ਅ	ਓ	ਈ	◌ੀ	ਠ	ਕ
ਖ	◌ੁ	ਐ	ਭ	ਫ	ਣ	ਛ	◌ੁ	ਚ	ਧ	ਗ	ਛ	ਭ	◌ਾ	ੜ	ਦ
ਲ	ਉ	ਫ	ਵ	ਯ	ਯ	ਧ	◌ੱ	ਜ	ਅ	◌ਾ	ਧ	ੜ	ਰ	ਜ	◌ੇ
ਈ	ਊ	ਣ	ਈ	ਆ	ਖ	ਟ	ਲ	ਫ	ਲ	ਬ	◌ੂ	ਰ	ਨ	ਠ	◌ੌ
ਥ	ਈ	ਧ	ਟ	◌ੁ	ਨ	ਘ	ਸ	ਖ	ਘ	ਮ	ਅ	ਪ	ਖ	ਗ	ਪ

ਲਾਭਦਾਇਕ
ਵਿਭਿੰਨਤਾ
ਈਕੋਸਿਸਟਮ
ਫੁੱਲ
ਭੋਜਨ
ਫਲ
ਬਾਗ
ਹੈਬੀਟੇਟ
ਹਾਈਵ
ਸ਼ਹਿਦ
ਕੀੜੇ
ਪੌਦੇ
ਬੂਰ
ਪੋਲੀਨੇਟਰ
ਰਾਣੀ
ਧੂੰਆਂ
ਸਵਰਮ
ਮੋਮ

23 - Photography

ਛ	ਆ	ਣ	ਣ	ੜ	ਬ	ਡ	ਦ	ਢ	ਅ	ਟ	ਮ	◌ੈ	ਰ	◌ਾ	ਫ
ਬ	ਠ	ਦ	ਹ	ਜ	ਖ	ੜ	◌੍	ਓ	ਐ	◌ੈ	ਇ	ਜ	◌ਾ	ਜ	ਰ
ਕ	◌ਾ	ਲ	◌ਾ	ਅ	ਮ	◌ੇ	ਰ	ਫ	ਗ	ਕ	ਲ	ਯ	ਮ	ਜ	ਸ
ਲ	◌ਾ	ਈ	ਟ	◌ਿ	◌ੱ	ਗ	◌ਿ	ਣ	ਘ	ਸ	ਅ	ਐ	◌ੈ	ਗ	ਯ
ਪ	ਰ	ਛ	◌ਾ	ਵ	◌ੇ	◌ਂ	ਸ	ਉ	ੜ	ਟ	ਜ	◌ੁ	ਕ	ਟ	ਖ
ਭ	ਊ	ਆ	ੜ	ਈ	ਊ	ਣ	◌਼	◌਼	ਢ	ਚ	◌਼	ਗ	ਘ	ਈ	ਏ
ਸ	ਜ	ਤ	ਅ	ਣ	ਰ	ਏ	ਟ	ਬ	◌ਾ	ਰ	◌ੂ	ਹ	ਠ	ਧ	ਨ
ਏ	ਵ	ਅ	ਚ	ਫ	ਇ	ਪ	◌ੀ	ਪ	ਥ	◌ਿ	◌ਿ	ਓ	ਚ	ਪ	ਤ
ਚ	ਵ	ਵ	ਲ	ਸ	ਮ	ਥ	ਕ	ਧ	ਅ	ਯ	ਵ	ਦ	ਮ	ਓ	ਫ
ਉ	ਲ	ਟ	ਰ	ਫ	ਇ	ਲ	◌ੋ	ਪ	ਰ	◌ਿ	ਭ	◌ਾ	ਸ	◌਼	◌ਾ
ਢ	ਏ	ਸ	ਏ	ਚ	ਦ	ਫ	ਣ	ਨ	ਚ	ਅ	ਦ	ਭ	ਡ	ਆ	ਲ
ੜ	ਮ	ਆ	ਚ	ਠ	ਨ	◌ੀ	ਸ	◌਼	ਰ	ਦ	ਰ	◌੍	ਪ	ਭ	ਲ
ਇ	ਚ	ਬ	ਐ	◌ੁ	ਸ	◌ਾ	ਪ	◌ੋ	ਰ	ਟ	ਰ	◌ੇ	ਟ	ਰ	ਮ
ਚ	ਕ	ਧ	ਖ	ਬ	ਏ	ਈ	ਟ	ਰ	ਈ	ਊ	ਥ	ਉ	ਛ	◌ੇਂ	ਊ
ਢ	◌ੁ	◌ਾ	ਆ	ਰ	ਹ	ਤ	ਈ	ਵ	ਕ	ਠ	ਕ	ਬ	ਓ	ਗ	ਐ
ਭ	ਦ	ਲ	ਈ	ਬ	ੜ	ਥ	ਐ	ਮ	ਬ	ਪ	ਛ	ਊ	◌ੁ	ਸ	ਛ

ਕਾਲਾ
ਕੈਮਰਾ
ਰੰਗ
ਰਚਨਾ
ਉਲਟ
ਪਰਿਭਾਸ਼ਾ
ਪ੍ਰਦਰਸ਼ਨੀ
ਫਾਰਮੈਟ
ਫਰੇਮ
ਲਾਈਟਿੰਗ
ਇਕਾਈ
ਦ੍ਰਿਸ਼ਟੀਕੋਣ
ਪੋਰਟਰੇਟ
ਪਰਛਾਵੇਂ
ਵਿਸ਼ਾ
ਟੈਕਸਟਚਰ
ਵਿਜ਼ੂਅਲ

24 - Weather

ਬ	ਠ	ਹ	ਰ	ਮ	ਚ	ਧ	ਊ	ਉ	ਧ	ਟ	ਸ	ਘ	ਦ	ੜ	ੜ
◌੍	ਕ	ਧ	ਇ	ਕ	◌ਾ	◌ੱ	◌ੁ	ਸ	ਛ	◌੍	◌ੋ	ਮ	ਧ	ਲ	ਧ
ਰ	ਲ	◌ੋ	ਪ	ਗ	ਪ	ਨ	ਡ	ਪ	ਵ	ਰ	ਕ	ਆ	ਬ	◌ਾ	ਉ
◌ੀ	ਹ	ਵ	ਰ	ਅ	ਖ	◌ਾ	ਸ	ਠ	ਲ	◌ੋ	◌ਾ	ਈ	ਹ	ਈ	ਜ
ਜ	◌ੌ	ਜ	ਢ	ਈ	ਪ	ਮ	ਨ	◌ੂ	ਘ	ਪ	ਬ	ਸ	ਵ	ਟ	ਬ
◌਼	◌ਾ	ਠ	ਮ	ਛ	ਣ	ਸ	ਗ	ਖ	ਨ	ਿ◌	ਵ	◌ੀ	◌ਾ	ਨ	ਈ
ਛ	ਮ	ਧ	ਅ	ਆ	ਆ	ਅ	ਸ	ਮ	ਖ	ਕ	ਠ	ਈ	ਠ	ਿ◌	ਓ
ਤ	◌ਾ	ਪ	ਮ	◌ਾ	ਨ	ਥ	ਥ	ਰ	ਣ	ਲ	ਜ	ਪ	ਥ	◌ਂ	◌ੁ
ਉ	ਨ	ਉ	ਖ	ਊ	ਡ	ਥ	ਲ	ਘ	ਧ	ਨ	ਇ	ਫ	ਦ	ਗ	ਜ
ਟ	◌ੋ	ਰ	ਨ	◌ਾ	ਡ	◌ੋ	ਕ	ਰ	ਤ	◌ੁ	ਏ	ਤ	ਨ	ਵ	ਲ
◌ੁ	ਬ	ਈ	ਗ	ਫ	ਨ	ਖ	ਏ	◌ੇ	ਤ	ਯ	◌ਂ	ਛ	ਰ	ੜ	ਵ
ਹ	ਥ	ਡ	ਛ	ਬ	◌਼	ਨ	ਪ	ਨ	ਹ	ਥ	ਲ	ਦ	◌ੱ	ਬ	◌ਾ
ਭ	◌ਂ	ੜ	ਐ	ਧ	ਪ	◌ਾ	ਨ	ਬ	ਹ	ਰ	◌ੀ	ਕ	◌ੇ	ਨ	ਯ
ਤ	ਡ	ਮ	ਥ	ਵ	ਨ	ਊ	◌ੂ	◌ੋ	ਖ	ਓ	ਫ	ਪ	ਬ	ਪ	◌ੂ
ਜ	ਰ	ਕ	ਪ	ਥ	ਵ	ਖ	ਉ	ਤ	ਢ	ਫ	ਊ	ਟ	ਯ	ਹ	ਧ
ਲ	◌ੁ	ਦ	ਸ	ਹ	ਅ	ਰ	ਐ	ਭ	ਖ	ਛ	◌ੁ	ਇ	ਵ	ਓ	ਈ

ਮਾਹੌਲ
ਬ੍ਰੀਜ਼
ਜਲਵਾਯੂ
ਬੱਦਲ
ਸੋਕਾ
ਸੁੱਕਾ
ਧੁੰਦ
ਹਰੀਕੇਨ
ਆਈ.ਸੀ.ਈ
ਲਾਈਟਨਿੰਗ
ਮਾਨਸੂਨ
ਪੋਲਰ
ਰੇਨਬੋ
ਅਸਮਾਨ
ਤੂਫ਼ਾਨ
ਤਾਪਮਾਨ
ਥੰਡਰ
ਟੋਰਨਾਡੋ
ਟ੍ਰੋਪਿਕਲ
ਹਵਾ

25 - Adventure

ਏ	ਢ	ਕ	ਸ	ਹ	ਟ	ਬ	ਅ	ਇ	ਫ	ਠ	ਢ	ਊ	ਉ	ਰ	ਗ
ਲ	ਵ	ਈ	◌ੁ	ਢ	◌ੈ	ਵ	ਹ	ਡ	ਹ	ਘ	ਧ	◌ਂ	ਛ	ਫ	ਡ
ਹ	ਛ	ਈ	ਰ	◌ੈ	ਸ	ਰ	ਚ	◌ਾ	ਖ	ਯ	ਯ	◌ਾ	ਤ	ਰ	◌ਾ
ਬ	ਵ	ਓ	◌ੱ	ਲ	ਧ	ਸ	◌ਾ	ਘ	ਦ	ਵ	ਢ	ਵ	ਕ	ਵ	ਧ
ਮ	ਵ	ਗ	ਖ	ਕ	ਉ	ਢ	ਲ	ਨ	ਡ	ਰ	ਡ	ਨ	◌ੁ	ਬ	ਦ
ਗ	ਈ	ਪ	◌ਿ	ਪ	ਧ	ਚ	ਖ	ਸ	◌ੀ	ਲ	◌ੀ	ਝ	ਦ	ਉ	ਛ
ਇ	ਤ	ਮ	ਆ	ਝ	ਈ	ਊ	ਤ	◌਼	ਸ	ਜ	ਕ	ਈ	ਰ	ਫ	ਗ
ਐ	ਈ	◌ੁ	ਫ	ਆ	ਨ	ਭ	ਰ	ਗ	ਸ	◌਼	ਨ	ਡ	ਤ	ਯ	ਢ
ਕ	ਯ	ਸ	ਦ	◌ੋ	ਸ	ਤ	ਨ	◌ੇ	ਉ	◌ਿ	ਨ	ਕ	ਊ	ਐ	ਚ
◌ਿ	◌ਾ	◌਼	ਸ	ਊ	ਕ	ਜ	◌ਾ	ਵ	ਤ	◌ੰ	ਗ	ਯ	ਈ	ਟ	ਛ
ਰ	ਤ	ਕ	ਵ	◌ੁ	ਫ	ਪ	ਕ	◌ੀ	ਸ	ਮ	ਊ	ਛ	ਅ	ਪ	ਤ
◌ਿ	ਰ	◌ਿ	ਢ	ਉ	◌ੰ	ਪ	ਨ	◌ੈ	◌਼	ਬ	ਤ	◌ਿ	ਆ	ਰ	◌ੀ
ਆ	◌ਾ	ਲ	ਕ	ਏ	ਮ	ਦ	ਡ	ਨ	◌ਾ	ਠ	ਬ	ਟ	ਠ	ਇ	ਛ
ਯ	ਵ	ਧ	ਯ	ਰ	◌ੌ	ਮ	ਰ	ਠ	ਹ	ਤ	ਊ	ਉ	ਏ	ਮ	ਵ
ਝ	◌ਾ	ਐ	ਐ	ਝ	ਕ	ਛ	◌ੁ	ਤ	ਚ	ਕ	ਕ	ਦ	ਘ	ਥ	ਛ
ਊ	◌ਂ	ਸ	ਲ	ਨ	◌ਾ	ਫ	ਏ	ਭ	◌ਾ	ਲ	ਫ	ਯ	ਡ	ਝ	ਘ

ਕਿਰਿਆ
ਸੁੰਦਰਤਾ
ਬੁਹਾਦਰੀ
ਮੌਕਾ
ਖਤਰਨਾਕ
ਮੰਜ਼ਿਲ
ਮੁਸ਼ਕਿਲ
ਉਤਸ਼ਾਹ
ਸੈਰ

ਦੋਸਤ
ਯਾਤਰਾ
ਕੁਦਰਤ
ਨੈਵੀਗੇਸ਼ਨ
ਨਵਾਂ
ਤਿਆਰੀ
ਸੁਰੱਖਿਆ
ਹੈਰਾਨੀਜਨਕ
ਯਾਤਰਾਵਾਂ

26 - Restaurant #2

ਯ	ਆ	ਖ	ਸ	ਸ	ਣ	ਕ	ਤ	ਠ	ੜ	ਡ	ਬ	ਕ	ਮ	ਇ	ਓ
ਕ	ਪ	ਫ	ਬ	ਲ	ਫ	ਟ	ਜ	ਘ	ਨ	ਣ	ੁ	ਚ	ਐ	ਲ	ਈ
ਆ	ਕ	ਪ	ਖ	ਾ	ਸ	ੂ	ਪ	ਨ	ਹ	ਡ	ਲ	ਬ	ਛ	ਐ	ਪ
ਰ	ਜ	ਠ	ਮ	ਦ	ਚ	ਉ	ਈ	ਲ	ਭ	ਹ	ਲ	ੂ	ਣ	ਕ	ਖ
ਏ	ਰ	ੁ	ਘ	ੀ	ਏ	ਮ	ਘ	ਭ	ਚ	ਰ	ਈ	ੁ	ੀ	ਨ	ਡ
ੜ	ਭ	ੜ	ਫ	ਆ	ਯ	ਏ	ਚ	ਭ	ਈ	ਹ	ੁ	ਮ	ਾ	ਫ	ਡ
ਮ	ਐ	ਭ	ਏ	ੁ	ਘ	ੁ	ਕ	ਆ	ਅ	ਫ	ਫ	ਧ	ਪ	ਟ	ਣ
ਬ	ੱ	ਅ	ਤ	ਸ	ਓ	ਅ	ਕ	ਜ	ਖ	ਮ	ਨ	ਪ	ਵ	ਊ	ਪ
ਮ	ਟ	ਛ	ੜ	ਊ	ਈ	ਟ	ੁ	ਆ	ਈ	ਸ	ੀ	ਈ	ਓ	ਜ	ਣ
ਸ	ਘ	ਅ	ੀ	ਐ	ਈ	ਚ	ਰ	ਜ	਼	ਈ	ਟ	ਾ	ੀ	ਪ	ਐ
ਾ	ਢ	ੰ	਼	ਦ	ਸ	ਇ	ਸ	ਕ	ਈ	ਟ	ਭ	ਵ	ਦ	ਕ	ਘ
ਲ	ਦ	ਡ	ਜ	ਉ	ਓ	ਢ	ੀ	ਨ	ੂ	ਡ	ਲ	ਜ	਼	ਘ	ਥ
ੇ	ਯ	ੇ	ਬ	ਫ	ਅ	ਠ	ਹ	ਦ	ਥ	ਉ	ਏ	ਭ	ਉ	ਕ	ਕ
ਟ	ਕ	ਭ	ਸ	ਲ	ੋ	ਧ	ਥ	ਗ	ਸ	ਠ	ਲ	ਇ	ਟ	ਲ	ਓ
ਗ	ੇ	ੜ	ਗ	ਐ	ਉ	ਰ	ਟ	ੇ	ਵ	ਐ	ਤ	ਅ	ਰ	ਡ	ਧ
ਡ	ਕ	ਜ	ਐ	ਹ	ਛ	ਲ	ਕ	ਧ	ਉ	ਭ	ਗ	ਠ	ਖ	ਯ	ਧ

ਐਪੀਟਾਈਜ਼ਰ
ਕੇਕ
ਕੁਰਸੀ
ਸੁਆਦੀ
ਅੰਡੇ
ਮੱਛੀ
ਫੋਰਕ
ਫਲ
ਆਈ.ਸੀ.ਈ
ਨੂਡਲਜ਼
ਸਲਾਦ
ਲੂਣ
ਸੂਪ
ਮਸਾਲੇ
ਚਮਚਾ
ਸਬਜ਼ੀ
ਵੇਟਰ
ਪਾਣੀ

27 - Geology

ਐ	ਮ	ਥ	ਥ	ਖ	ਵ	ਹ	ਯ	ਧ	ਆ	ਟ	ਬ	ਠ	ਈ	ਸ	ਏ
ਧ	ਸ	ਫ	ਪ	ੁ	ਣ	ਸ	ਡ	ਤ	ਉ	ਊ	ਠ	ਗ	ਥ	ਟ	ਆ
ਖ	ਏ	ਿ	ਇ	ਠ	ਐ	ਿ	ਟ	ਘ	ਓ	ਖ	ਖ	ਯ	ਦ	ੈ	ਥ
ਡ	ਠ	ਪ	ਡ	ਆ	ਆ	ਪ	ਜ	਼	ਟ	ਰ	ਆ	ੁ	ਕ	ਲ	ਵ
ਕ	ਆ	ਭ	ਯ	ਉ	ਕ	ਚ	ਨ	ਧ	ਟ	ਯ	ਫ	ਠ	ਯ	ੇ	ਹ
ਖ	ਖ	ਊ	ਹ	ਰ	ਥ	ੱ	ਪ	ਦ	ੀ	ਂ	ਾ	ਹ	ਮ	ਕ	ਭ
ਹ	ਝ	ਯ	ਠ	ਈ	ਓ	ਕ	ਾ	ੁ	ਝ	ਢ	ੁ	ਦ	ਕ	ਟ	ਹ
ਕ	ਧ	ਅ	ਛ	ਘ	ਕ	ਰ	ਜ	਼	ੀ	ਗ	ਗ	ਤ	ਮ	ਾ	ਰ
ਫ	ਗ	ਕ	ਸ	ਟ	ੈ	ਲ	ਾ	ਗ	ਮ	ਾ	ਈ	ਟ	ਸ	ਇ	ਰ
ਗ	ਓ	੍	ਪ	ਰ	ਤ	ਰ	ਚ	ਬ	ਪ	ਬ	ਅ	ਦ	਼	ਟ	ਕ
ਰ	ਦ	ਰ	ਾ	ਠ	ਪ	ੋ	ਕ	ਾ	ਣ	ਓ	ਭ	ਡ	ਵ	ਅ	ਉ
ਮ	ਵ	ਿ	ਯ	ਥ	ਲ	ਕ	ਥ	ਯ	ੂ	ਨ	ਕ	ਠ	ਾ	ਉ	ਆ
ਤ	ਘ	ਸ	ਝ	ਆ	ਘ	ਬ	ਟ	ਈ	ਲ	ਭ	ਢ	ਮ	ੀ	ਣ	ਥ
ਣ	ਈ	ਟ	ਕ	ੈ	ਲ	ਸ	਼	ੀ	ਅ	ਮ	ਐ	ਓ	ਜ	ਐ	ਥ
ਐ	ਣ	ਲ	ਜ	ਵ	ਾ	ਲ	ਾ	ਮ	ੁ	ਖ	ੀ	ਵ	ਨ	ਪ	ਊ
ਯ	ਡ	ਏ	ਡ	ਡ	ਸ	ਆ	ਣ	ਠ	ਬ	ਹ	ਚ	ਵ	ਢ	ਸ	ਖ

ਔਸਿਡ
ਕੈਲਸ਼ੀਅਮ
ਗੁਫਾ
ਮਹਾਂਦੀਪ
ਕੋਰਲ
ਕ੍ਰਿਸਟਲ
ਚੱਕਰ
ਭੂਚਾਲ
ਜੀਵਾਸ਼ਮ
ਗੀਜ਼ਰ
ਪਰਤ
ਖਣਿਜ
ਪਠਾਰ
ਕੁਆਰਟਜ਼
ਲੂਣ
ਸਟੈਲੇਕਟਾਇਟ
ਸਟੈਲਾਗਮਾਈਟਸ
ਪੱਥਰ
ਝੁਕਾਓ
ਜਵਾਲਾਮੁਖੀ

28 - House

ਕ	ਤ	ਣ	ਏ	ਅ	ਜ	ਧ	ਐ	ਟ	ਕ	ਤ	ਐ	ਚ	ਉ	ਖ	ਈ
ਐ	ਲ	ੳ	ਢ	ਐ	ਧ	ਨ	ਘ	ਈ	ਉ	ਤ	ਐ	ਵ	ਜ	ਲ	ਣ
ਰ	ਚ	ੀ	ਨ	ਰ	ਫ	ਡ	ਥ	ੁ	ਮ	ਵ	ਣ	ਗ	ਘ	ਭ	ਘ
ਕ	ਸ	ਡ	ਊ	ਰ	ਡ	ਬ	ਲ	ਕ	ਬ	ਟ	ਪ	ਣ	ਪ	ਫ	ਬ
ਅ	ਹ	ੋ	ਠ	ਢ	ਥ	ਛ	ਰ	ਘ	ਗ	ਇ	ਣ	ਝ	ਜ	ਘ	ਪ
ਫ	ੁ	ਪ	ਈ	ਸ	ਚ	ਸ	ਭ	ਛ	ਰ	ਹ	ਈ	ਨ	਼	ਉ	ਰ
ਮ	ੰ	ਜ	਼	ਿ	ਲ	ਵ	ਲ	ਤ	ਈ	ਏ	ਇ	ਨ	ਾ	ਸ	ਦ
ੁ	ਪ	ਰ	ੀ	ਰ	ੇ	ਬ	੍	ਇ	ਾ	ਲ	ਵ	ਨ	ਾ	ਛ	ੇ
ੳ	ੳ	ੇ	ਐ	ੰ	ਜ	ਇ	ਹ	ਛ	ਪ	ਹ	ਿ	ਧ	ਵ	ਠ	ੁ
ਢ	ਫ	ੈ	ਊ	ਜ	ੁ	ਮ	ਯ	ਕ	ਦ	ਭ	ੰ	ੳ	ਰ	ਾ	ਭ
ਠ	ੀ	ਗ	ੀ	ੰ	ਅ	ਕ	ਕ	ੰ	ਧ	ਏ	ਡ	ਨ	ਦ	ਰ	ਝ
ਮ	ਭ	ਾ	ਘ	ਏ	ਆ	ਿ	ਦ	ੀ	ਵ	ੇ	ੋ	ਇ	ਘ	ਮ	ੂ
ਿ	ਹ	ਬ	ਠ	ਝ	ਝ	ਟ	ਨ	ਧ	ਖ	ਹ	ਐ	ਟ	ਵ	ਕ	ਾ
ਰ	ਵ	ਾ	਼	ਸ	ਹ	ਐ	ਹ	ਝ	ਵ	ਣ	ਜ	ਥ	ਇ	ਇ	ਝ
ਰ	ਏ	ਆ	ਥ	ਵ	ਕ	ਚ	ਸ	ਡ	ੳ	ਟ	ਛ	ੱ	ਤ	ਰ	ਕ
ਥ	ਊ	ਣ	ਤ	ਯ	ਐ	ਭ	ਏ	ਲ	ਚ	ਰ	ਠ	ਟ	ਜ	ਝ	ਜ

ਐਟਿਕ
ਝਾੜੂ
ਪਰਦੇ
ਦਰਵਾਜ਼ਾ
ਵਾੜ
ਅੰਗੀਠੀ
ਮੰਜ਼ਿਲ
ਫਰਨੀਚਰ
ਗੈਰੇਜ
ਬਾਗ
ਕੁੰਜੀਆਂ
ਰਸੋਈ
ਦੀਵੇ
ਲਾਇਬ੍ਰੇਰੀ
ਮਿਰਰ
ਛੱਤ
ਕਮਰਾ
ਸ਼ਾਵਰ
ਕੰਧ
ਵਿੰਡੋ

29 - Physics

◌ੁ	ਖ	ੳ	ਨ	ਣ	ਅ	ਆ	ਆ	ਹ	ਊ	ਸ	ਧ	ਡ	ਕ	ਉ	ੳ
ਐ	ਦ	ਅ	ਸ	ਛ	ਢ	ਢ	ਯ	ਇ	ਐ	ਵ	ਜ	ਖ	ਨ	ਣ	ਕ
ਉ	ਐ	ਮ	ਏ	ਥ	ਘ	ਛ	ਖ	ਨ	ਯ	ਡ	ਭ	◌ੁ	ਿ◌	ਉ	ਲ
ਪ	◌ੁ	◌ੰ	ਜ	ਮ	◌ੁ	ਕ	ਭ	ਭ	ਧ	◌ੁ	ਲ	ਚ	◌ੈ	ਮ	ਇ
ਮ	ਅ	ਐ	ਕ	ਸ	ਪ	ਰ	◌ੇ	ਸ	◌਼	ਨ	ਖ	ਨ	ਕ	ਡ	ਗ
ਥ	ਰ	ਤ	ਊ	ਇ	ਊ	ਤ	ਐ	ਗ	ਅ	ਨ	ਆ	ਘ	ਮ	ਸ	◌ੁ
ਸ	ਦ	ਸ	ਗ	ਸ	◌ਾ	ਪ	◌ੇ	ਖ	ਤ	◌ਾ	ਤ	ਣ	ਘ	ਮ	ਵ
ਇ	ਲ	◌ੈ	ਕ	ਟ	◌੍	ਰ	◌ੋ	ਨ	ਛ	ਤ	ਫ	ਖ	ਤ	ਘ	ੜ
ੜ	ਪ	ਗ	ਣ	ੜ	ਸ	ਐ	ਫ	◌ਾ	ਰ	ਮ	◌ੂ	ਲ	◌ਾ	ਐ	ਫ
ਚ	ੳ	◌ੇ	ਇ	ਈ	ਸ	ਫ	ਠ	ਟ	ੜ	ਈ	ਧ	ਸ	ਕ	ਤ	ਰ
ਚ	ਵ	ਵ	◌ਾ	ਈ	ਬ	ਲ	ਬ	ਨ	ਲ	ਫ	ਭ	ਰ	ਬ	ਨ	ਫ
◌ੂ	ਣ	ਅ	ਸ	ਵ	ਐ	ਥ	ੜ	ਗ	ਬ	ਤ	ਹ	ਵ	◌ੰ	ਣ	ਭ
ਢ	ਜ	ਭ	ਰ	ਨ	ਘ	ਟ	ਗ	ਤ	◌ੀ	ਟ	ਲ	ਨ	◌ੁ	ਆ	ਐ
ਗ	◌ੰ	ਭ	◌ੀ	ਰ	ਤ	◌ਾ	ਮ	ਲ	ਚ	ੳ	ਧ	◌ੀ	ਚ	ਗ	ਕ
ਨ	ਇ	ਬ	◌ਾ	ਰ	◌ੰ	ਬ	◌ਾ	ਰ	ਤ	◌ਾ	ਆ	◌ੂ	ਅ	ਛ	ਢ
ਠ	ਊ	ਢ	ਉ	ੜ	ਆ	ੳ	ਘ	ਇ	ਛ	ਸ	ਮ	ਯ	ੳ	ਊ	ਰ

ਐਕਸਪਰੇਸ਼ਨ
ਐਟਮ
ਹਫੜਾ
ਰਸਾਇਣਕ
ਘਣਤਾ
ਇਲੈਕਟ੍ਰੋਨ
ਇੰਜਣ
ਫਾਰਮੂਲਾ
ਬਾਰੰਬਾਰਤਾ
ਗੈਸ
ਗੱਭੰਰਤਾ
ਚੁੰਬਕਤਾ
ਪੁੰਜ
ਮਕੈਨਿਕ
ਅਣੂ
ਕਣ
ਸਾਪੇਖਤਾ
ਗਤੀ
ਯੂਨੀਵਰਸਲ
ਵੇਗ

30 - Dance

ੜ ਪ ੳ ਪ ਹ ਨ ੳ ਉ ਏ ਬ ਛ ਈ ਪ ਜ ਪ ਅ
ਐ ਣ ਹ ਪ ਣ ਸ ਡ ਢ ਖ ਪ ਖ ਚ ਤ ਬ ਈ ਕ
ਪ ਵ ਨ ਭ ਲ ਚ ਈ ਬ ਣ ◌ਾ ਖ ਜ ਏ ਭ ਫ ◌ੈ
ਆ ◌੍ ਫ ਨ ਊ ਆ ਈ ਪ ◌ਾ ਰ ਿ◌ ਕ ਲ ◌ਾ ਪ ਡ
ਣ ਹ ਰ ਣ ਆ ਸ ◌ੁ ੳ ਸ ਟ ਯ ਉ ◌ਾ ਵ ਤ ਮ
ਤ ਡ ਭ ਗ ਵ ਈ ਮ ਦ ◌ੰ ਨ ਅ ਸ ਤ ਚ ਸ ◌ੀ
ਛ ਵ ਭ ਣ ਟ ਲ ਛ ਚ ਘ ਰ ਰ ਊ ਫ ਸ ◌ੱ ਇ
ਕ ◌ੋ ਰ ◌ੀ ੳ ਗ ◌੍ ਰ ◌ਾ ਫ ◌ੀ ਪ ਈ ◌ੰ ਭ ਲ
ਕ ਲ ◌ਾ ਸ ◌ੀ ਕ ਲ ਰ ਿ◌ ਹ ਰ ਸ ਲ ਗ ਿ◌ ਲ
ਫ ਊ ਧ ਭ ਯ ਰ ਅ ਚ ਥ ਦ ਸ ਲ ਛ ◌ੀ ਆ ਜ
ਈ ਚ ਪ ਊ ਡ ਗ ਜ ◌ਾ ਆ ਅ ਨ ਫ ਬ ਤ ਚ ਕ
ਲ ਇ ਘ ਡ ਟ ਅ ◌਼ ਆ ਮ ਮ ਡ ੳ ਈ ◌ੀ ◌ਾ ਡ
ਭ ◌ਾ ਵ ਨ ◌ਾ ਈ ◌ੂ ਭ ੳ ਈ ਮ ਲ ਪ ਇ ਰ ਭ
ਣ ਯ ਇ ਦ ਕ ਭ ਿ◌ ਿ◌ ਕ ਊ ਮ ਕ ਥ ◌ਾ ਕ ੳ
ਊ ਠ ਠ ਜ ਰ ਏ ਵ ◌ੱ ਭ ਲ ਥ ਅ ਖ ਵ ਲ ਦ
ਘ ਥ ◌ੁ ਹ ਭ ਜ ◌ੁ ਸ ਗ ਟ ਠ ਹ ਜ ਰ ਨ ਘ

ਅਕੈਡਮੀਂ
ਕਲਾ
ਸਰੀਰ
ਕੋਰੀਓਗ੍ਰਾਫੀ
ਕਲਾਸੀਕਲ
ਸੱਭਿਆਚਾਰਕ
ਸੱਭਿਆਚਾਰ
ਭਾਵਨਾ
ਪ੍ਰਗਟ
ਕਿਰਪਾ
ਅਨੰਦਮਈ
ਸੰਗੀਤ
ਪਾਰਟਨਰ
ਰਿਹਰਸਲ
ਤਾਲ
ਰਵਾਇਤੀ
ਵਿਜ਼ੂਅਲ

31 - Colors

ਯ	ਗ	ਇ	ਫ	ਏ	ਣ	ਚ	ਵ	ਬ	ਸ	ਸ	ਲ	◌ੇ	ਟ	◌ੀ	ਈ
ਬ	◌ੋ	◌ੁ	ਠ	ਣ	ਲ	◌ਿ	ਲ	ਊ	◌ੇ	ਖ	ਇ	ਫ	ਣ	ਹ	ਭ
ਏ	ਡ	ਯ	ਲ	ਟ	ਰ	◌ੱ	◌ੁ	ਇ	ਪ	ਅ	ਅ	ਣ	ਖ	ਇ	ਯ
ਡ	◌ੀ	ਫ	ਟ	◌ਾ	ਪ	ਟ	ਤ	ਧ	◌ੀ	ਆ	ਮ	ਥ	ਚ	ਮ	ਣ
ਆ	◌ੰ	ਲ	ਣ	ਓ	ਬ	◌ਾ	ਲ	ਲ	ਆ	ਨ	ਈ	ਜ	ਅ	ਖ	ਐ
ਪ	ਇ	ਨ	ਡ	ਏ	ਰ	◌ੀ	ਤ	◌ੰ	ਸ	ਦ	ਅ	ਢ	ਆ	ਪ	ਚ
ਨ	ਸ	ਮ	ਰ	◌ਿ	◌੍	ਕ	ਛ	ਏ	ਢ	ਖ	ਚ	ਰ	ਜ	◌ੀ	ਈ
ਛ	◌ੀ	ਢ	ਟ	ਗ	ਆ	ਐ	ੜ	ਸ	ਭ	ਣ	ਖ	ਪ	ਨ	ਲ	ਪ
ਅ	ਢ	ਲ	ਪ	ਰ	ਪ	ਲ	ਤ	ਕ	ਹ	ਭ	ਬ	ਨ	ਪ	◌ਾ	ਆ
ਖ	◌ੁ	ਫ	◌ਾ	ਲ	ਡ	ਟ	ਇ	ਓ	ਵ	ਇ	◌ੂ	ਐ	ਅ	ਕ	ਧ
ਥ	ਛ	ਰ	ਚ	ਰ	ਅ	ਧ	ਲ	ਯ	ਓ	ਰ	ਉ	ਰ	ਸ	◌ਾ	ਐ
ਧ	ਚ	ਇ	ਸ	ਨ	ਉ	ਠ	ਫ	ਯ	ਉ	ਉ	ਓ	ਲ	◌ਾ	ਲ	ਟ
ਆ	ਜ	ਸ	ਦ	ਨ	ਹ	ਢ	ਲ	ਧ	ਓ	ਵ	ਡ	ਜ	ਬ	◌ਾ	ਠ
ਭ	ਫ	◌ੁ	ਚ	ਸ	◌ੀ	ਆ	ਮ	ਬ	◌ੇ	ਜ	ਨ	ਈ	ਸ	ਤ	ਢ
ਭ	ਣ	◌ੁ	ਉ	ਊ	ਛ	ਣ	ਚ	ਚ	◌ੁ	ਪ	ਪ	ਇ	ਯ	ਦ	ਣ
ਹ	ਰ	◌ਾ	ਏ	ਬ	ਨ	ਘ	ਐ	ਸ	◌ਿ	ਆ	ਨ	ਫ	ਮ	ਏ	ਅ

ਬੇਜ
ਕਾਲਾ
ਨੀਲਾ
ਭੂਰਾ
ਕ੍ਰਿਮਸਨ
ਸਿਆਨ
ਫੂਚਸੀਆ
ਹਰਾ
ਸਲੇਟੀ
ਇੱਡਾਂਗੋ
ਸੰਤਰੀ
ਗੁਲਾਬੀ
ਪਰਪਲ
ਲਾਲ
ਸੇਪੀਆ
ਚਿੱਟਾ
ਪੀਲਾ

32 - Climbing

ਉ	ਗ	ਣ	ਲ	ਗ	ਯ	ਸ	ਧ	ਟ	ਹ	ਭ	ਸ	ਡ	ੁ	ਕ	ਧ
ਤ	ਓ	ੁ	ੜ	ਉ	ਟ	ਿ	ਇ	ਨ	ੇ	ਾ	ਤ	ਸ	ਦ	ਓ	ਵ
ਸ	ਘ	ਉ	ਫ	ਇ	ਨ	ਖ	ਐ	ਭ	ਡ	਼	ਈ	ਫ	ਉ	ਕ	ਤ
ੁ	ਛ	ਇ	ਢ	ਾ	ਚ	ਲ	ਪ	ਐ	ਬ	ਸ	ਘ	ਕ	ਏ	ਐ	ੁ
ਕ	ਸ	ਸ	ੱ	ਟ	ਹ	ਾ	ਧ	ਚ	ਘ	ਕ	ਏ	ਖ	ਿ	ਓ	ੜ
ਤ	ਠ	ਥ	ਰ	ਊ	ਫ	ਈ	ਪ	ਖ	ਛ	ਨ	ਓ	ਗ	ਮ	ੰ	ਢ
ਾ	ਬ	ਖ	ਿ	ਊ	ਸ	ਥ	ਤ	ਬ	ਘ	ਭ	ਲ	ਘ	ਾ	ਲ	ਗ
ਏ	ਗ	ਗ	ਵ	ਰ	ਖ	ਬ	ਊ	ਓ	ਸ	ਠ	ਰ	ੜ	ਹ	ੁ	ੰ
ਸ	ਾ	ਗ	ਟ	ਓ	ਤ	ਬ	ਏ	ਮ	ਾ	ਹ	ੌ	ਲ	ਰ	ਢ	ਤ
ਰ	ਈ	ਚ	ਕ	ਚ	ਕ	ਾ	ਉ	ਚ	ਾ	ਈ	ਠ	ਦ	ਅ	ਜ	ਚ
ੀ	ਡ	ਐ	ਯ	ਦ	ਾ	ਕ	ਤ	ਉ	ਣ	ਅ	ਲ	ਬ	ੂ	ਟ	ਉ
ਰ	ਗ	ਥ	ਢ	ਢ	ਤ	ਐ	ਓ	ਰ	ਡ	ਕ	ਦ	ਰ	ਸ	ਮ	ਇ
ਕ	ਕ	ਐ	ਉ	ਢ	ਉ	ਢ	ਓ	ਅ	ਦ	ਉ	ਵ	ਢ	ਖ	ਲ	ਭ
ਠ	ਈ	ਮ	ਐ	ਦ	ਹ	ਸ	ਚ	ਆ	ਐ	ਖ	ਰ	ੜ	ਏ	ੈ	ਪ
ਅ	ਗ	ਲ	ਘ	ਓ	ਦ	ਰ	ਏ	ਛ	ਧ	ਥ	ਨ	ਗ	ਇ	ਹ	ਐ
ਘ	ਐ	ਅ	ਚ	ਸ	ਢ	ੁ	ੁ	ਤ	ਉ	ਣ	ਥ	ਢ	ਉ	ਤ	ਥ

ਉਚਾਈ
ਮਾਹੌਲ
ਬੂਟ
ਗੁਫਾ
ਉਤਸੁਕਤਾ
ਮਾਹਰ
ਦਸਤਾਨੇ
ਗਾਈਡ
ਹੈਲਮਟ
ਹਾਈਕਿੰਗ
ਸੱਟ
ਨਕਸ਼ਾ
ਤੰਗ
ਸਰੀਰਕ
ਸਥਿਰਤਾ
ਤਾਕਤ
ਸਿਖਲਾਈ

33 - Shapes

ਪ	ਚ	ਖ	ਠ	ਸ	ਗ	ਨ	ਜ	ਈ	ਛ	ਫ	ਚ	ਪ	ਓ	ਏ	ਚ
ਆ	◌ੱ	ਫ	ਊ	ਉ	ਆ	ਇ	ਤ	ਯ	ਜ	ਪ	ਪ	◌ਾ	ਚ	◌ੁ	ਚ
ਣ	ਕ	◌ੋ	◌ਿ	ਤ	ਛ	ਣ	ਏ	ਮ	ਟ	ਊ	ਆ	ਸ	ਣ	ਮ	ਲ
ਧ	ਰ	ਟ	ਸ	ਚ	ਈ	ਗ	ਹ	ਮ	ਕ	ਖ	ਵ	◌ੇ	ਨ	ਐ	◌ਾ
ਫ	ਅ	ਈ	ਭ	ਯ	ਘ	ਅ	ਪ	ਜ	ਭ	◌ੁ	◌ੁ	ਹ	ਬ	ਗ	ਈ
ਈ	ਐ	ਪ	ਹ	ਊ	ਣ	ਚ	ਧ	◌਼	ਧ	ਠ	ੜ	ਡ	ਲ	◌ੁ	ਨ
ੜ	ਣ	ਣ	ਪ	ਅ	ਡ	ਣ	ਵ	ਰ	ਪ	ਉ	ਪ	ਫ	ਫ	ਟ	ਏ
ਹ	ਏ	ਓ	ਚ	ਓ	ਹ	ਗ	ਥ	◌ਿ	ਣ	ਉ	ਖ	ਸ	ਹ	ਅ	ਵ
ਗ	ਕ	ਉ	ਕ	ਮ	ਕ	ਐ	ਸ	◌੍	ਢ	ਤ	ਢ	ਕ	ਖ	ਟ	ਰ
ਓ	ਡ	ਲ	ਲ	◌ਾ	ਬ	◌ੋ	ਰ	ਪ	ਈ	◌ਾ	ਹ	◌ੋ	ਐ	ਵ	ਗ
ਕ	◌ਿ	ਨ	◌ਾ	ਰ	◌ੇ	ਇ	ਨ	ਅ	ਠ	ਖ	ਰ	ਨ	ਖ	ਗ	ਨ
ਆ	ਲ	ਥ	ਐ	ਡ	ਮ	◌ਿ	ਰ	◌ਾ	◌ਿ	ਪ	ਐ	ਖ	ਬ	ਲ	ਪ
ਦ	ਏ	ਓ	ਵ	ਲ	ਓ	ਉ	ਖ	ਚ	ਧ	ਤ	ਇ	ਲ	ਦ	ਚ	ਕ
ਊ	ਹ	ਈ	ਰ	ਥ	ਜ	ਣ	ਇ	ਇ	ਣ	ਣ	ਬ	ਪ	◌ੀ	ਅ	ਇ
ਘ	ਦ	ਘ	ਕ	ਈ	ਢ	ੜ	ਟ	ਵ	ਣ	ਣ	ਹ	ਈ	ਅ	ਪ	ਠ
ਸ	◌ਿ	ਲ	◌ੰ	ਡ	ਰ	ਊ	ਆ	ਚ	ਛ	ਘ	ਖ	ਨ	ਏ	ਇ	ਸ

ਚੱਕਰ
ਕੋਨ
ਕੋਨਾ
ਘਣ
ਕਰਵ
ਸਿਲੰਡਰ
ਕਿਨਾਰੇ
ਐਲੀਪਸ
ਹਾਈਪਰਬੋਲਾ
ਲਾਇਂਨ
ਓਵਲ
ਬਹੁਭੁਜ
ਪ੍ਰਿਜ਼ਮ
ਪਿਰਾਮਿਡ
ਆਇਤ
ਪਾਸੇ
ਵਰਗ
ਤਿਕੋਣ

34 - Scientific Disciplines

ਪ	ਤ	ਮ	ਮ	ਛ	ਉ	ਊ	ਗ	ਭ	ਖ	ਨ	ਬ	ਕ	ਥ	ਠ	ਕ
ਲ	ੁ	ਢ	ਇ	ਕ	ਫ	ਏ	ਵ	ੂ	ਇ	ਿ	ਾ	ਿ	ਜ	ਕ	ਐ
ੜ	ਉ	ਰ	ਧ	ਠ	ੈ	ਘ	ਡ	ਗ	ਮ	ਊ	ਇ	ਨ	ਟ	ਮ	ਗ
ਡ	ਣ	ਇ	ਾ	ਸ	ਰ	ਨ	ਢ	ੋ	ਯ	ਰ	ੳ	ੇ	ਡ	ਡ	ਛ
ਲ	ਵ	ੁ	ਢ	ਤ	ਉ	ਥ	ਿ	ਲ	ੂ	ੋ	ਕ	ਸ	ੁ	ਪ	ਥ
ਠ	ਬ	ਜ	ਣ	ਤ	ੱ	ਤ	ਟ	ਕ	ਨ	ਲ	ੈ	ੀ	ਉ	ਆ	ਇ
ਵ	ਜ	ਿ	ਣ	ਖ	ਭ	ਤ	ੜ	ਨ	ੋ	ੋ	ਮ	ੳ	ਛ	ਇ	ਸ
ਿ	ੀ	ਆ	ਨ	ਦ	ਡ	ਟ	ਵ	ਲ	ਲ	ਜ	ਿ	ਲ	ਹ	ਢ	ਰ
ਗ	ਵ	ਇ	ਆ	ਬ	ੋ	ਟ	ਨ	ੀ	ੋ	ੀ	ਸ	ੋ	ਛ	ਪ	ੀ
ਿ	ਦ	ਵ	ਗ	ਸ	ਿ	ਾ	ਿ	ਜ	ਜ	ਬ	ਟ	ਜ	ਨ	ਥ	ਰ
ਆ	ਫ	ਮ	ਿ	ਲ	ਕ	ਛ	ਣ	ਚ	ੀ	ਏ	ਰ	ੀ	ੳ	ਊ	ਵ
ਨ	ਆ	ਗ	ਵ	ਿ	ਵ	ਖ	ਗ	ੋ	ਲ	ਲ	ੀ	ਜ	ਟ	ਛ	ਿ
ਭ	ਯ	ਜ	ਿ	ਐ	ਫ	ਘ	ਛ	ਜ	ੀ	ਲ	ੋ	ੂ	਼	ਜ	ਗ
ਖ	ਹ	ਠ	ੋ	ਠ	ਬ	ਢ	ਧ	ਭ	ਈ	ਵ	ੁ	ੋ	ਨ	ਟ	ਿ
ੜ	ਬ	ਲ	ਨ	ਪ	ਲ	ਕ	ਸ	ਏ	ਤ	ਹ	ਅ	ਇ	ਕ	ਘ	ਆ
ਪ	ਸ	ਕ	ਮ	ਿ	ਨ	ਾ	ਇ	ਡ	ਾ	ੋ	ਮ	ਰ	ਥ	ਈ	ਨ

ਵਿਵਗਆਨ
ਪੁਰਾਤੱਤਵ
ਖਗੋਲ
ਬਾਇਓਕੈਮਿਸਟਰੀ
ਜੀਵ
ਬੋਟਨੀ
ਰਸਾਇਣ
ਈਕੋਲੋਜੀ
ਭੂਗੋਲ
ਇਮਯੂਨੋਲੋਜੀ
ਕਿਨੇਸੀਓਲੋਜੀ
ਵਿਗਿਆਨ
ਮਕੈਨਿਕ
ਖਣਿਜ
ਨਿਊਰੋਲੋਜੀ
ਸਰੀਰ ਵਿਗਿਆਨ
ਮਨੋਵਿਗਿਆਨ
ਸਿਾ◌
ਥਰਮੋਡਾਇਨਾਮਿਕਸ
ਜ਼ੂਲੋਜੀ

35 - Science

ਠ	ਤ	ਬ	ਚ	ਗ	ਣ	ਈ	ਹ	ਯ	ਰ	ਠ	ਬ	ਮ	ਹ	ਵ	ਠ
ਿ◌	ਫ	ਬ	ਡ	ਈ	◌ੰ	ਪ	ਡ	ਆ	ਊ	ਇ	ਕ	ਯ	ਨ	ਢ	ਮ
ਰ	ਜ	ਨ	ਣ	ਦ	ਫ	ਭ	ਮ	ਸ	ਯ	ਰ	ਧ	ਥ	◌ੁ	ਓ	ਖ
◌ੀ	ਸ	ਥ	ਰ	ਪ	ਡ	ਫ	◌ੀ	ਜ	◌ੀ	ਵ	◌ਾ	ਸ	◌਼	ਮ	ਣ
ਖ	ਬ	ਆ	ਫ	ਜ	ਣ	ਨ	ਹ	ਰ	ਵ	ਿ◌	ਧ	◌ੀ	ਮ	ਅ	ਿ◌
ਣ	ਭ	ਨ	ਠ	ਨ	ਦ	ਗ	ਥ	◌ੱ	ਤ	ਣ	ਕ	ਛ	ਪ	ਵ	ਜ
ਕ	ਯ	ਰ	ਯ	ਡ	ਯ	ਇ	ਯ	ਹ	ਊ	◌ਾ	ਸ	ਯ	ਢ	ੜ	ਢ
ਟ	ਦ	ਫ	ਇ	ਕ	ਨ	ਠ	ਐ	◌ੁ	ਤ	ਊ	ਘ	ਛ	ਜ	ਕ	ਏ
ਵ	ਿ◌	ਕ	◌ਾ	ਸ	ਅ	ਥ	ਸ	ਕ	ਰ	ਸ	◌ਾ	ਇ	ਣ	ਕ	ਪ
ਨ	ਇ	ਖ	ਦ	ਊ	ਢ	ਏ	ਟ	ਕ	ਦ	◌ੇ	◌ੌ	ਪ	ਯ	ਣ	ਰ
ਪ	ਫ	ਟ	ਫ	ਠ	ਅ	ਜ	ਚ	ਡ	◌ੁ	ਛ	ਐ	ਛ	ਚ	ਯ	◌ੀ
ਵ	ਿ◌	ਗ	ਿ◌	ਆ	ਨ	◌ੀ	ਲ	ਟ	ਕ	ਭ	ਜ	ਟ	ਥ	ਗ	ਕ
ਯ	ਜ	ਨ	ਈ	◌ੁ	ਢ	ਪ	ੜ	ਵ	ਫ	ਕ	ਡ	ਭ	ਮ	ਸ	ਲ
ਇ	ਠ	ਡ	ਓ	ਏ	ਲ	◌ਾ	ਸ	◌਼	◌ਾ	ਗ	ਯ	◌ੋ	ਰ	◌੍	ਪ
ਮ	ਫ	ੜ	ਵ	ਸ	ਦ	ਹ	ਖ	ਸ	ਓ	ਯ	ਰ	ਥ	ਧ	ਬ	ਨ
ਲ	ਭ	ਓ	ਦ	ਹ	ਪ	ਯ	ਡ	ਣ	ਓ	ਤ	◌ੂ	ਣ	ਅ	ਇ	◌ਾ

ਐਟਮ
ਰਸਾਇਣਕ
ਜਲਵਾਯੂ
ਵਿਕਾਸ
ਤੱਥ
ਜੀਵਾਸ਼ਮ
ਗੰਭੀਰਤਾ
ਪਰੀਕਲਪਨਾ
ਪ੍ਰਯੋਗਸ਼ਾਲਾ
ਵਿਧਾਂ
ਖਣਿਜ
ਅਣੂ
ਕੁਦਰਤ
ਨਿਰੀਖਣ
ਕਣ
ਪੌਂਦੇ
ਵਿਗਿਆਨੀ

36 - Beauty

ਠ	ਵ	ਅ	ਹ	ਲ	ੜ	ਤ	ਤ	ਵ	ਮ	ਯ	ਬ	ਇ	ਖ	ਉ	ਸ
ਡ	ਮ	◌ੁ	ਜ	ਥ	ਥ	ਊ	◌ੇ	ਐ	ਰ	ਕ	ਅ	ਈ	ਨ	ਏ	ਟ
ਆ	ਸ	◌਼	◌ੈ	◌ਂ	ਪ	◌ੂ	ਲ	ਏ	ਵ	◌ਾ	◌ੇ	ਸ	ਅ	ਊ	◌ਾ
ਟ	ਤ	ਥ	ਬ	ਜ	ੜ	ਇ	ਵ	ਕ	ਫ	ਸ	◌ਾ	ਹ	ਗ	◌ੁ	ਈ
ਮ	ਡ	ਮ	ਜ	ਕ	ਛ	ਸ	ਰ	ਰ	◌ਿ	ਮ	ਬ	ਕ	ਜ	ਆ	ਲ
ਠ	◌ੁ	ਰ	ਸ	ਓ	ਕ	ਛ	ਊ	ਲ	ਊ	◌ੈ	ਦ	ਫ	ਸ	ਸ	◌ਿ
ਡ	ਦ	◌ਾ	ਦ	◌ਾ	ਪ	ਤ	ਉ	ਢ	ਚ	ਟ	ਢ	ਠ	ਐ	ਮ	ਸ
ਗ	ਰ	ਚ	ਗ	ਨ	ਤ	ਫ	ਤ	ਪ	ਈ	◌ਿ	ਫ	ਨ	ਟ	ਈ	ਟ
ਸ	◌਼	◌ਾ	ਨ	ਦ	◌ਾ	ਰ	◌ੀ	ਅ	ਜ	ਕ	ਕ	◌ੈ	◌ਂ	ਚ	◌ੀ
ਆ	◌ੁ	ੜ	ਤ	ਕ	ਗ	ਉ	ਰ	ਬ	ਅ	ਸ	ਬ	ਥ	ਅ	ਐ	ਚ
ਲ	◌ਿ	ਪ	ਸ	ਟ	◌ਿ	ਕ	ਸ	◌ੰ	ਉ	ਕ	ਟ	ਗ	ਯ	ਗ	ਠ
ਆ	ਡ	◌ਾ	ਈ	ਛ	ਯ	ਬ	◌ੂ	ਮ	ਗ	ਧ	ਚ	ਮ	ੜ	◌ੀ	ਯ
ਖ	◌ੁ	ਰ	ਉ	ਭ	ਪ	ਠ	ਬ	◌ੂ	ਸ	◌਼	◌ੁ	ਖ	ਸ	ਡ	ਨ
ਏ	ਗ	◌ਿ	ਤ	ਦ	ਇ	ਬ	◌ੂ	ਮ	ਫ	ਛ	ਇ	ਚ	ਯ	◌ੁ	ਘ
ਜ	ਅ	ਕ	ਕ	ਵ	ਠ	ਥ	ਖ	ਬ	ਧ	ਚ	ਯ	ਰ	ਆ	ਫ	ਊ
ਫ	◌ੋ	ਟ	◌ੋ	ਜ	◌ੈ	ਨ	◌ਿ	ਕ	ਫ	ਵ	ਠ	ਛ	ਚ	ਠ	ਉ

ਚਾਰਮ
ਰੰਗ
ਕਾਸਮੈਟਿਕਸ
ਕਰਲ
ਖੂਬਸੂਰਤੀ
ਸ਼ਾਨਦਾਰ
ਖੁਸ਼ਬੂ
ਕਿਰਪਾ
ਲਿਪਸਟਿਕ
ਮਸਕਾਰਾ

ਮਿਰਰ
ਤੇਲ
ਫੋਟੋਜੈਨਿਕ
ਉਤਪਾਦ
ਆਤਮਸਾਤ
ਕੈਂਚੀ
ਸੇਵਾ
ਸ਼ੈਂਪੂ
ਚਮੜੀ
ਸਟਾਈਲਿਸਟ

37 - Clothes

ਠ	ਹ	ਤ	ਭ	ਏ	ਘ	ਏ	ੜ	ਣ	ਲ	ਤ	◌ੁ	ਲ	ਬ	ਥ	ਭ
ਦ	ਲ	ਮ	ਥ	ੜ	ਟ	ਦ	ਗ	ਚ	ਢ	ਥ	ਓ	◌ੁ	◌ੈ	ਕ	ਈ
ਥ	ਫ	◌ੈ	ਸ	◌਼	ਨ	ਸ	ਚ	ਡ	ਬ	ਯ	ਫ	ਕ	ਲ	ਹ	ਗ
ਸ	ਯ	ਓ	ਵ	ੜ	ਬ	ਰ	◌ੇ	ਸ	ਲ	◌ੇ	ਟ	ਵ	ਟ	ਗ	ਦ
ਢ	ਵ	ਮ	ਇ	ਖ	ਊ	ਵ	ਜ	◌਼	◌ੀ	ਮ	ਕ	ਈ	ੜ	ਡ	ਥ
ਪ	ਏ	ਡ	ਪ	ੜ	ਆ	ਤ	◌ੀ	◌ੱ	◌ੁ	ਜ	ਦ	ਈ	ਚ	ਛ	ਬ
ਪ	ਸ	ਸ	ਵ	◌ੈ	ਯ	ਗ	ਨ	ਦ	ਸ	ਤ	◌ਾ	ਨ	◌ੇ	ਢ	◌ੁ
ਐ	ਢ	ਘ	ਇ	ਮ	◌ਂ	ਜ	ਸ	ਕ	ਠ	ਠ	ਪ	ਏ	ਡ	ਲ	ਢ
ਗ	ਹ	ਿ◌	ਣ	◌ੇ	ਖ	ਟ	ਊ	◌ੋ	ਸ	ਕ	◌ਾ	ਰ	ਫ	ਰ	ਚ
ਪ	ਜ	◌ਾ	ਮ	◌ਾ	ਖ	ੜ	ਸ	ਟ	ਪ	ਏ	ਐ	ਚ	ਏ	ਟ	◌ੀ
ਡ	ਠ	ਅ	ਛ	ਊ	ਫ	ਪ	ਏ	◌ੀ	ਐ	ਹ	ਬ	ਮ	ਭ	◌ੈ	ਸ
ਉ	ਲ	ਓ	ੜ	ਈ	ਸ	ਕ	ਰ	ਟ	ਓ	ਦ	ਿ◌	ਖ	ਉ	ਵ	◌ੈ
ਬ	ਲ	◌ਾ	ਊ	ਜ	◌਼	ਕ	ਈ	ਲ	ਡ	ਤ	ਠ	ਰ	ਇ	ਸ	◌ਂ
ਈ	ਥ	ਚ	ਢ	ਘ	ਖ	ੜ	◌ੋ	ਤ	ਟ	ੜ	ਆ	ਊ	◌ਾ	ਬ	ਡ
ਦ	ਧ	ਠ	ਮ	ਟ	ਵ	ਜ	ਕ	ਟ	ਐ	ਪ	ਰ	ਨ	ਐ	ਵ	ਲ
ਰ	ਣ	ੜ	ਠ	ਓ	ਰ	ਢ	ਭ	ਡ	ਫ	ਕ	ਤ	ਇ	ਪ	ਧ	◌ਾ

ਐਪਰਨ
ਬੈਲਟ
ਬਲਾਊਜ਼
ਬਰੇਸਲੇਟ
ਕੋਟ
ਪਹਿਰਾਵਾ
ਫੈਸ਼ਨ
ਦਸਤਾਨੇ
ਐਚ.ਏ.ਟੀ
ਕੋਟੀ

ਜੀਂਨਸ
ਗਹਿਣੇ
ਪਜਾਮਾ
ਪੈਂਟਸ
ਸੈਂਡਲ
ਸਕਾਰਫ
ਕਮੀਜ਼
ਜੁੱਤੀ
ਸਕਰਟ
ਸਵੈਟਰ

38 - Ethics

ਤ	◌ਾ	ਡ	◌ੰ	ਖ	ਅ	ਏ	ਥ	ਰ	◌ੀ	ਦ	◌ਾ	ਨ	◌ਾ	ਮ	ਈ
◌ਾ	ਰ	ਯ	ਥ	◌ਾ	ਰ	ਥ	ਵ	◌ਾ	ਦ	ਭ	ਛ	ਆ	ਡ	ਜ	ਮ
ਲ	ਬ	ਕ	ਕ	ਘ	ਅ	ਈ	ਗ	ਣ	ਰ	ਡ	ਜ	ਸ	ਬ	ਮ	◌ੁ
ਸ	ਸ	ਹ	ਸ	ਕ	ਓ	ਹ	ਏ	ਠ	ਦ	ਓ	ਠ	◌਼	ਤ	ਢ	◌ੱ
◌਼	ਹ	ਰ	ਜ	◌਼	ਥ	ਧ	ਕ	ਗ	ਮ	ਓ	ਦ	◌ਾ	ਜ	ਨ	ਲ
◌ੀ	ਜ	ਧ	ੜ	ਭ	◌ੀ	ਗ	ਏ	◌ੂ	ਹ	ਰ	ਵ	ਵ	ਖ	ਊ	ਖ
ਣ	ਈ	ਭ	ਭ	ਭ	◌ੁ	ਲ	ਪ	ਬ	ਟ	ਛ	◌ਾ	◌ਾ	ਸ	ਪ	ਮ
ਿ◌	ਮ	ਗ	ਓ	ਘ	ਗ	ਘ	ਤ	ਜ	ਚ	ਨ	ਤ	ਦ	ਈ	ਰ	ਸ
ਹ	◌ਾ	ਐ	ਚ	ਢ	ਯ	ਅ	ਐ	◌ਾ	ਜ	ਘ	◌ੀ	◌ੀ	ਡ	ਉ	ਏ
ਸ	ਣ	ਘ	ਗ	ਦ	◌ੋ	ੜ	ਫ	ਵ	ਛ	ਟ	ਕ	ਤ	ਉ	ਪ	ਜ
ਰ	ਜ	ਲ	ਚ	ਅ	ਿ◌	ਡ	◌ੀ	ਆ	ਅ	ਠ	ਅ	ਓ	ਕ	ਕ	ਈ
ਦ	ਫ	ਧ	ਊ	ਰ	ਹ	ਆ	ਸ	ੜ	ਓ	ਏ	ਿ◌	ਧ	ਉ	◌ਾ	ਹ
ਚ	ਡ	ਠ	ਠ	ਬ	ਸ	ਛ	ਲ	ਅ	ਓ	ਜ	ਵ	◌ੱ	ਖ	ਰ	ਓ
ਖ	ਹ	ਉ	ਚ	ਆ	ਸ	ਣ	◌ਾ	ਤ	◌ਾ	ਖ	◌ੱ	◌ੁ	ਨ	ਮ	ਇ
ਲ	ਫ	ਘ	ਕ	ਗ	ਬ	ਪ	ਿ◌	ਗ	◌ਾ	ਊ	ਆ	ਬ	ਐ	ਠ	ਧ
ਕ	ਸ	ਉ	ਨ	ੜ	ਡ	ੜ	ਫ	ਪ	ਰ	ਊ	ਪ	ਕ	◌ਾ	ਰ	◌ੀ

ਪਰਉਪਕਾਰ
ਪਰਉਪਕਾਰੀ
ਹਮਦਰਦੀ
ਸਹਿਯੋਗ
ਮਾਣ
ਕੂਟਨੀਤਕ
ਈਮਾਨਦਾਰੀ
ਮਨੁੱਖਤਾ
ਵਿਅਕਤੀਵਾਦ
ਅਖੰਡਤਾ
ਦਿਆਲਤਾ
ਆਸ਼ਾਵਾਦੀ
ਸਬਰ
ਫਿਲਾਸਫੀ
ਤਰਕਸ਼ੀਲਤਾ
ਯਥਾਰਥਵਾਦ
ਵਾਜਬ
ਸਹਿਣਸ਼ੀਲਤਾ
ਮੁੱਲ
ਬੁੱਧ

39 - Insects

ਸ	ਨ	ਘ	ਖ	ਲ	ਨ	ਮ	ਲ	ਆ	ਯ	◌ੁ	ਬ	ਮ	ਢ	ਖ	ਢ
ਟ	◌ੀ	ਏ	ਨ	ਐ	◌ੀ	ਜ	ਨ	ਚ	ਚ	ਅ	ਚ	◌ੱ	◌ੁ	◌ੁ	ਇ
ਨ	ਐ	ਆ	ਕ	ਐ	ਭ	ਣ	ਲ	◌ਾ	ਰ	ਵ	◌ਾ	ਛ	ਮ	ਚ	ਭ
ਛ	ਰ	ਟ	ਈ	◌ੀ	ਹ	ਈ	ਟ	ਅ	◌ੋ	ਟ	ਪ	ਰ	◌ੈ	ਲ	ਐ
ਕ	ਉ	◌ੰ	◌ਿ	ਸ	ੜ	ਓ	◌ੀ	ਤ	ਕ	ਪ	ਸ	ਣ	◌ੰ	ਭ	ਛ
ਧ	ਕ	ਖ	ਬ	ਕ	◌ੀ	◌ੀ	ਬ	ਧ	◌ਾ	ਈ	◌ੁ	ਢ	ਟ	ਡ	ਕ
ਏ	ਡ	◌ੁ	ਭ	ਫ	◌ੁ	ਏ	ਲ	ਬ	ਕ	ਤ	ਊ	ਓ	◌ਿ	ਮ	ਕ
ਲ	◌ੇ	ਡ	◌ੀ	ਬ	◌ੱ	ਗ	ਡ	ਯ	◌ੀ	ਬ	ਗ	ਆ	ਸ	ਅ	◌ੀ
ਫ	ਛ	ਟ	ਨ	◌ੇ	ਰ	◌ੌ	ਹ	◌ੀ	ਹ	ਈ	◌ੁ	ਭ	ੜ	ਗ	ੜ
ਪ	ਐ	ਣ	ਢ	ਡ	ਏ	ੜ	◌ਿ	ਸ	ਏ	ਢ	ਈ	◌ੁ	ਖ	ਜ	◌ਾ
◌ਿ	ਫ	ਏ	ਮ	ਫ	ਖ	ਯ	◌ੀ	ਓ	ਊ	ਘ	ਠ	ਲ	ਬ	ਢ	ਚ
◌ੱ	ਢ	ਰ	ਵ	ਤ	ਜ	ਠ	ਪ	ਖ	ਜ	ਚ	ਣ	ਲ	ਡ	ਗ	ਡ
ਸ	ਖ	ਧ	ਰ	ਆ	ਖ	ਘ	ਏ	ਛ	ਚ	ਸ	ਐ	ਜ	ਥ	ਮ	ਘ
◌ੂ	◌ੁ	ਡ	ਰ	◌ੈ	ਗ	ਨ	ਫ	ਲ	◌ਾ	ਈ	ਨ	ਉ	ਵ	ਐ	ਪ
ਊ	ਚ	ਕ	ਖ	ਊ	ਦ	ਚ	ਭ	ਤ	ਕ	ਪ	ਓ	ਣ	ਤ	ਤ	ਆ
ਬ	ਟ	ਰ	ਫ	ਲ	◌ਾ	ਈ	ਛ	ਗ	ਆ	ਵ	ਹ	ਭ	ਠ	ਵ	ਆ

ਕੀੜੀਆਂ
ਏਪੀਹਿਡ
ਬੀ.ਈ.ਈ
ਬੀਟਲ
ਬਟਰਫਲਾਈ
ਸੀਆਈਸੀਏਡੀਏ
ਕਾਕਰੋਚ
ਡਰੈਗਨਫਲਾਈ
ਪਿੱਸੂ
ਜੁੱਐਨਏਟੀਆਂ
ਹੌਰਨੇਟ
ਲੇਡੀਬੱਗ
ਲਾਰਵਾ
ਮੈਂਟਿਸ
ਮੱਛਰ
ਸਿਉਂਕ
ਕੀੜਾ

40 - Astronomy

ਫ	ਸ	◌਼	◌ਾ	ਕ	ਆ	ਓ	ਸ	ਓ	ਨ	ਰ	ਡ	ਗ	ਇ	ਈ	ੜ
ਉ	◌ੁ	ਪ	ਆ	ਠ	ਟ	ਉ	ਟ	ਚ	ਨ	ਉ	ਪ	ਲ	ਤ	ਕ	ੜ
ਵ	ਪ	◌ੁ	ਆ	ਠ	ੜ	ਊ	ਅ	◌ੁ	ਚ	ਖ	ਢ	◌ੈ	ਉ	◌ੁ	ਢ
ਮ	ਰ	ਲ	◌ੋ	ਗ	ਖ	ਮ	ਵ	ਡ	ਣ	ਧ	ਨ	ਕ	ਓ	ਇ	ਘ
ਈ	ਨ	◌ਾ	ਪ	ਣ	ਭ	ਇ	ਚ	ਈ	ਦ	ਏ	ਸ	ਸ	ਪ	ਨ	ਆ
ਖ	◌ੋ	ੜ	ਐ	ਫ	ਗ	ਊ	ੜ	◌ੰ	ਅ	ੜ	ਬ	◌ੀ	ਛ	◌ੌ	ਬ
ਹ	ਵ	ਯ	ਓ	ਛ	ੜ	ਓ	ਸ	ਆ	ਦ	ਚ	ਈ	ਊ	ਭ	ਕ	ਜ
ਆ	◌ਾ	◌ਾ	ਗ	◌੍	ਰ	ਹ	◌ਿ	◌ੈ	ਠ	ਰ	ਯ	ਣ	ਧ	ਸ	◌਼
ਓ	ਬ	ਤ	ਟ	ਚ	ਚ	ਰ	ਰ	ਸ	ਟ	ਈ	ਮ	ਸ	ਛ	ਮ	ਰ
ਦ	ਢ	ਰ	ਚ	ਹ	ਨ	ਈ	◌ੇ	ਰ	◌ੰ	◌ੇ	ਆ	◌ਾ	ਏ	◌ੋ	ਵ
ਸ	◌਼	◌ੀ	◌ਾ	ਰ	ਈ	ਲ	ਡ	◌ਾ	ਏ	ਗ	ਲ	ਗ	ਹ	ਸ	◌ੇ
◌ੁ	ਧ	ਰ	ਤ	◌ੀ	ਨ	◌ੈ	◌ੀ	ਕ	ਲ	ਥ	◌੍	◌ਾ	ਤ	◌ੌ	ਟ
ਟ	ਕ	ਰ	◌ਾ	ਉ	ਣ	ਪ	ਏ	◌ੇ	ਸ	ਕ	ਢ	ਰ	ਈ	ਕ	ਰ
ਦ	ਕ	ਈ	ਬ	ਉ	ਹ	ਸ	ਸ	ਟ	ਓ	ਊ	ਗ	ਆ	ਹ	ਟ	◌ੀ
ਗ	ਏ	ਐ	ਉ	ਲ	ਕ	◌ਾ	◌਼	ਘ	ਕ	ਛ	ਕ	ਘ	ਏ	◌ਿ	ਨ
ਛ	ਠ	ਲ	◌ਾ	ਬ	◌ੂ	◌ੇ	ਨ	ਯ	ਆ	ਮ	ਗ	ਚ	ਥ	ਸ	ਘ

ਟਕਰਾਉਣ
ਪੁਲਾੜ ਯਾਤਰੀ
ਖਗੋਲ
ਸੰਗ੍ਰਹਿ
ਕੌਸਮੋਸ
ਧਰਤੀ
ਈਲੈਪਸ਼
ਈਕੁਇਨੌਕਸ
ਗਲੈਕਸੀ
ਉਲਕਾ

ਚੰਦਰਮਾ
ਨੇਬੂਲਾ
ਆਬਜ਼ਰਵੇਟਰੀ
ਗ੍ਰਹਿ
ਰੇਡੀਏਸ਼ਨ
ਰਾਕੇਟ
ਸੈਟੇਲਾਈਟ
ਆਕਾਸ਼
ਸੁਪਰਨੋਵਾ
ਰਾਸ਼ੀ

41 - Health and Wellness #2

ਡ	ਖ	ਪ	ਗ	ਕ	ਜ	ਇ	ਯ	ਹ	ੁ	ਹ	ਇ	ਪ	ਈ	ਮ	ਰ
ੀ	ਯ	ਐ	ੋ	ਜ	ਤ	ੁ	ਕ	ਵ	ਣ	ਚ	ਡ	ਖ	ੱ	ੁ	ਭ
ਹ	ਦ	ਛ	ਖ	ਸ	ਹ	ਸ	ਪ	ਤ	ਾ	ਲ	ਡ	ਛ	ਗ	ੜ	ਬ
ਾ	ਕ	ਗ	ੂ	ਛ	਼	ਖ	ੁ	ਵ	ਅ	ਣ	ਛ	ਉ	ਯ	ਸ	ਜ
ਈ	ਐ	ਯ	ਨ	ਹ	ਈ	ਣ	ਸ	ਿ	ਹ	ਤ	ਮ	ੰ	ਦ	ਿ	ਨ
ਡ	ੳ	ਅ	ਆ	ਜ	ੈ	ਨ	ੇ	ਟ	ਿ	ਕ	ਸ	ੁ	ਅ	ਹ	ਚ
੍	ਆ	ਥ	ਗ	ਇ	ਭ	ਆ	ਥ	ਜ	ਭ	ਖ	ਉ	ੜ	ਪ	ਤ	ਬ
ਰ	ਾ	ਭ	ਵ	ਜ	ਅ	ਜ	ਨ	ਪ	ਟ	ੁ	ੜ	ਆ	ਧ	ਯ	ਭ
ੇ	ਨ	ਮ	ਿ	ਟ	ਾ	ਿ	ਵ	ਬ	ਟ	ਣ	ਕ	ਤ	ੳ	ਾ	ਰ
ਸ	ਇ	ਬ	ਵ	ਸ	ਣ	ਸ	ਯ	ਭ	ਥ	ਰ	ੈ	ਪ	ਇ	ਬ	ਥ
਼	ਆ	ਲ	ਢ	ਢ	ਤ	ਸ	ਮ	ੁ	ਛ	ਫ	ਲ	ਊ	ਚ	ੀ	ਏ
ਨ	ਲ	ਾ	ਗ	ਹ	ਨ	ਸ	ਯ	ਣ	ਬ	ਬ	ੋ	ਆ	ਨ	ਜ	ੁ
ਘ	ਮ	ਗ	ਜ	ਰ	ਢ	ਤ	ਇ	ਹ	ਯ	ਣ	ਰ	ਗ	ਦ	ਰ	ਘ
ਹ	ਬ	ਵ	ਟ	ਰ	ੀ	ਮ	ਾ	ਿ	ਬ	ਚ	ੀ	ਮ	ਖ	ਲ	ਤ
ਬ	ਗ	ਏ	ਮ	ਐ	ਊ	ੳ	ੁ	ਪ	ਚ	ਅ	ਧ	ਟ	ਜ	ਐ	ਤ
ਵ	ਹ	ਗ	ਡ	ਾ	ਈ	ਟ	ਸ	ਫ	ਾ	ਈ	ਮ	ਚ	ਯ	ਣ	ਯ

ਐਲਰਜੀ
ਵਿਵਗਆਨ
ਭੁੱਖ
ਖ਼ੂਨ
ਕੈਲੋਰੀ
ਡੀਹਾਈਡ੍ਰੇਸ਼ਨ
ਡਾਈਟ
ਬਿਮਾਰੀ
ਊਰਜਾ
ਜੈਨੇਟਿਕਸ
ਸਿਹਤਮੰਦ
ਹਸਪਤਾਲ
ਸਫਾਈ
ਲਾਗ
ਮਸਾਜ
ਪੋਸ਼ਣ
ਮੁੜ-ਸਿਹਤਯਾਬੀ
ਤਣਾਅ
ਵਿਟਾਮਿਨ
ਭਾਰ

42 - Disease

ਲ	ਰ	ਧ	ਵ	ਥ	ਵ	ਇ	ਲ	ਕ	ਨ	ੜ	ਅ	ਇ	ਛ	ਕ	ਲ
ਅ	ਫ	ਉ	ਇ	ੈ	ਛ	ਗ	ਮ	ਟ	ਇ	ਣ	ਅ	ਲ	ਜ	ਕ	ਡ
ਥ	ੁ	ਹ	ਯ	ਰ	ੜ	ਤ	ਹ	ਿ	ਸ	ਲ	ਰ	ਨ	ਭ	ਏ	ਬ
ਐ	ਚ	ਮ	ਛ	ੇ	ਹ	ਬ	ਠ	ਨ	ਊ	ਡ	ਤ	ਏ	ਖ	ਲ	ਦ
ਯ	ਨ	ਚ	ੜ	ਪ	ਣ	ਛ	ਮ	ੇ	ਛ	ਨ	ਲ	ਊ	ਤ	ਦ	ਧ
ਠ	ਰ	ਡ	ਇ	ੀ	ੂ	ਐ	ਓ	ੈ	ਐ	ਈ	ਿ	ਈ	ਇ	ਯ	ਟ
ਉ	ਹ	ਪ	ੇ	ਟ	ਗ	ਪ	ੜ	ਜ	ਖ	ਨ	ਹ	ਟ	ਮ	ਮ	ਦ
ਖ	਼	ਾ	ਨ	ਦ	ਾ	ਨ	ੀ	ਨ	ੜ	ਓ	ਕ	ਰ	ੀ	ਰ	ਸ
ਆ	ਓ	ਧ	ਸ	ਡ	ੋ	ਲ	ਐ	ਿ	ਲ	ਲ	ਆ	ਇ	ਜ	ੋ	ਪ
ਗ	ਮ	ਡ	ਮ	ਭ	ਰ	ਯ	ਛ	ਊ	ੂ	ਡ	ਥ	ਰ	ਰ	ਡ	ਓ
ਦ	ਛ	ੂ	ਤ	ਕ	ਾ	ਰ	ੀ	ਰ	ਮ	ਤ	ਇ	ਣ	ਲ	ੰ	ਉ
ਨ	ਿ	ਜ	ਓ	ਣ	ਪ	ਕ	ਈ	ੋ	ਬ	ਊ	ਰ	ਫ	ਐ	ਿ	ਅ
ਚ	ਯ	ਲ	ਘ	ਦ	ਨ	ਤ	ਓ	ਪ	ਾ	ਣ	ਇ	ਟ	ਓ	ਸ	ਉ
ਣ	ਪ	ਲ	ਮ	ੋ	ਨ	ਰ	ੀ	ੈ	ਰ	ੋ	਼	ਜ	ਮ	ਕ	ਉ
ਇ	ਪ	ਮ	ਊ	ਰ	ੁ	ਖ	ਨ	ਥ	ਟ	ਓ	ਦ	ਨ	ਜ	ਟ	ਪ
ਭ	ਤ	ਖ	ਚ	ਕ	ਬ	ਨ	ਤ	ੀ	ਸ	ਰ	ੁ	ਦ	ੰ	ਤ	ਜ

ਪੇਟ
ਐਲਰਜੀ
ਸਰੀਰ
ਛੂਤਕਾਰੀ
ਜੈਨੇਟਿਕ
ਸਿਹਤ
ਦਿਲ
ਖ਼ਾਨਦਾਨੀ
ਇਮਿਊਨਿਟੀ
ਲੁਮਬਾਰ
ਨਿਊਰੋਪੈਥੀ
ਰੋਗਾਣੂ
ਪਲਮੋਨਰੀ
ਸਾਹ
ਸਿੰਡਰੋਮ
ਥੈਰੇਪੀ
ਕਮਜ਼ੋਰ
ਤੰਦਰੁਸਤੀ

43 - Time

ਣ	ਦ	ਜ	ਊ	ਗ	ਸ	ੜ	ਜ	ਏ	ਟ	ਕ	ਡ	ਰ	ਹ	ਆ	ਈ
ਪ	◌ੁ	ਲ	◌ਾ	ਸ	ਹ	◌ੁ	ਣ	ਵ	ਰ	ਨ	ਿ◌	ਦ	ਫ	ਛ	ਰ
ਹ	ਪ	ਦ	ਆ	ਮ	ਹ	ਘ	ਕ	ਗ	ਮ	◌ਾ	ਭ	ਯ	ਤ	ਜ	◌ੁ
ਿ◌	ਹ	◌ੀ	ਸ	ਕ	ਉ	ਧ	ਫ	ਊ	ਪ	ਲ	ਤ	ਥ	◌ਾ	ਹ	ਓ
ਲ	ਿ◌	ਹ	ਸ	ਵ	ਅ	ਭ	ਦ	ਮ	ਕ	◌ਾ	ਖ	ਵ	ਗ	ਐ	ਟ
◌ਾ	ਰ	◌ੀ	ਦ	ਕ	◌ੇ	◌ਾ	ਹ	ਦ	◌ੈ	◌ਾ	ਮ	ਹ	◌ੀ	ਨ	◌ਾ
◌ਂ	ਅ	ਖ	◌ੀ	ਘ	ਫ	ਰ	ਹ	ਟ	ਲ	ਸ	ਭ	ਵ	ਿ◌	◌ੱ	ਖ
ਆ	ਅ	ਵ	ਦ	ਡ	ਬ	ਬ	ਹ	ਜ	◌ੰ	ਧ	ਆ	ਏ	ਘ	ਫ	ਪ
ਵ	ਐ	◌ੱ	ਇ	ਧ	ਠ	ਡ	ਡ	ਪ	ਡ	ਠ	ਣ	ਠ	ਕ	ਜ	ਗ
ਢ	ਨ	ਅ	ਜ	ਥ	ਬ	ਵ	ਲ	ਥ	ਰ	ਯ	ਈ	ਰ	ਤ	ੜ	ਵ
ਭ	◌ੁ	ਣ	ਖ	ਏ	ਊ	ਦ	ਭ	ਅ	ਪ	ਹ	ਰ	ਚ	ਓ	ਫ	ਓ
◌ੁ	ਬ	ਏ	ਫ	ਯ	ਮ	ਮ	ਬ	ਆ	ਦ	ਵ	ਠ	ਬ	ਬ	ਨ	ਭ
ਸ	◌਼	◌ੁ	ਰ	◌ੂ	ਿ◌	ੜ	ਆ	ਲ	ਹ	ਈ	ਐ	ਜ	ਲ	ਇ	ਅ
ਚ	ਮ	ਤ	ਡ	ਡ	◌ੰ	ਊ	ਨ	ਣ	ਇ	ਓ	ਇ	ਥ	ਕ	ਮ	ਲ
ਪ	ਈ	ਠ	ਭ	ਕ	ਟ	◌ਾ	◌ੰ	ਘ	ਆ	ਖ	◌ੁ	ਬ	ਗ	ਐ	ਰ
ਟ	ਛ	ਓ	ਊ	ਸ	ਲ	ਘ	ੜ	◌ੀ	ਤ	ਹ	ਐ	ਉ	ਧ	ਗ	ਨ

ਸਾਲਾਨਾ
ਪਹਿਲਾਂ
ਕੈਲੰਡਰ
ਸਦੀ
ਘੜੀ
ਦਿਨ
ਦਹਾਕੇ
ਸ਼ੁਰੂ
ਭਵਿੱਖ
ਘੰਟਾ
ਮਿੱਟ
ਮਹੀਨਾ
ਸਵੇਰ
ਰਾਤ
ਦੁਪਹਿਰ
ਹੁਣ
ਜਲਦੀ ਹੀ
ਅੱਜ
ਹਫਤਾ
ਸਾਲ

44 - Buildings

ਹ	ਉ	ਫ	ਡ	ਈ	ਟ	ਗ	ਹ	ਛ	ਕ	ਧ	ਡ	ਵ	ਸ	ਆ	ਰ
ਚ	ਠ	◌ੈ	ਖ	ਈ	ਹ	ਠ	ਉ	◌ੋ	ਕ	ਵ	ਖ	◌ਿ	ਟ	ਣ	ਪ
ਤ	ਖ	ਕ	ਹ	ਸ	ਪ	ਤ	◌ਾ	ਲ	ਸ	ਆ	ਵ	ਦ	◌ੇ	ਘ	◌੍
ਈ	ਢ	ਟ	ਉ	ਏ	ਅ	ਐ	ਯ	ਅ	ਦ	ਟ	ਤ	◌ਿ	ਡ	◌ੁ	ਰ
ਐ	ਤ	ਰ	ਵ	◌ਾ	ਟ	ਡ	ਸ	ਥ	ਮ	ਮ	ਲ	ਆ	◌ੀ	ਏ	ਯ
ਸ	ਖ	◌ੀ	◌ੁ	ਚ	ਹ	◌ੋ	ਟ	ਲ	ਫ	◌ੈ	ਥ	ਲ	ਅ	ਮ	◌ੋ
ਧ	◌ਿ	ਪ	ਵ	ਪ	ਝ	ਥ	ਗ	ਮ	ਓ	◌ਂ	ਰ	◌ਾ	ਮ	ਤ	ਗ
ਉ	ਟ	ਨ	ਵ	ਭ	ਨ	ਡ	ਚ	ਚ	ਇ	ਟ	ਓ	ਉ	ਹ	ਉ	ਸ
ਹ	ਘ	ਵ	◌ੇ	ਧ	ਆ	◌ੁ	ਥ	ਅ	ਜ	ਰ	ਟ	ਏ	◌ੀ	ਥ	◌਼
ਬ	◌ਾ	ਰ	ਨ	ਮ	ਸ	◌ੁ	ਪ	ਰ	ਮ	◌ਾ	ਰ	ਕ	◌ੀ	ਟ	◌ਾ
ਵ	ਲ	ਫ	ਗ	ਤ	◌ਾ	ਛ	ਜ	ਬ	ਭ	ਪ	ਣ	ਓ	ਕ	ਜ	ਲ
ਮ	◌ਿ	ਊ	ਜ	◌਼	◌ੀ	ਅ	ਮ	ਥ	ਬ	ਅ	ਲ	ਝ	◌ੁ	ਆ	◌ਾ
ਦ	◌ੂ	ਤ	◌ਾ	ਵ	◌ਾ	ਸ	ਨ	ਤ	ਤ	ਝ	ਓ	ਗ	ਢ	ਅ	ਡ
ਯ	◌ੂ	ਨ	◌ੀ	ਵ	ਰ	ਸ	◌ਿ	ਟ	◌ੀ	◌ੰ	ਢ	ਟ	ਅ	ਯ	ਉ
ਫ	ਣ	ਦ	ਤ	ਖ	ਗ	ਥ	ਹ	ਭ	ਫ	ਨ	ਬ	◌ਿ	◌ੈ	ਕ	ਫ
ਝ	ਦ	ਆ	ਬ	ਜ	◌਼	ਰ	ਵ	◌ੇ	ਟ	ਰ	◌ੀ	◌ੂ	ਥ	ਏ	ਰ

ਅਪਾਰਟਮੈਂਟ
ਬਾਰਨ
ਕੈਬਿਨ
ਭਵਨ
ਸਿਨੇਮਾ
ਦੂਤਾਵਾਸ
ਫੈਕਟਰੀ
ਹਸਪਤਾਲ
ਹੋਸਟਲ
ਹੋਟਲ
ਪ੍ਰਯੋਗਸ਼ਾਲਾ
ਮਿਊਜ਼ੀਅਮ
ਆਬਜ਼ਰਵੇਟਰੀ
ਵਿਦਿਆਲਾ
ਸਟੇਡੀਅਮ
ਸੁਪਰਮਾਰਕੀਟ
ਤੰਬੂ
ਥੀਏਟਰ
ਟਾਵਰ
ਯੂਨੀਵਰਸਿਟੀ

45 - Philanthropy

ਮ	ਤ	ਜ	ਕ	ਬ	ਸ	ੜ	ਘ	ਣ	ਜ	ਹ	ਬ	ਐ	ਵ	ਊ	ਵ
ਠ	ਨ	ਸ	◌਼	◌ਿ	ਮ	ਵ	ਨ	ਹ	ਸ	ੜ	ਨ	ੜ	◌ਿ	ਟ	◌ੁ
ਇ	ਮ	◌ੁ	ਪ	ਉ	ਵ	ਤ	ਮ	ਹ	ਬ	ਅ	ਛ	ਧ	◌ੱ	ਖ	ਟ
ਈ	ਰ	ਸ	◌ੱ	ਗ	ਲ	◌ੋ	ਬ	ਲ	ਡ	ਫ	ਤ	ਐ	ਤ	ਨ	ਬ
ਈ	ਮ	ਹ	ਟ	ਖ	ਫ	◌ੰ	ਡ	ਟ	ਦ	ਚ	ਦ	ਐ	ਹ	ਢ	ਦ
ੜ	ਐ	◌ਾ	ਜ	ਭ	ਤ	ਲ	◌ੋ	ਕ	ਇ	ਲ	ਕ	ਬ	ਓ	ਛ	ਐ
ਯ	ਨ	◌ਿ	ਨ	ੜ	ਸ	◌ਾ	ਏ	ਇ	ਬ	ਏ	ਕ	ਯ	ਖ	ਚ	ਡ
ਪ	ਨ	ਤ	ਵ	ਦ	ਢ	ਣ	ਡ	ਊ	ਸ	ਜ	ਐ	ਦ	ਚ	◌ੈ	ਟ
ਧ	ਉ	ਇ	◌ਾ	ਛ	◌ਾ	ਹ	ਗ	ਵ	ਚ	ਚ	ਰ	ਮ	ਬ	ਰ	ਹ
ਘ	ਬ	ੜ	ਜ	ਫ	ਈ	ਰ	ਘ	ਰ	ਸ	◌ੰ	ਪ	ਰ	ਕ	◌ਿ	ਤ
ਟ	ਊ	ਏ	◌ੋ	ਐ	ਇ	◌ਾ	◌ੀ	ਦ	◌ੁ	◌ੁ	ਭ	◌ਾ	ਅ	ਟ	ਅ
ਦ	ਉ	ਖ	ਨ	ਐ	ਲ	ਚ	◌ੇ	◌ੱ	ਬ	◌ੱ	ਐ	ਗ	ਭ	◌ੀ	ਈ
ਰ	ਉ	ਐ	ਅ	ਥ	ਹ	◌ਾ	ਫ	ਐ	ਅ	ਈ	ਪ	ਰ	ਟ	ਨ	ਆ
◌ੁ	ਬ	ਢ	ਈ	ਮ	ਹ	ਈ	ਟ	ਪ	ਡ	ਬ	ਲ	◌ੋ	ੜ	ਅ	ਦ
ਟ	ਉ	ਚ	ਰ	ਈ	ਤ	◌ਾ	ਬ	ਟ	ਏ	ਹ	ਕ	◌੍	ਯ	ਠ	ਵ
ਉ	ਦ	◌ਾ	ਰ	ਤ	◌ਾ	ਭ	ਦ	ਭ	ਇ	ਥ	ਰ	ਪ	ਗ	◌ੁ	ਤ

ਚੌਰਟਾਂ
ਬੱਚੇ
ਭਾਈਚਾਰਾ
ਸੰਪਰਕ
ਵਿੱਤ
ਫੰਡ
ਉਦਾਰਤਾ
ਗਲੋਬਲ
ਗਰੁੱਪ

ਇਂਤਿਹਾਸ
ਈਮਾਨਦਾਰੀ
ਮਨੁੱਖਤਾ
ਮਿਸ਼ਨ
ਲੋੜ
ਲੋਕ
ਪ੍ਰੋਗਰਾਮ
ਨੌਜਵਾਨ

46 - Herbalism

ਫ	◌ੁ	◌ੱ	ਲ	ਥ	ਇ	ਏ	ਬ	ਖ	◌ੁ	ਨ	ਦ	ਵ	ਟ	ਫ	ਥ
ਤ	ਹ	ਆ	ਠ	ਘ	ਛ	ਗ	ਯ	ਢ	ਇ	◌ੁ	ਖ	ਈ	ਲ	◌ਂ	ਟ
ਵ	ਦ	ਠ	ਟ	ਸ	ਖ	◌ੁ	ਗ	ਛ	ਰ	ਸ	ਇ	◌ੋ	ਯ	◌ੌ	ਈ
ਢ	ਆ	ਲ	ਸ	ੜ	ਊ	ਲ	ਥ	ਮ	ਲ	ਡ	ਲ	ਸ	ਣ	ਸ	◌ੁ
ਖ	◌ੁ	ਸ	◌਼	ਬ	◌ੂ	ਦ	◌ਾ	ਰ	◌ਾ	ਫ	ਧ	ਰ	ਰ	ਮ	ਗ
ਗ	ਸ	ਦ	ਮ	ਗ	ੜ	ਖ	ਰ	◌ੀ	ਡ	ਰ	ਇ	ਘ	ਲ	◌ੱ	ਤ
ਲ	◌ਾ	ਭ	ਦ	◌ਾ	ਇ	ਕ	ਹ	ਮ	ਇ	◌ਂ	ਜ	ਫ	ਏ	ਗ	ਪ
ਇ	ਸ	ਧ	ਬ	ਬ	ਠ	ਨ	ਸ	◌ੇ	ਦ	ਸ	◌ੈ	◌ੋ	ਦ	ਰ	ਥ
ਟ	◌ੰ	◌ਿ	ਮ	ਬ	ਜ	ਵ	ਦ	ਜ	ਬ	ਉ	ਹ	ਵ	ਰ	◌ੀ	ਖ
ਈ	ਫ	ਬ	◌ੇ	ਕ	ਈ	ਮ	ਠ	◌਼	ਡ	ਐ	ਤ	ਥ	ਲ	ਮ	ਟ
ਮ	ਕ	ਆ	ਪ	ਬ	ਗ	ਨ	ਗ	◌ੋ	ਰ	◌ਾ	ਤ	◌ੁ	◌ੇ	ਓ	ਟ
ਰ	ਟ	ਤ	ਢ	ਇ	ਭ	ਵ	ਧ	ਰ	ਲ	ਨ	ਦ	ਹ	ਸ	ਨ	ਡ
ਏ	ਜ	ਧ	ਓ	ਰ	◌ੇ	ਗ	◌ਾ	ਨ	◌ੋ	ਯ	ਖ	ਛ	ਰ	ਐ	ਠ
ਲ	ਏ	ਈ	ਠ	ਚ	ਡ	ਣ	ਰ	ਖ	ਊ	ਘ	ਘ	ਫ	◌ਾ	ਛ	ਅ
ਗ	◌ੁ	ਣ	ਵ	◌ੱ	ਤ	◌ਾ	ਕ	◌ੇ	ਸ	ਰ	ਦ	ਡ	ਪ	ਭ	ਬ
ਸ	ਸ	ਉ	ਸ	ਬ	ਬ	ਲ	ਲ	ਣ	ਬ	◌ੁ	ਵ	ਗ	ਤ	ਸ	ਬ

ਖ਼ੁਸ਼ਬੂਦਾਰ
ਬੇਸਿਲ
ਲਾਭਦਾਇਕ
ਰਸੋਈ
ਸੌਂਫ
ਸੁਆਦ
ਫੁੱਲ
ਬਾਗ
ਲਸਣ
ਹਰਾ
ਸਮੱਗਰੀਂ
ਲਵੈਂਡਰ
ਮਾਰਜੋਰਮ
ਮਿੰਟ
ਓਰੇਗਾਨੋ
ਪਾਰਸਲੇ
ਗੁਣਵੱਤਾ
ਰੋਜ਼ਮੇਰੀ
ਕੇਸਰ
ਤਾਰਗੋਨ

47 - Vehicles

ਟ	ਰ	◌ੈ	ਕ	ਟ	ਰ	ਹ	◌ੈ	ਲ	◌ੀ	ਕ	◌ਾ	ਪ	ਟ	ਰ	ਨ
ਫ	ਟ	ਮ	◌ੋ	ਟ	ਰ	ਬ	ਕ	ਜ	ਯ	ਜ	ਡ	ਜ	ਆ	ਸ	ਅ
◌ਾ	◌ੂ	ਇ	ਗ	ਡ	ਹ	ਜ	ਧ	ਦ	ਨ	ਗ	ਫ	ਭ	ਅ	ਲ	ਕ
ਰ	ਕ	◌ੰ	ਜ	ਜ	ਮ	ਘ	ਇ	ਊ	ਬ	ਪ	ਛ	ਆ	ੜ	◌ੈ	ਢ
ਏ	ਸ	ਜ	ਵ	◌ੈ	ਨ	ਇ	ਚ	ਚ	ਢ	ਰ	ਵ	ਖ	ੜ	◌ਂ	ਖ
ਐ	ਡ	ਣ	ੜ	ਡ	ਡ	ਯ	ਨ	ਥ	ਪ	ਣ	ਡ	◌ੁ	◌ੱ	ਬ	◌ੀ
ਭ	ਟ	ਊ	ਨ	ਏ	◌ੁ	ਕ	ਘ	ਊ	ਈ	ਸ	ੳ	ਘ	ਆ	◌ੂ	ਰ
ਦ	ਭ	ਆ	ਲ	ਐ	ਸ	ਚ	ਜ	ਡ	ਭ	ਨ	ਜ	ਲ	ਮ	◌ਂ	ੜ
ਟ	ਥ	ਠ	ਗ	ਬ	ਧ	ਕ	ਯ	ਟ	ਟ	ਰ	◌ੱ	ਕ	ਏ	ਐ	ਬ
ਸ	◌਼	ਟ	ਲ	ਥ	ਨ	ਗ	ਗ	ਭ	◌ੈ	ਸ	ਡ	ਣ	ਸ	ਢ	◌ੱ
ਖ	ਏ	ਯ	ਟ	ਫ	ਈ	ਚ	ਟ	◌ੁ	ਕ	ਕ	ਟ	ਣ	◌ਾ	ਤ	ਸ
ਢ	ਏ	ੜ	ਤ	◌ਾ	ਛ	ਜ	ਹ	◌ਾ	ਜ	◌਼	ਸ	ਹ	ਈ	ਪ	ਭ
ਭ	ੜ	ਈ	ਪ	ਚ	ਇ	ਦ	ਥ	ਰ	ਗ	ਏ	ਸ	◌ੀ	ਕ	ਬ	ਧ
ਤ	ਠ	ਅ	ਇ	ੜ	ਡ	ਰ	ਇ	ਰ	◌ਾ	ਕ	◌ੇ	ਟ	ਲ	ਮ	ਊ
ਭ	ਦ	ਗ	ਨ	ਏ	ਬ	ਏ	◌ਾ	ਮ	ਛ	ਥ	ਫ	ਘ	ਚ	ਕ	ਈ
ਜ	ਕ	ੳ	◌ੁ	ਜ	ਡ	ਸ	ਈ	ਕ	ਵ	ਠ	ਸ	ਬ	ਵ	◌ੇ	ਅ

ਜਹਾਜ਼
ਐਂਬੂਲੈਂਸ
ਸਾਈਕਲ
ਬੱਸ
ਕਾਰ
ਇੰਜਣ
ਹੈਲੀਕਾਪਟਰ
ਮੋਟਰ
ਰਾਫਟ
ਰਾਕੇਟ
ਸਕੂਟਰ
ਸ਼ਟਲ
ਪਣਡੁੱਬੀ
ਸਬਵੇਅ
ਟੈਕਸੀ
ਟਾਇਰ
ਟਰੈਕਟਰ
ਟਰੱਕ
ਵੈਨ

48 - Flowers

ਆ	ਏ	ਹ	ਮ	ਪ	ਡ	ਥ	ਹ	ਐ	ਪ	ਟ	ਭ	ਤ	ਮ	ਦ	ਟ
ਰ	ਤ	ੳ	ਏ	ਮ	◌ੰ	◌ੰ	ਚ	ਤ	ਚ	ਧ	ਐ	ਡ	◌ੈ	ਥ	ਚ
◌ੀ	ਢ	ਚ	ਥ	ਹ	ਮ	ਖ	ਡ	ਡ	◌ੇ	ਜ	◌਼	◌ੀ	ਗ	ਅ	ਏ
ਮ	ਮ	ਨ	ਟ	ਟ	ਢ	◌ੀ	ੜ	ਲ	ਆ	ਜ	ਬ	ਸ	ਨ	ਬ	ਖ
◌ੂ	ਟ	ਲ	ਕ	ਫ	ਲ	ਮ	ਅ	◌ੀ	◌ੀ	ਲ	ਰ	ਵ	◌ੋ	ਲ	ਕ
ਲ	ਿ◌	ਲ	◌ੈ	ਕ	ਵ	◌ੁ	ਆ	ਡ	ਖ	ਅ	ਧ	ਯ	ਲ	◌ਾ	ਠ
ਪ	ਖ	ਐ	ਊ	ਨ	◌ੈ	ਜ	ਰ	◌ੈ	◌ੁ	ਇ	ਨ	ੜ	◌ੀ	◌ੁ	ਏ
ਵ	◌ੈ	ਨ	ਅ	ਆ	◌ਂ	ਰ	ਕ	ਫ	ਕ	ਉ	ਮ	ਊ	ਆ	ਗ	ਬ
ਰ	ਹ	ਸ	ਠ	◌ੁ	ਡ	◌ੂ	ਿ◌	◌ੋ	ਅ	ਨ	◌ੀ	ਆ	ਨ	ਈ	ਹ
ਵ	ਧ	ਕ	◌਼	ੳ	ਰ	ਸ	ਡ	ਡ	ਚ	ਆ	ਸ	ਦ	◌ੀ	ਅ	ਠ
ਘ	ਮ	ਸ	ਟ	ਨ	ਮ	ੜ	ਡ	ਿ◌	ਪ	ਫ	◌ੈ	ਥ	ਡ	ਧ	ਨ
ਢ	ਇ	ਬ	ਿ◌	ਮ	ਫ	ਲ	ਚ	ਲ	ਡ	ੜ	ਜ	ਵ	ਰ	ਢ	ਏ
ਸ	ਲ	ਿ◌	ਊ	ਪ	ਢ	ਲ	ਣ	ਏ	ਖ	ਢ	ਖ	ਟ	◌ਾ	ਪ	ਉ
ਐ	ਸ	ਿ◌	ਲ	ਨ	ਫ	ਤ	◌ਾ	ਸ	ਦ	ਲ	◌ੁ	ਗ	ਗ	ਹ	ਪ
ਅ	ੜ	ਹ	ਿ◌	ਤ	ਭ	ੳ	ਕ	ਵ	ਗ	ਉ	ਠ	ੳ	◌ੁ	ਤ	ਢ
ਢ	ਮ	ਛ	ਪ	ਧ	ਤ	ਈ	ਤ	ਘ	ਰ	ਣ	ਉ	ਡ	ਈ	ਵ	ਵ

ਗੁਲਦਸਤਾ
ਕਲੋਵਰ
ਡੈਫੋਡਿਲ
ਡੇਜ਼ੀ
ਡੈਂਡਲੀਅਨ
ਗਾਰਡਨੀਆ
ਹਿਬਿਸਕਸ
ਜੈਸ੍ਮੀਨ
ਲਵੈਂਡਰ
ਲਿਲੈਕ
ਮੈਗਨੋਲੀਆ
ਆਰਕਿਡ
ਪੈਸ਼ਨਫਲਾਵਰ
ਪੰਖੜੀ
ਪਲੂਮਰੀਆ
ਗੁਲਾਬ
ਸੂਰਜਮੁਖੀ
ਟਿਊਲਿਪ

49 - Health and Wellness #1

ਬ	ਏ	ਕ	ਟ	ਯ	ਭ	ਥ	ਰ	ਹ	ਕ	ਫ	ਯ	ਟ	ਮ	ਫ	ਈ
ਆ	◌ੈ	ਲ	ਧ	ਭ	◌ੁ	ਊ	ਮ	ਕ	ਮ	ਘ	ਗ	ਆ	ਓ	◌ਾ	ਹ
ਲ	ਵ	ਕ	ਮ	ਠ	◌ੱ	ਹ	ਹ	ਆ	ਰ	ਧ	ਤ	ਤ	ਲ	ਰ	ਆ
ਅ	ਜ	ਡ	ਟ	ਪ	ਖ	ਉ	◌ਾ	ਉ	ਪ	ਅ	ਨ	ਪ	ਆ	ਮ	ਪ
ਕ	ਇ	◌ੀ	◌ੱ	◌ੀ	ਚ	ਫ	ਅ	ਰ	ਓ	ਹ	ਨ	ਭ	ਓ	◌ੇ	ਯ
ਚ	ਜ	◌ੈ	ਸ	ਰ	ਰ	ਠ	ਤ	ਠ	ਮ	ਵ	ਠ	ਟ	ਡ	ਸ	ਜ
ਉ	ਘ	ਮ	ਦ	◌ੇ	ਮ	◌ੀ	ਦ	ਯ	ਨ	◌ੋ	ਓ	ਨ	◌ਾ	◌ੀ	ਧ
ਭ	ਦ	ਛ	ਛ	◌ੈ	ਖ	ਗ	ਆ	ਵ	ਕ	ਠ	ਨ	ਇ	ਕ	ਇ	ਵ
ਬ	ਪ	ਖ	ਹ	ਥ	ਠ	ਚ	ਈ	ਦ	ਕ	ਲ	ਠ	ਸ	ਟ	ਲ	ਊ
ਓ	ਮ	◌ਾ	ਸ	ਪ	◌ੇ	ਸ	◌਼	◌ੀ	ਆ	◌ਂ	◌ੀ	ਘ	ਰ	◌ਾ	ਇ
ਜ	ਰ	ਫ	ਉ	ਰ	ਿ◌	ਫ	ਲ	◌ੈ	ਕ	ਸ	ੜ	ਨ	ਜ	ਜ	ਗ
ਤ	ਗ	ਰ	ਚ	ਧ	ਧ	ਅ	ਮ	ਫ	ਗ	ਉ	ਊ	ਦ	ਿ◌	ਥ	ਐ
ਸ	ਰ	ਇ	◌ਾ	ਵ	◌ੁ	ਧ	ਲ	ਦ	◌ੁ	ਹ	ਟ	ਫ	ਚ	ਕ	ਲ
ਉ	ਸ	ਓ	ਈ	◌ਾ	ਵ	ਦ	ਡ	ਏ	ਧ	ਯ	ਲ	ੜ	ਮ	ਰ	ਘ
ਟ	ਥ	ਰ	ਗ	ਇ	ਡ	ਇ	ਠ	ਤ	ਵ	ਇ	ਮ	ਜ	ੜ	ਗ	ਦ
◌ੁ	ਆ	◌ੁ	ਪ	ਘ	ਠ	ਐ	ਛ	ਈ	ਚ	ਥ	ਹ	ਛ	◌ੀ	ਉ	ਇ

ਸਰਗਰਮ
ਬੈਕਟੀਰੀਆ
ਕਲੀਨਿਕ
ਡਾਕਟਰ
ਆਦਤ
ਉਚਾਈ
ਹਾਰਮੋਨਸ
ਭੁੱਖ
ਸੱਟ

ਮੈਡਾਂਕਲ
ਦਵਾਈ
ਮਾਸਪੇਸ਼ੀਆਂ
ਫਾਰਮੇਸੀ
ਰਿਫਲੈਕਸ
ਚਮੜੀ
ਥੈਰੇਪੀ
ਇਲਾਜ
ਵਾਇਰਸ

50 - Town

ਘ	ਚ	ਬ	ਲ	ਡ	ੁ	ਗ	ਗ	ਮ	ਬ	ਗ	ਦ	ੜ	ਕ	ੜ	ਫ
ੳ	ਛ	ਘ	ਠ	ਆ	ਚ	ੜ	ੳ	ੜ	ਿ	ਵ	ਥ	ਰ	ਫ	ਘ	ਾ
ਤ	ਕ	ਘ	ਣ	ਟ	ਇ	ਛ	ਇ	ਚ	ੜ	ਊ	ਆ	ਟ	ਭ	ਸ	ਰ
ਬ	ੇ	ਕ	ਰ	ੀ	ਘ	ਆ	ਚ	ਛ	ੁ	ਸ	ਜ	ਠ	ਢ	ਏ	ਮ
ਕ	ਗ	ਨ	ਲ	ਾ	ਇ	ਬ	੍ਰ	ਰ	ੇ	ਰ	ੀ	਼	ਵ	ਡ	ੇ
ਏ	ੳ	ਿ	ਲ	ਭ	ੋ	ਜ	ਨ	ਾ	ਲ	ਾ	ਨ	ਈ	ੀ	ੜ	ਸ
ਲ	ਟ	ੀ	ੜ	ੂ	ਮ	ਬ	ਸ	ਏ	ਖ	ਢ	ਭ	ਬ	ਈ	ਅ	ੀ
ਰ	ੀ	ਲ	ੈ	ਗ	ੈ	ਖ	ਿ	ਅ	ਸ	ਯ	ਮ	ਘ	ਹ	ਣ	ਮ
ਜ	ਸ	ਕ	ਵ	ਵ	ਚ	ਸ	ਨ	ਰ	ਊ	ਟ	ਠ	ਟ	ੋ	ਪ	ਊ
ਵ	ਿ	ਦ	ਿ	ਆ	ਲ	ਾ	ੇ	ਪ	ਇ	ਲ	ੇ	ਘ	ਟ	ਬ	ਸ
ਦ	ਰ	ੜ	ਰ	ਭ	ਕ	ਛ	ਮ	ੋ	ਉ	ਬ	ਹ	ਡ	ਲ	ਯ	ਟ
ਦ	ਵ	ਥ	ੜ	ਸ	ਪ	ਥ	ਾ	ਰ	ਟ	ਏ	ੀ	ਥ	ੀ	ਟ	ੋ
ੜ	ਨ	ਮ	ੰ	ਡ	ੀ	ਖ	ਲ	ਟ	ਯ	ਟ	ਲ	ਭ	ਭ	ਅ	ਰ
ਖ	ੀ	ਮ	ਧ	ਪ	ਬ	ਛ	ਸ	ਫ	ਲ	ੋ	ਰ	ਿ	ਸ	ਟ	ਮ
ਮ	ੂ	ਸ	ੁ	ਪ	ਰ	ਮ	ਾ	ਰ	ਕ	ੀ	ਟ	ਟ	ਫ	ਆ	ਹ
ਯ	ਯ	ਯ	ਚ	ਿ	ੜ	ੀ	ਆ	ਘ	ਰ	ਇ	ਰ	ਗ	ਵ	ਮ	ਭ

ਏਅਰਪੋਰਟ
ਬੇਕਰੀ
ਸਿਨੇਮਾ
ਕਲੀਨਿਕ
ਫਲੋਰਿਸਟ
ਗੈਲਰੀ
ਹੋਟਲ
ਲਾਇਬ੍ਰੇਰੀ
ਮੰਡੀ
ਮਿਊਜ਼ੀਅਮ
ਫਾਰਮੇਸੀ
ਭੋਜਨਾਲਾ
ਸੈਲੂਨ
ਵਿਦਿਆਲਾ
ਸਟੇਡੀਅਮ
ਸਟੋਰ
ਸੁਪਰਮਾਰਕੀਟ
ਥੀਏਟਰ
ਯੂਨੀਵਰਸਿਟੀ
ਚਿੜੀਆਘਰ

51 - Antarctica

ਪ	ਊ	ਕ	ਗ	ਲ	◌ੇ	ਸ	◌਼	◌ੀ	ਅ	ਰ	ਸ	ਭ	ਸ	ਖ	ਡ
ਦ	ਸ	ਤ	ਖ	ਘ	ਕ	ਭ	◌ੁ	ਟ	ਓ	ਧ	ੜ	◌ੂ	ਚ	◌ੋ	ਈ
ਉ	ਭ	ਥ	ਰ	ੜ	ਥ	ਵ	ਪ	ਇ	◌ੁ	ਢ	ਖ	ਗ	ਪ	ਜ	ਡ
ਮ	ਐ	ਧ	ਊ	ਵ	ਖ	ਤ	ਮ	ਠ	ਫ	ਪ	ਚ	◌ੋ	ਊ	ਕ	ਯ
ਯ	◌ਾ	ਅ	ਗ	ਨ	ਇ	ਗ	◌ੁ	ਨ	◌ੈ	ਪ	ਰ	ਲ	ਧ	◌ਾ	ਧ
ਨ	ਈ	ਈ	◌ੀ	ਸ	ਈ	ਆ	ਹ	ਮ	ਖ	ਕ	◌ੌ	ਓ	ਡ	ਰ	ਠ
ਕ	ਨ	ਆ	ਗ	ਿ◌	ਿ◌	ਵ	ਿ◌	◌ਾ	ਬ	◌ੇ	ਕ	ਧ	ਈ	ਲ	ਬ
ਲ	ਸ	ਮ	ਗ	ਰ	ਛ	◌ੀ	◌ੰ	ਪ	ਬ	ਣ	◌ੀ	◌ਾ	ਪ	ਣ	ਢ
ਗ	ਬ	◌ੰ	◌ੁ	ਏ	◌ੇ	ਆ	ਮ	◌ਾ	ਤ	ਐ	ਇ	ਜ	ਮ	ਯ	ਮ
◌ੋ	ਗ	ਅ	ਭ	ਗ	◌ੁ	ਸ	ਓ	ਤ	ਊ	ਥ	ਭ	ਊ	ਥ	ਡ	ਰ
◌ੂ	ਹ	ਰ	ਈ	◌ਾ	ਊ	ਹ	◌਼	ਣ	ਧ	ਐ	ਛ	ਈ	ਅ	ਫ	ਖ
ਭ	ਲ	ੜ	ਇ	ਵ	ਲ	ਚ	ਥ	ਨ	ਰ	ਵ	ਤ	◌ਾ	◌ਾ	ਵ	ਣ
ਪ	◌੍	ਰ	◌ਾ	ਇ	ਦ	◌ੀ	ਪ	ਟ	ਥ	◌ੁ	ਡ	ਏ	ਥ	ਰ	ਿ◌
ੜ	ਧ	ਹ	ਤ	ਡ	ਅ	ਤ	ਸ	◌ਾ	ਕ	ਦ	ਦ	ਰ	ਲ	ਆ	ਜ
ਚ	ਰ	ਉ	ਇ	ਇ	ਭ	ਐ	ਏ	ਪ	ਦ	◌ੀ	◌ਂ	◌ਾ	ਹ	ਮ	ਫ
ਅ	ਫ	ਯ	◌ੁ	ਵ	ਕ	ਛ	ਅ	◌ੂ	ਟ	ਫ	ਬ	ਤ	ਅ	ਪ	ਗ

ਬੇ
ਪੰਛੀ
ਸੰਭਾਲ
ਮਹਾਂਦੀਪ
ਵਾਤਾਵਰਨ
ਮੁਹਿੰਮ
ਭੂਗੋਲ
ਗਲੇਸ਼ੀਅਰਸ
ਆਈ.ਸੀ.ਈ
ਟਾਪੂ

ਮਾਇੰਗਰੇਸ਼ਨ
ਖਣਿਜ
ਪੈਨਗੁਇਨ
ਪ੍ਰਾਇਦੀਪ
ਖੋਜਕਾਰ
ਰੌਕੀ
ਵਿਗਿਆਨਕ
ਤਾਪਮਾਨ
ਭੂਗੋਲਕ
ਪਾਣੀ

52 - Ballet

ਘ	ਬ	ਬ	ਕ	ਪ	ਦ	ਹ	ਈ	ਸ	ੁ	ੜ	ਛ	ਮ	ਆ	ਵ	ਚ
ਡ	ੈ	ੜ	ੋ	ਰ	ਬ	ਭ	ਭ	਼	ਧ	ਉ	ੁ	ਕ	ਭ	ਏ	ਬ
ਦ	ਲ	ਟ	ਰ	ੁ	ਹ	ਬ	ਏ	ੈ	ਹ	ਕ	ਤ	ਗ	ਰ	ਇ	ਓ
ਲ	ੇ	ਧ	ੀ	ਗ	ਜ	ੁ	ਨ	ਲ	ਗ	ਕ	ਊ	ਘ	ਖ	ਗ	ਜ
ਆ	ਰ	ਢ	ਓ	ਸ	ਰ	ਛ	ਨ	ੀ	ਖ	ਡ	ਬ	ਯ	ਕ	ਐ	ਠ
ਘ	ਿ	ਟ	ਗ	ਰ	੍	ਪ	ੁ	ਰ	ਕ	ਾ	ਤ	ਗ	ੀ	ੰ	ਸ
ਭ	ਨ	ਅ	੍	ਤ	ਗ	ਯ	ਚ	ਾ	ਚ	ਹ	ਮ	ਹ	ਣ	ਓ	ਤ
ਨ	ਾ	ਚ	ਰ	ੀ	ਊ	ਭ	ਊ	ਟ	ਟ	ਲ	ਾ	ਗ	ੁ	ਊ	ਸ
ਡ	ਖ	ਠ	ਾ	ਬ	ਕ	ਨ	ਓ	ਸ	ਧ	ਉ	ਸ	ਅ	ਫ	ਡ	ੰ
ਸ	ਾ	ਥ	ਫ	ਰ	ਲ	ਸ	ਨ	ੈ	ਧ	ਥ	ਪ	ਰ	ਹ	ਡ	ਗ
ਘ	ਸ	ਂ	ੀ	ਤ	ਾ	ੰ	ਪ	ਕ	ਛ	ਸ	ੇ	ਇ	ਹ	ਈ	ੀ
ਲ	ਦ	ਇ	ਸ	ਾ	ਤ	ਕ	ਆ	ਰ	ਦ	ਅ	ਸ	ਧ	ਦ	ਿ	ਤ
ਛ	ਈ	ਊ	ਆ	ਰ	ਮ	ੇ	ਸ	ਆ	ਘ	ਦ	਼	ਤ	ਸ	ਠ	ਰ
ਦ	ਜ	ਗ	ਿ	ਆ	ਕ	ਤ	ਡ	ਲ	ਬ	ਣ	ੀ	ਾ	ਣ	ਣ	ਬ
ਪ	ਈ	ਕ	ਭ	ਤ	ਕ	ਨ	ੀ	ਕ	ਤ	ਧ	ਆ	ਲ	ਅ	ੁ	ਕ
ਮ	ਪ	ਭ	ਅ	ਦ	ਰ	ਸ	਼	ਕ	ਚ	ਟ	ਂ	ਯ	ਧ	ਊ	ਘ

ਕਲਾਤਮਕ
ਦਰਸ਼ਕ
ਬੈਲੇਰਿਨਾ
ਕੋਰੀਓਗ੍ਰਾਫੀ
ਸੰਗੀਤਕਾਰ
ਡਾਂਸਰ
ਪ੍ਰਗਟ
ਸੰਕੇਤ
ਤੀਬਰਤਾ
ਮਾਸਪੇਸ਼ੀਆਂ
ਸੰਗੀਤ
ਆਰਕੈਸਟਰਾ
ਅਭਿਆਸ
ਰਿਹਰਸਲ
ਤਾਲ
ਹੁਨਰ
ਸ਼ੈਲੀ
ਤਕਨੀਕ

53 - Human Body

<table>
<tr><td>ਯ</td><td>◌ੁ</td><td>ਟ</td><td>ਹ</td><td>ਤ</td><td>ਐ</td><td>ਮ</td><td>ਠ</td><td>ਫ</td><td>ਭ</td><td>ਨ</td><td>ਉ</td><td>ਥ</td><td>ਧ</td><td>ਏ</td><td>ਫ</td></tr>
<tr><td>ਛ</td><td>ਕ</td><td>ਟ</td><td>◌ਾ</td><td>◌ੱ</td><td>ਿ◌</td><td>ਗ</td><td>ਪ</td><td>◌ੇ</td><td>ਟ</td><td>ਸ</td><td>ਵ</td><td>◌ਂ</td><td>ਊ</td><td>ਹ</td><td>ਧ</td></tr>
<tr><td>ਤ</td><td>ਰ</td><td>ਚ</td><td>ਓ</td><td>ਲ</td><td>ਦ</td><td>ਕ</td><td>◌ੋ</td><td>ਸ</td><td>ਥ</td><td>ਈ</td><td>ਮ</td><td>ਮ</td><td>ਗ</td><td>ਫ</td><td>ਕ</td></tr>
<tr><td>ਸ</td><td>ਈ</td><td>ਜ</td><td>ਨ</td><td>ਇ</td><td>ਖ</td><td>◌ੁ</td><td>ਧ</td><td>ਡ</td><td>ਰ</td><td>ਬ</td><td>ਘ</td><td>ਇ</td><td>ਗ</td><td>ਲ</td><td>ਧ</td></tr>
<tr><td>◌ੁ</td><td>ਈ</td><td>ਐ</td><td>ਯ</td><td>ਢ</td><td>ਹ</td><td>ਮ</td><td>ਰ</td><td>ੜ</td><td>◌ੇ</td><td>◌ਾ</td><td>ਬ</td><td>ਜ</td><td>ਦ</td><td>ਿ◌</td><td>ਡ</td></tr>
<tr><td>ਈ</td><td>ਜ</td><td>ਣ</td><td>ਭ</td><td>ਣ</td><td>ਫ</td><td>ਭ</td><td>ਚ</td><td>◌ੁ</td><td>ਏ</td><td>ਪ</td><td>ਦ</td><td>ਚ</td><td>◌ੁ</td><td>ਦ</td><td>ਮ</td></tr>
<tr><td>ਢ</td><td>ਣ</td><td>ਤ</td><td>ਊ</td><td>ਐ</td><td>ਜ</td><td>ਇ</td><td>ਈ</td><td>ੜ</td><td>ਨ</td><td>◌ੰ</td><td>ਕ</td><td>ਿ◌</td><td>ਖ</td><td>ੜ</td><td>◌ੋ</td></tr>
<tr><td>ਭ</td><td>ਖ</td><td>ਦ</td><td>ਠ</td><td>ਟ</td><td>ਠ</td><td>◌ੁ</td><td>ਵ</td><td>ਓ</td><td>ਦ</td><td>◌ੱ</td><td>ਲ</td><td>ਨ</td><td>◌ੂ</td><td>ਖ</td><td>ਢ</td></tr>
<tr><td>ਉ</td><td>ਪ</td><td>ਘ</td><td>ਉ</td><td>ਨ</td><td>ਉ</td><td>ਇ</td><td>ਟ</td><td>ਲ</td><td>ਰ</td><td>ੜ</td><td>ਕ</td><td>ਯ</td><td>ਰ</td><td>ਓ</td><td>◌ੇ</td></tr>
<tr><td>ਰ</td><td>ਵ</td><td>ਖ</td><td>◌ੁ</td><td>ਜ</td><td>ਣ</td><td>ਉ</td><td>ਢ</td><td>ਵ</td><td>ਗ</td><td>ਚ</td><td>◌ੀ</td><td>ਨ</td><td>ਕ</td><td>ਥ</td><td>ਲ</td></tr>
<tr><td>ਘ</td><td>ਏ</td><td>ਇ</td><td>ਟ</td><td>ਡ</td><td>ਓ</td><td>◌ੁ</td><td>ਫ</td><td>ਵ</td><td>ਈ</td><td>ਘ</td><td>ੜ</td><td>ਵ</td><td>ਉ</td><td>◌ੱ</td><td>ਉ</td></tr>
<tr><td>ਕ</td><td>ਛ</td><td>ਗ</td><td>ਕ</td><td>ਅ</td><td>ਦ</td><td>ਅ</td><td>ਬ</td><td>ਹ</td><td>ਥ</td><td>ਚ</td><td>ਮ</td><td>◌ੂ</td><td>◌ੰ</td><td>ਹ</td><td>ਹ</td></tr>
<tr><td>ਢ</td><td>ਯ</td><td>ਲ</td><td>ਫ</td><td>ਇ</td><td>ਿ◌</td><td>ਛ</td><td>ਟ</td><td>ਥ</td><td>ਰ</td><td>ਓ</td><td>ਚ</td><td>ਏ</td><td>ਜ</td><td>ਊ</td><td>ਤ</td></tr>
<tr><td>ਓ</td><td>ਅ</td><td>ਜ</td><td>ਭ</td><td>ਊ</td><td>ਮ</td><td>ਭ</td><td>ਮ</td><td>ਡ</td><td>ਉ</td><td>ਭ</td><td>ਉ</td><td>ਆ</td><td>◌ੀ</td><td>ਕ</td><td>ਨ</td></tr>
<tr><td>ਜ</td><td>ਡ</td><td>ਏ</td><td>ਹ</td><td>ਆ</td><td>◌ਾ</td><td>ਈ</td><td>ਲ</td><td>ਈ</td><td>ਖ</td><td>ੜ</td><td>ਐ</td><td>◌ੁ</td><td>ਭ</td><td>ਜ</td><td>ਨ</td></tr>
<tr><td>ਕ</td><td>◌ੂ</td><td>ਹ</td><td>ਣ</td><td>◌ੀ</td><td>ਗ</td><td>ਬ</td><td>ਧ</td><td>ਘ</td><td>ਸ</td><td>ਓ</td><td>ਣ</td><td>ਆ</td><td>ਸ</td><td>ਿ◌</td><td>ਰ</td></tr>
</table>

ਗਿੱਟਾ
ਖੂਨ
ਦਿਮਾਗ
ਚਿਨ
ਕੰਨ
ਕੂਹਣੀ
ਉਂਗਲ
ਹੱਥ
ਸਿਰ
ਦਿਲ
ਜਬਾੜੇ
ਗੋਡੇ
ਲੱਤ
ਮੂੰਹ
ਗੁਰਦਨ
ਨੱਕ
ਮੋਢੇ
ਚਮੜੀ
ਪੇਟ
ਜੀਭ

54 - Musical Instruments

ੳ	ਸ	ਏ	ਢ	ਯ	ਠ	◌ੁ	ਬ	ਹ	ਢ	ਠ	ਛ	ਟ	ਯ	ਠ	ਡ
ਣ	ਕ	◌ੈ	ਨ	ਰ	◌ੀ	ਬ	◌ੂ	◌ੰ	ਤ	ਫ	ਫ	ਟ	ਇ	ਘ	ਢ
ਫ	ਟ	ਗ	ਕ	◌ੀ	ਹ	ਪ	ਕ	ਖ	ਢ	ਗ	ਖ	ਣ	ਜ	ਇ	ਠ
ਦ	◌ਿ	ਨ	◌ਾ	ਸ	ਠ	ਢ	ਦ	ਖ	ਦ	ਅ	ਰ	ਏ	ਢ	ਧ	ਨ
ਓ	ਸ	ਛ	ਨ	◌ੰ	◌ੋ	ਬ	ਵ	ਬ	ਯ	ਲ	ਵ	ਛ	ਜ	ਘ	ਚ
ਘ	ਮ	ਦ	◌ਿ	ਬ	ਆ	ਫ	ਪ	◌ਿ	ਆ	ਨ	◌ੋ	◌ਾ	ਦ	ਘ	ਟ
ਡ	ਰ	ਰ	ਮ	ਓ	ਐ	ਠ	◌ੋ	ੜ	ਬ	ਡ	ਵ	ਡ	ਇ	ਬ	ਚ
ਨ	◌੍ਰ	ੜ	◌ੋ	ਦ	ਡ	ਉ	ਬ	ਨ	ਸ	◌ੂ	◌ਾ	ਬ	ਪ	ਲ	ਧ
ਸ	ਡ	ਪ	ਰ	◌ਾ	ਹ	ਗ	ਊ	ਲ	◌ੋ	◌ੋ	ਸ	◌ੁ	ਕ	ਠ	ਨ
ਹ	ਇ	ਬ	◌ਾ	ਮ	◌ੀ	ਰ	ਮ	◌ਿ	ਗ	ਐ	ਫ	ਕ	ਛ	◌ੁ	◌ੁ
ਊ	ਥ	ਨ	ਹ	ਆ	ਜ	ਕ	ਉ	ਡ	ਚ	ੜ	ਘ	ਘ	ਤ	ਡ	ਮ
ਉ	ਦ	ਅ	ਬ	◌ੈ	◌ਂ	ਜ	◌ੋ	◌ੋ	ਅ	ਈ	ਡ	◌ੰ	ਪ	ਹ	ਨ
ਟ	◌੍ਰ	ਰ	◌ੋ	◌ਂ	ਬ	◌ੋ	ਨ	◌ਂ	ਗ	ਈ	◌ੁ	ਓ	ਟ	ਕ	ਠ
ਧ	ਚ	ਵ	ਪ	ਡ	ਹ	ਟ	ਨ	◌ੈ	ਰ	◌ੀ	◌ੈ	ਲ	ਕ	◌ਾ	ਧ
ਗ	◌ਿ	ਟ	◌ਾ	ਰ	ਘ	ਮ	ਤ	ਮ	ਟ	ਬ	ੜ	ਮ	ਧ	ਹ	ਠ
ਤ	ਅ	ਹ	ਮ	ਠ	ਛ	ਇ	ਖ	ਟ	ਇ	ਓ	ਉ	ਆ	ਚ	ਘ	ੜ

ਬੈਂਜੋ
ਬਾਸੂਨ
ਸੇਲੋ
ਕਲੈਰੀਨੈਟ
ਡ੍ਰਮਸਟਿਕਸ
ਬੰਸਰੀ
ਘੰਟਾ
ਗਿਟਾਰ
ਹਾਰਮੋਨਿਕਾ
ਹਾਰਪ
ਮੈਂਡੋਲਿਨ
ਮਰੀਮਬਾ
ਓਬੀਈਈ
ਪਿਆਨੋ
ਸੈਕਸੋਫੋਨ
ਤੰਬੂਰੀਨ
ਟ੍ਰੌਂਬੋਨ
ਵਾਇਲਨ

55 - Fruit

ਟ	ਮ	ਈ	ਐ	ਅ	ਮ	ਵ	ਨ	ਨ	ਉ	ਸ	ੜ	ਕ	ਆ	ਕ	ਕ
ਖ	ਖ	ਅ	ਹ	ਪ	ਸ	ਗ	ਠ	◌ਾ	ਡ	ਸ	ਉ	ਯ	ਥ	ਛ	ਵ
ਨ	◌ੁ	ਖ	ਠ	ਸ	ਲ	ਤ	ਣ	ਰ	ਸ	ਤ	ਉ	ਇ	ੜ	ਤ	ਸ
ਜ	ਯ	ਰ	ੳ	ਨ	◌ਾ	ਘ	ਫ	◌ੁ	ਡ	◌਼	ਗ	ਏ	ਢ	ਅ	ਥ
ਏ	ਵ	◌ੀ	ਮ	◌ਾ	◌ੇ	ਏ	ਠ	ਹ	ਧ	ਉ	ਪ	ਢ	ਇ	ਕ	ਐ
ਦ	ੜ	ਤ	ਆ	◌ਾ	ਕ	ਅ	ਮ	ਰ	ਹ	ਚ	ਇ	◌ਾ	ਬ	ਘ	ਕ
ਜ	ਫ	◌ੰ	ਮ	ਨ	ਨ	ਬ	ਡ	ਮ	ਤ	ਨ	ਵ	ਹ	ਤ	ਰ	ਥ
ੜ	ੜ	ਸ	ਲ	ਅ	ਰ	◌ੀ	◌ਾ	ਨ	ਰ	◌ੈ	ਯ	ਗ	◌ਾ	◌ੀ	ਉ
ਡ	ਨ	ਧ	ਬ	ਢ	ਣ	ਇ	ਣ	ਜ	ਬ	ਕ	ਯ	ਣ	◌ੀ	◌ੈ	ਮ
ਆ	ਵ	◌ਾ	ਕ	◌ੈ	ਡ	◌ੋ	ਟ	ਢ	◌ੂ	ਟ	ਖ	ਧ	ਪ	ਚ	ਟ
ਰ	◌ੀ	◌ੇ	ਬ	ਫ	ੜ	ੳ	ਏ	ਟ	ਜ	ਰ	ਜ	ਮ	ਪ	ਆ	ਲ
ਗ	◌ੀ	ਯ	ਜ	ਰ	ਊ	ਧ	ਭ	ਏ	ਸ	◌ੀ	ਊ	ਸ	ਏ	ਬ	ਅ
◌ੂ	ਕ	ਠ	ਧ	ਸ	ਠ	ਸ	ਣ	ਕ	ਇ	ਨ	ਠ	ਆ	ੜ	◌ੂ	ਏ
◌ੰ	ਢ	ਨ	ਆ	ਭ	ਰ	ਭ	ਕ	ਖ	ਸ	ਢ	ਥ	ਇ	ਲ	◌ੰ	ੜ
ਅ	ਧ	ਛ	ਪ	ਰ	ਟ	ਘ	ਊ	ਅ	ਡ	ਅ	ਰ	ਤ	◌ੱ	ਿ◌	ਚ
ਥ	ਣ	ਰ	ਭ	◌ੀ	ਜ	ਈ	ਘ	ਖ	ਟ	ਊ	ਯ	ਚ	ਫ	ਨ	ਈ

ਐਪਲ
ਖੁਰਮਾਨੀ
ਆਵਾਕੈਡੋ
ਕੇਲਾ
ਬੇਰੀ
ਚੈਰੀ
ਨਾਰੀਅਲ
ਚਿੱਤਰ
ਅੰਗੂਰ
ਕੀਵੀ
ਨਿੰਬੂ
ਆਮ
ਤਰਬੂਜ
ਨੈਕਟਰੀਨ
ਸੰਤਰੀ
ਪਪੀਤਾ
ਆੜੂ
ਨਾਸ਼ਪਾਤੀ
ਅਨਾਨਾਸ
ਰਸਭਰੀ

56 - Engineering

ਡ	◌ੀ	ਜ	◌਼	ਲ	◌ੁ	ਪ	ਤ	ਰ	ਲ	ਗ	ਣ	ਨ	◌ਾ	ਚ	ਇ
ਕ	ਯ	ਗ	ਬ	ਏ	ਟ	◌ਾ	◌੍	ਉ	ਡ	ਆ	ਜ	ਲ	ਐ	ਲ	◌ੰ
ਈ	ਗ	ਥ	ਈ	ਤ	ਰ	ਮ	ਟ	ਰ	◌ਾ	◌ੁ	ਧ	ਉ	ਢ	ਥ	ਜ
ਯ	ਧ	ਮ	ਲ	ਣ	ਡ	ਟ	ਣ	◌ੀ	◌ੋ	ਠ	ਯ	ਤ	ਸ	ਭ	ਣ
ਯ	ਦ	ਅ	ਘ	ਮ	ਜ	ਨ	ਥ	◌ਾ	ਉ	ਪ	ਪ	ਣ	ਨ	ਮ	ਢ
ਣ	ਆ	ਜ	ਠ	ਦ	ਆ	ਛ	ਣ	ਸ	ਇ	ੜ	ਲ	ਬ	ਫ	ਐ	ਣ
ਆ	ੜ	ਬ	ਟ	ਫ	ਈ	ਗ	ਐ	ਉ	ਢ	ਨ	ਰ	ਸ	ਚ	ਭ	ਮ
ਕ	ਛ	ਇ	ਰ	ਐ	ਐ	ਹ	ਆ	ਦ	ਡ	ਧ	ਸ	ਪ	◌਼	ਏ	ਸ
ਵ	ਘ	ਵ	◌ੰ	ਡ	ਵ	ਬ	ਈ	ਫ	ਊ	ਜ	ਧ	ਅ	◌ੁ	ਨ	◌਼
ਚ	ਭ	ਊ	ਓ	ਗ	◌ਿ	ਘ	ਮ	ਵ	ਡ	ਰ	ਛ	ਈ	ਲ	ਡ	◌ੀ
ਛ	◌ਿ	ਕ	◌ੋ	ਣ	ਆ	ਢ	◌ਾ	◌ਂ	ਚ	◌ਾ	ਜ	ਘ	ਯ	ਕ	ਨ
ਫ	ਹ	◌ੱ	ੜ	ੜ	ਸ	ਟ	ਈ	ਯ	ਓ	ਇ	ਈ	◌ਾ	ਸ	ਟ	ਐ
ਲ	ਜ	ਉ	ਤ	ਗ	ਉ	ਅ	ਐ	ਖ	ਬ	ਢ	ਗ	◌ੰ	ਕ	ਠ	ਤ
ਜ	ੜ	ਕ	ਕ	ਰ	ਟ	◌ੋ	ਮ	ਛ	ਓ	ਧ	ਐ	◌ੂ	ਣ	ਘ	ਪ
ਕ	ਓ	ਐ	◌ਾ	ੜ	ਆ	ਮ	ਆ	◌ੁ	ਘ	ਮ	ਏ	ਡ	ਖ	ਟ	ਜ
ਆ	ਣ	ਬ	ਤ	◌ਾ	ਰ	◌ਿ	ਥ	ਸ	ਮ	ਫ	ਆ	ਸ	ਬ	ਹ	ਐ

ਕੋਣ
ਧੁਰਾ
ਗਣਨਾ
ਉਸਾਰੀ
ਡੂੰਘਾਈ
ਚਿੱਤਰ
ਵਿਆਸ
ਡੀਜ਼ਲ
ਵੰਡ
ਊਰਜਾ
ਇੰਜਣ
ਰਗੜ
ਤਰਲ
ਮਸ਼ੀਨ
ਮਾਪ
ਮੋਟਰ
ਪ੍ਰੋਪਲਸ਼ਨ
ਸਥਿਰਤਾ
ਤਾਕਤ
ਢਾਂਚਾ

57 - Government

ਜ	ਜ	ਆ	ਧ	ਊ	ਧ	ਕ	ਰ	ਤ	ਊ	ੜ	ਹ	ਜ	ਟ	ਓ	◌ੁ
◌਼	ਲ	◌ਂ	ਫ	ਯ	ਐ	ਤ	◌ਾ	ਕ	ਰ	ਿ◌	ਗ	◌ਾ	ਨ	ਊ	ਫ
ਿ◌	ਆ	ਿ◌	ਜ	ਰ	ਭ	ਓ	ਜ	ਪ	ਲ	ਨ	ਿ◌	ਆ	◌ਂ	ਇ	ਕ
ਲ	ਲ	ਨ	ਰ	ਕ	ਇ	ਓ	ਨ	ਧ	◌ਾ	ਵ	ਿ◌	◌ੰ	ਸ	ਫ	ਨ
◌੍ਹ	ਲ	ਰ	ਟ	ਊ	◌ੌ	ਟ	◌ੀ	ਰ	ਬ	ਿ◌	ਲ	ਵ	ਿ◌	ਸ	ਟ
ਹ	◌ੋ	ਪ	ਗ	ਭ	ਧ	ਮ	ਤ	ਚ	ਰ	ਚ	◌ਾ	ਡ	ਗ	ਹ	ਆ
◌ਾ	ਕ	◌ੂ	ਰ	◌ਾ	ਗ	ਊ	◌ੀ	ਦ	ਛ	ਜ	ਣ	ਸ	ਮ	ਫ	ਬ
ਲ	ਤ	ਤ	ਤ	ਸ	ਦ	ਤ	ਬ	ਣ	ਮ	ਰ	ਢ	ਯ	ਏ	ਈ	ਠ
ਇ	◌ੰ	◌ੀ	ਦ	◌਼	ੜ	◌ਾ	ਬ	ਬ	ਜ	ਯ	ਮ	ਫ	ਠ	ਮ	ਲ
ਕ	ਤ	◌ਂ	ਕ	ਣ	ਈ	ਨ	ਯ	ਗ	ਚ	ਗ	ਜ	ਅ	ਕ	ਮ	ਹ
ਟ	ਰ	◌ਾ	◌ਾ	ਆ	ਤ	◌ਾ	ਨ	ਨ	ਈ	ਰ	ਭ	ਈ	ਣ	ਟ	ਯ
ਸ	◌ੁ	◌਼	ਨ	◌ੁ	ਸ	ਮ	ਹ	ਨ	◌੍ਹ	◌ੰ	ਿ◌	ਚ	ਣ	ਸ	ਓ
ਜ	ਐ	ਸ	◌ੂ	ਕ	ਣ	ਸ	ਅ	ਹ	◌ੂ	ਡ	ਆ	ਈ	ਉ	ਏ	ਆ
ਵ	ਈ	ਬ	◌ੰ	ਫ	ਛ	ਨ	ਸ	◌ੁ	ਤ	◌ੰ	ਤ	ਰ	ਤ	◌ਾ	ਰ
ਉ	ਸ	ਗ	ਨ	ਟ	ਏ	ਛ	ਬ	ਢ	ਜ	ਛ	◌ਾ	ਓ	ਇ	ਪ	◌ਾ
ਯ	ਹ	ਭ	◌ੀ	◌ੁ	ਮ	ਬ	ਆ	ਹ	ਲ	ਛ	ਬ	ਕ	ਯ	ਊ	ਜ

ਨਾਗਰਿਕਤਾ
ਸਿਵਲ
ਸੰਵਿਧਾਨ
ਲੋਕਤੰਤਰ
ਚਰਚਾ
ਜ਼ਿਲ੍ਹਾ
ਸਮਾਨਤਾ
ਸੁਤੰਤਰਤਾ
ਨਿਆਂਇਕ
ਨਿਆਂ

ਕਾਨੂੰਨ
ਕਾਨੂੰਨੀ
ਲਿਬਰਟੀ
ਯਾਦਗਾਰ
ਕੌਮ
ਸ਼ਾਂਤੀਪੂਰਨ
ਰਾਜਨੀਤੀ
ਭਾਸ਼ਣ
ਰਾਜ
ਚਿੰਨ੍ਹ

58 - Art Supplies

ੜ	ਹ	ਕ	ਓ	ਦ	ਆ	ਪ	ਇ	◌ੁ	ਭ	ਘ	ਕ	ਗ	ਮ	ਫ	ਹ
ਓ	ਲ	ਉ	ਰ	ਆ	ਲ	◌ੇ	ਹ	ਵ	ਸ	ੜ	ਣ	ਏ	ਜ	ਢ	ਸ
ਬ	ਸ	ਟ	ਸ	◌ੇ	ਓ	ਪ	ਭ	ਇ	◌ਿ	ਹ	ਭ	ਢ	ਥ	ਓ	ਟ
ਪ	◌ਾ	ਣ	◌ੀ	ਅ	ਓ	ਰ	ਹ	ਰ	ਕ	ਚ	ਰ	ਡ	ਆ	ਗ	ੜ
ਟ	ਦ	ਭ	ਰ	ਤ	ਫ	ਨ	ਈ	◌ੰ	◌ੈ	ਰ	◌ਾ	ਧ	ਈ	ਫ	ਧ
ਐ	ਊ	ਵ	◌ੁ	ਊ	ਗ	◌ੁ	ਸ	ਗ	ਮ	ਗ	ਮ	ਰ	ਐ	ਨ	ਰ
ਈ	ਤ	◌ਾ	ਕ	ਮ	ਤ	◌ਾ	ਨ	ਚ	ਰ	ਛ	ਠ	ਲ	◌ੱ	ਅ	ਰ
ਈ	ਘ	ਣ	ਮ	ਲ	ਐ	ਗ	ਲ	◌ੂ	◌ਾ	ਵ	ਓ	ਕ	ਨ	ਬ	ਮ
ਓ	◌ੁ	◌ੁ	ਉ	ਐ	◌ਿ	ਊ	ਕ	ਸ	ਢ	ਓ	ਹ	ਰ	ਕ	ਇ	ਧ
ਰ	ਯ	ਆ	ਦ	ਈ	ਨ	◌ੀ	◌ੋ	ੜ	ਣ	ਗ	ਆ	ਟ	◌ੇ	ਠ	ਭ
ਟ	ਰ	ਟ	ਛ	ਈ	ਤ	ਮ	ਰ	ਨ	ਫ	ਤ	ਰ	◌ਾ	ਮ	ਤ	ਢ
ਯ	ਐ	ਖ	ਯ	ਆ	ਗ	ਦ	◌ਾ	ਕ	◌ੁ	ਨ	ਓ	ਵ	ਕ	ਉ	ਧ
ਬ	◌ੁ	ਰ	ਸ	◌਼	ਆ	ੜ	ਚ	ਭ	ਐ	ਤ	ਯ	ਏ	ਖ	ਯ	ਫ
ਊ	ਦ	ਨ	ਆ	ਜ	ਹ	ਥ	ਵ	ਰ	ਅ	◌ੇ	ਣ	ਕ	ਵ	ਘ	ਨ
ਐ	ਛ	ਆ	ਢ	ਦ	ਚ	ਡ	ਆ	ਟ	ਆ	ਲ	ਸ	◌ਿ	ਨ	◌ੈ	ਪ
ਛ	◌ੁ	ਊ	ਟ	ਐ	ਲ	ਨ	ਐ	ਇ	ਧ	ਜ	ਗ	ਟ	ਣ	ਧ	ਭ

ਐਕਰਾਂਲਿਕ
ਬੁਰਸ਼
ਕੈਮਰਾ
ਕੁਰਸੀ
ਚਾਰਕੋਲ
ਰੰਗ
ਕਰੇਓਨਸ
ਰਚਨਾਤਮਕਤਾ
ਈਈਐਲ
ਗਲੂ
ਵਿਚਾਰ
ਆਈਐੱਨਕੇ
ਤੇਲ
ਪੇਪਰ
ਪੈਨਸਿਲ
ਪਾਣੀ
ਵਾਟਰਕਲਰ

59 - Science Fiction

ਓ	ਇ	ਬ	ਧ	ਓ	ਸ	਼	ਾ	ਨ	ਦ	ਾ	ਰ	ਦ	ਬ	ਅ	ਏ
ਬ	ਦ	ੜ	ਦ	ਰ	਼	ਰ	ਚ	ਛ	ਣ	ਛ	ਡ	ੂ	ਪ	ਵ	ਖ
ਭ	ਠ	ਘ	ਇ	ੇ	ਰ	ਸ	ਦ	ੀ	ਵ	ਾ	ਥ	ਰ	ਾ	ਥ	ਯ
ਧ	ਵ	ਹ	ਏ	ਕ	ਿ	ੁ	ਿ	ਕ	ਖ	ਜ	ਜ	ਇ	ਦ	ਗ	ਹ
ਤ	ਧ	ਿ	ੂ	ਲ	੍	ਬ	ਤ	ਨ	ਆ	ਪ	ੀ	ਟ	ੋ	ੂ	ਯ
ਉ	ਏ	ਰ	ੱ	ਧ	ਦ	ਸ	ਅ	ਿ	ੇ	ੁ	ਲ	ਵ	ਾ	ਨ	ਛ
ਊ	ਛ	੍	ਰ	ਖ	ਅ	ੱ	ਗ	ਪ	ਘ	ਮ	ੋ	ਆ	ਥ	ਆ	ਫ
ਓ	ਘ	ਗ	ਠ	ਠ	ਵ	ਏ	ਣ	ਲ	ਸ	ਕ	ਾ	ਇ	ਊ	ਪ	ਊ
ਰ	ਹ	ੱ	ਸ	ਮ	ਈ	ਾ	ਡ	ਾ	ਫ	ਧ	ਨ	ਕ	ਕ	ੀ	ਲ
ਭ	ਰ	ਮ	ੀ	ਰ	ਦ	ਮ	ਦ	ਕ	ਹ	ਗ	ਕ	ਆ	ਲ	ਟ	ਣ
ਬ	ਐ	ਛ	ਕ	ਕ	ਠ	ਘ	ਅ	ੀ	ਰ	ਈ	ਤ	ਟ	ਫ	ੋ	ਭ
ਇ	ਨ	ਮ	ੈ	ਥ	ਨ	ਖ	ਬ	ਵ	ਢ	ਘ	ਏ	ਲ	ਗ	ਸ	ਨ
ਊ	ਇ	ਐ	ਲ	ਬ	ਮ	ਬ	ਸ	ਠ	ੜ	ਮ	ਊ	ਐ	ੁ	ਿ	ਫ
ਲ	ਓ	ਛ	ਗ	ਣ	ਉ	ਐ	ਰ	ਡ	ਓ	ਮ	ਅ	ੜ	ਆ	ਡ	ਧ
ਊ	ਟ	ਜ	ਸ	ਇ	ਊ	ਓ	ਵ	ਭ	ਅ	ਠ	ਲ	ਗ	ਘ	ਬ	ਭ
ਯ	ਉ	ਧ	ਰ	ਸ	ਲ	ਆ	ਖ	ਰ	ਲ	ਆ	ਟ	ਭ	ੁ	ਅ	ਚ

ਸਿਨੇਮਾ
ਕਲੋਨ
ਦੂਰ
ਡਿਸਟੋਪੀਆ
ਅਤਿ
ਸ਼ਾਨਦਾਰ
ਅੱਗ
ਭਵਿੱਖਵਾਦੀ
ਗਲੈਕਸੀ
ਭਰਮ

ਕਾਲਪਨਿਕ
ਰਹੱਸਮਈ
ਨਾਵਲ
ਓਰੇਕਲ
ਗ੍ਰਹਿ
ਯਥਾਰਥਵਾਦੀ
ਦ੍ਰਿਸ਼
ਤਕਨਾਲੋਜੀ
ਯੂਟੋਪੀਆ

60 - Geometry

ਟ	ਈ	ਬ	ਕ	◌ੁ	ਸ	ਖ	ਓ	ਉ	ਵ	ਠ	ਨ	ਓ	ਛ	ਇ	ਣ
ਅ	ਨ	◌ੁ	ਪ	◌ਾ	ਤ	ਤ	ਮ	ਬ	ਯ	ਿ◌	ਇ	ਧ	ਅ	ਤ	ਕ
◌ੁ	ਰ	ਹ	◌ਾ	ਓ	ਸ	ਦ	ਹ	ਵ	ਰ	ਗ	ਆ	ਕ	ਥ	ਪ	ਮ
ਰ	ਕ	ਨ	ਮ	ਸ	ਔ	ਏ	ਛ	ਗ	ਕ	ਰ	ਤ	ਸ	◌ੁ	ਬ	ਦ
ਰ	◌ੀ	ਗ	ਬ	ਈ	ਏ	ਹ	ਮ	ਜ	◌ੱ	ਚ	ਤ	ਸ	ਘ	ਯ	ਣ
ਪ	ਮ	ਏ	ਡ	ਗ	ਿ◌	ਣ	ਤ	◌ੀ	ਚ	ਜ	ਢ	ਓ	ਆ	ਰ	ਝ
ਨ	ਸ	ਅ	ਡ	ਸ	ਥ	ਕ	◌ੀ	ਤ	ਭ	ਏ	ਯ	ਹ	ਠ	ਚ	ਨ
ਭ	ਜ	ਚ	ਤ	ਇ	ਕ	◌ੋ	ਿ◌	ਿ◌	◌ਾ	ਨ	ਣ	ਗ	ਈ	ਨ	ਹ
ਟ	ਝ	ਊ	ਮ	ਥ	ਵ	ਿ◌	ਮ	ਿ◌	ਡ	◌ੁ	◌ੋ	ਖ	ਲ	ਣ	ਖ
ਹ	ਧ	ਊ	ਅ	ਆ	ਿ◌	ਤ	ਮ	ਖ	ਅ	ਇ	ਕ	ਏ	ਹ	ਓ	ਉ
ਊ	ਬ	ਝ	ਬ	ਫ	ਗ	ਊ	ਸ	ਓ	ਝ	ਢ	ਰ	ਇ	ਘ	ਊ	ਯ
ਹ	ਦ	ਯ	ਪ	ਯ	ਬ	ਬ	ਰ	ਖ	ਲ	ਬ	ਵ	ਢ	ਘ	ਐ	ਇ
ਟ	ਮ	ਐ	◌ੁ	ਬ	ਟ	ਘ	ਈ	◌ੀ	ਘ	ਬ	ਮ	ਚ	ਥ	ਆ	ਬ
ਡ	ਊ	ਡ	◌ੰ	ਖ	ਟ	ਅ	ਤ	ਏ	ਝ	ਫ	ਤ	ਰ	ਕ	◌ੁ	ਰ
ਇ	ਟ	ਜ	ਜ	ਉ	ਚ	◌ਾ	ਈ	ਦ	ਣ	ਹ	ਯ	ਮ	ਈ	ਝ	ਟ
ਆ	ਕ	◌ੁ	ਏ	ਰ	ਊ	ਹ	ਛ	ਝ	ਐ	ਓ	ਝ	ਘ	ਫ	ਨ	ਸ

ਕੋਣ
ਗੁਣਨਾ
ਚੱਕਰ
ਕਰਵ
ਵਿਆਸ
ਮਾਪ
ਸਮੀਕਰਨ
ਉਚਾਈ
ਖਿਤਿਜੀ
ਤਰਕ
ਪੁੱਜ
ਔਸਤ
ਗਿਣਤੀ
ਅਨੁਪਾਤ
ਖੰਡ
ਵਰਗ
ਸਤਹ
ਸਮਮਿਤੀ
ਖਿਊਰੀ
ਤਿਕੋਣ

61 - Airplanes

ਆ	ਭ	ਆ	ਛ	ਡ	ਓ	ਉ	ਦ	ਭ	ਐ	ਆ	ਆ	ਖ	ਦ	ੜ	ਦ
ਉ	ਖ	ਕ	ਊ	ਸ	ਯ	ਕ	ਹ	ਸ	ਮ	ਠ	ਧ	◌ੁ	ਣ	ਜ	ਲ
ਸ	ਚ	ਆ	ਆ	ਗ	ਟ	ਦ	ਆ	ਤ	ਡ	ਆ	ਚ	ਠ	ੜ	ਧ	◌ੇ
ਉ	◌ੁ	◌ਾ	ਗ	ਈ	◌ਂ	ਧ	ਨ	ਕ	ਥ	ਐ	ਐ	ਢ	ਕ	ਨ	ਰ
ਡ	ਨ	ਅ	ਈ	ਜ	ਜ	ਪ	ਓ	ਨ	ਤ	ਣ	ਸ	ੜ	ਉ	ਠ	◌ਾ
ੜ	ਮ	ਊ	ਕ	ਓ	ਥ	ਕ	◌੍	ਜ	ਨ	ਭ	◌਼	ਇ	ਤ	ਏ	ਨ
ਬ	ਲ	ਛ	ਊ	ਧ	ਧ	ਇ	ਬ	ਰ	◌ੀ	ਤ	◌ਾ	ਯ	ਰ	ਆ	◌ਾ
ੜ	ਸ	ਹ	◌ਾ	◌ਿ	ਤ	ਇ	ਆ	◌ੋ	◌ੋ	ਉ	ਕ	ਧ	◌ਾ	ਈ	ਧ
ਗ	ਮ	ਣ	◌ੌ	ਜ	ਚ	ਆ	ਏ	ਡ	ਉ	ਪ	ਆ	ਡ	ਈ	ਆ	ਉ
ਡ	◌ਿ	ਜ	◌਼	◌ਾ	ਈ	ਨ	ਮ	◌੍	ਆ	ਬ	◌ੈ	ਟ	◌ੂ	ਰ	ਕ
◌ਿ	ਦ	◌ੰ	ਥ	ਤ	ਮ	ਹ	ਲ	ਈ	ਛ	ਦ	ਸ	ਲ	ਚ	◌ੀ	ਬ
◌ੰ	ਧ	ਇ	ਥ	ੜ	ਫ	ਸ	◌਼	◌ਾ	◌ਿ	ਦ	ਵ	ਇ	ਰ	◌ਾ	◌ੈ
◌ਂ	ੜ	ਯ	◌ੁ	ਕ	ਸ	◌ੁ	ਲ	ਹ	ਛ	ਥ	ਉ	◌ਾ	ਡ	ਸ	ਲ
◌ੈ	ੜ	ਛ	ਸ	ਲ	ਹ	ਚ	ਭ	ਇ	ਫ	ਹ	ਸ	ਪ	ਗ	ਉ	◌ੂ
ਲ	ਡ	ਦ	ਣ	ਤ	ਯ	ਣ	ਐ	ਉ	ਫ	ਐ	ਊ	ਜ	ਵ	ਠ	ਨ
ਥ	ਡ	ਟ	ਲ	ਟ	ਐ	ਏ	ਰ	ਊ	ਐ	ੜ	ਓ	ਏ	ਣ	ਆ	ਯ

ਦਲੇਰਾਨਾ
ਏ.ਆਈ.ਆਰ
ਮਾਹੌਲ
ਬੈਲੂਨ
ਉਸਾਰੀ
ਕਰੂ
ਉਤਰਾਈ
ਡਿਜ਼ਾਈਨ
ਦਿਸ਼ਾ
ਇੰਜਣ
ਈਂਧਨ
ਉਚਾਈ
ਇਤਿਹਾਸ
ਹਾਈਡ੍ਰੋਜਨ
ਲੈਂਡਿੰਗ
ਯਾਤਰੀ
ਪਾਇਲਟ
ਪ੍ਰੋਪੈਲਰ
ਆਕਾਸ਼
ਗੜਬੜ

62 - Ocean

ਸ	◌ੁ	ਅ	ਨ	ਊ	ਧ	ਈ	ਤ	ਡ	ਢ	ੳ	ਛ	ਕ	ਭ	ਬ	ਮ
ਪ	◌਼	ਮ	ਢ	ਲ	ਇ	ਕ	ਚ	◌ੂ	◌ਾ	ਐ	ੳ	ਅ	ਹ	◌ਾ	◌ੱ
◌ੋ	ਬ	◌ਾ	ਭ	ਕ	◌ੇ	ਕ	ੜ	◌ਾ	ਫ	ਲ	ਰ	◌ੋ	ਕ	ਮ	ਛ
ਟ	ਛ	ਕ	ਰ	ਫ	ਥ	ਡ	ਜ	ਏ	ਕ	◌਼	ਫ	◌ੀ	ਰ	ਮ	◌ੀ
ਕ	ਆ	◌ੁ	ਮ	ਕ	ਝ	◌ੀ	◌ਂ	ਗ	◌ਾ	ਤ	◌ਾ	ਿ◌	ਗ	ਛ	ਐ
ਆ	ਉ	◌ੰ	ਏ	ਧ	ਹ	ਛ	ੳ	ਵ	ਟ	ਸ	ਮ	ਨ	ਨ	ਲ	ਟ
ਰ	ਨ	ਛ	ਆ	ਡ	ਸ	ਮ	ਖ	ਇ	ਰ	ਮ	ਥ	ਸ	ਆ	◌ੀ	◌ੁ
ਉ	ਣ	◌ੂ	ਲ	ਏ	ਢ	ਵ	ਹ	ਠ	ਗ	ੳ	ਉ	ਣ	ਗ	ਘ	ਨ
ਨ	ਛ	◌ੱ	ਸ	ਣ	ਸ	ਟ	ਐ	ਜ	ਏ	ਨ	ਸ	ਘ	ਰ	ਅ	◌ਾ
ਕ	ਹ	ਕ	ਣ	ਡ	◌਼	ਰ	ਕ	ਏ	ਢ	ਢ	ਕ	ਕ	ਉ	ਫ	ਟ
ਚ	ਦ	ਲ	ਧ	ਜ	ਫ	ਗ	ਫ	ਵ	ੜ	ਵ	ਵ	ਦ	ਮ	ਨ	ਖ
ਛ	ਤ	ਕ	ਊ	ਦ	ਿ◌	ਹ	ਣ	ਤ	ਤ	ਥ	ਣ	ਫ	ਛ	ਫ	ਛ
ਸ	ਪ	◌ੰ	ਜ	ਸ	ਲ	ਧ	ੜ	ਈ	ੜ	ਬ	ਕ	ਦ	ਫ	ਊ	ਈ
ਛ	ਗ	ਡ	ਨ	ਸ	◌ੀ	ੳ	ਪ	◌ੀ	ਟ	◌ੁ	ਯ	ਤ	ਪ	ਹ	ਐ
ਠ	ਘ	ਲ	ਥ	ਛ	◌ੈ	ਟ	ੳ	ਰ	ਛ	ਹ	ਛ	ਈ	ੳ	ਈ	ਸ
ਪ	ਊ	ਢ	ਏ	ਵ	ਜ	ਥ	ਐ	ਕ	ਮ	ਬ	ਚ	ਹ	ਲ	ਕ	ਯ

ਕੋਰਲ
ਕੇਕੜਾ
ਡਾਲਫਿਨ
ਬਾਮਮਛਲੀ
ਮੱਛੀ
ਜੈਲੀਫਿਸ਼
ਆਕਟੋਪਸ
ਸੀਓਪੀ
ਰੀਫ
ਲੂਣ
ਸ਼ਾਰਕ
ਝੀਂਗਾ
ਸਪੰਜ
ਤੂਫ਼ਾਨ
ਟੂਨਾ
ਕੱਛੂਕੁੰਮਾ
ਮਛੀ

63 - Force and Gravity

ਸ ਦ ਵ ◌ਿ ਸ ◌਼ ◌ੇ ਸ ◌਼ ਤ ◌ਾ ਵ ◌ਾ ◌ਂ ਮ ਇ
◌ਂ ਬ ਦ ਟ ਹ ਧ ਧ ਓ ਭ ◌ਾ ਰ ਢ ਵ ਮ ਕ ਭ
ਇ ◌ਾ ਘ ਵ ਫ ਟ ਚ ਹ ਆ ਨ ਘ ਓ ਡ ◌ੋ ◌ੈ ਧ
ਡ ਅ ਮ ਭ ਢ ਹ ਥ ਚ ਠ ਰ ਸ ਅ ਛ ਮ ਨ ਇ
◌ੁ ਗ ਲ ਸ ਰ ਵ ਨ ◌ੀ ◌ੂ ਯ ਬ ਭ ◌ੁ ◌ੈ ◌ਿ ਊ
ਚ ਜ ਏ ਐ ਦ ਕ ਉ ਪ ਦ ਲ ◌ੁ ◌ਿ ਥ ◌ਂ ਕ ਬ
ਛ ਕ ਹ ਓ ◌ਂ ਫ ਅ ਗ ਰ ਸ ਚ ਦ ਟ ਟ ਖ ਥ
ਇ ਐ ਓ ◌ੁ ◌ੇ ਰ ਫ ਰ ਤ ◌਼ ਲ ਅ ਦ ਮ ਉ ਇ
ਐ ਏ ਬ ਘ ਕ ਢ ਜ ਇ ਠ ◌ੀ ਨ ਸ ਰ ਠ ਨ ਣ
ਊ ਹ ਚ ◌ੁ ◌ੰ ਬ ਕ ਤ ◌ਾ ◌ੀ ਖ ◌ੋ ਜ ਉ ਪ ◌ੁ
ਰ ਤ ਣ ਊ ਛ ਰ ਮ ਧ ਘ ਤ ਦ ◌ੂ ਰ ◌ੀ ਹ ੜ
ਆ ਊ ਪ ਡ ਹ ਗ ਠ ਠ ਗ ਗ ਅ ਘ ਦ ਜ ◌ੁ ਓ
ਆ ਫ ਮ ਬ ਇ ਹ ਤ ਐ ਧ ਆ ਣ ਰ ਗ ੜ ਢ ਮ
ਉ ਹ ਘ ਏ ◌ੁ ਊ ਪ ਗ ਘ ਠ ਗ ◌ਾ ਉ ਣ ਊ ਐ
ਉ ਨ ਸ ਢ ਦ ਊ ਓ ਫ ਨ ਦ ਥ ◌ੁ ਊ ◌ੁ ਢ ਡ
ਫ ਠ ਲ ਬ ਪ ਭ ਛ ਓ ਓ ਇ ਬ ਧ ਏ ਫ ਬ ਈ

ਧੁਰਾ
ਕੇਂਦਰ
ਖੋਜ
ਦੂਰੀ
ਗਤੀਸ਼ੀਲ
ਰਗੜ
ਅਸਰ
ਚੁੰਬਕਤਾ
ਮਕੈਨਿਕ
ਮੋਮੈਂਟਮ
ਓਆਰਬਿਟ
ਦਬਾਅ
ਵਿਸ਼ੇਸ਼ਤਾਵਾਂ
ਗਤੀ
ਸਮਾਂ
ਯੂਨੀਵਰਸਲ
ਭਾਰ

64 - Birds

ਪ	◌ੈ	ਲ	ਿ◌	ਕ	ਨ	ਣ	ਧ	ਬ	ਧ	ਬ	ਰ	ਐ	ਗ	ਰ	ਥ
ੳ	ਐ	ਜ	ਢ	◌ਾ	ੲ	ਡ	ਵ	ਹ	ਤ	ਆ	ਛ	ਸ	ਖ	◌ੁ	ਘ
ਐ	ਨ	ਏ	ਏ	ਹ	ਗ	ਚ	ਚ	◌ੇ	◌ਾ	ਭ	ਝ	ਟ	ਯ	ਹ	ਹ
ਟ	ਦ	ਡ	ਝ	ਚ	◌ੁ	ਚ	ਧ	ਰ	◌ੋ	ਮ	ਣ	◌ੀ	ਆ	ਓ	◌ੰ
ਨ	ਭ	ਣ	ਬ	ਬ	ਨ	ਏ	ਆ	◌ੋ	ਤ	ਚ	ਟ	ਓ	ਿ◌	ਝ	ਸ
ਣ	ਠ	ਊ	ਧ	ਤ	◌ੈ	ਹ	ਢ	ਨ	ਬ	ਫ	ਠ	ਆ	ਜ	ਚ	ਣ
ਵ	ਡ	ਣ	ਯ	ਖ	ਪ	ਸ	ਖ	ਯ	ਕ	ਫ	ਭ	ਰ	ਸ	ਪ	ਹ
ਟ	ਘ	ਡ	ਫ	◌਼	ਕ	ਪ	◌ੁ	ਛ	◌ੂ	ਿ◌	ਕ	ਕ	◌਼	ੳ	ਐ
ਅ	ਹ	ਗ	ਮ	ਅ	◌ੈ	ਧ	ਓ	ਡ	◌ੋ	ਛ	ਚ	◌ੇ	◌ੁ	ਓ	ਏ
ਓ	ਟ	ੲ	◌ੱ	ਲ	ਨ	ਏ	ਠ	ਨ	ਕ	ਠ	ਨ	ਮ	ਤ	ਈ	ਐ
ਠ	ਨ	ਗ	ਖ	ਪ	ਰ	ਬ	ਵ	ਏ	ਊ	ਈ	ਠ	ਥ	ਰ	ਣ	ਦ
ਟ	◌ੂ	ਕ	ਨ	ਢ	◌ੀ	ਬ	ਗ	ਈ	ਜ	◌ੀ	ਜ	◌ੀ	ਮ	◌ੁ	ਤ
ੲ	ਊ	ਏ	ਗ	ਜ	ਤ	ਨ	ਲ	ਮ	ਹ	ਠ	ਤ	ਯ	◌ੁ	ਣ	ਡ
ਕ	ੳ	ਲ	ਕ	ਲ	ਤ	ਡ	ਘ	◌ੱ	ਣ	ਓ	ਜ	ਓ	ਰ	ਕ	ਨ
ਪ	ਬ	ਢ	ਏ	ੳ	ਥ	ਊ	ੳ	ਆ	◌ੁ	ਆ	ਪ	ਟ	ਗ	◌ਾ	ਭ
ਠ	ਛ	ਥ	ਓ	ਫ	ਲ	◌ੇ	ਮ	ਿ◌	◌ੰ	ਗ	◌ੋ	ਖ	ੳ	◌ਂ	ਹ

ਕੈਨਰੀ
ਚਿਕਨ
ਕਾਂ
ਕੋਕੂ
ਬਤਖ਼
ਇੱਲ
ਈ.ਜੀ.ਜੀ
ਫਲੇਮਿੰਗੋ
ਗੁੱਲ
ਹਾਕ
ਹੇਰੋਨ
ਸ਼ੁਤਰਮੁਰਗ
ਤੋਤਾ
ਮੋਰ
ਪੈਲਿਕਨ
ਪੈਨਗੁਇਨ
ਚਿੜੀ
ਐਸਟੀਓਆਰਕੇ
ਹੰਸ
ਟੂਕਨ

65 - Art

ਚ	ਇ	ਕ	ਧ	ੳ	ਏ	ਰ	ਦ	◌ਾ	ਨ	◌ਾ	ਮ	ਇ	ਕ	ਅ	ਊ
ਟ	ਯ	◌ੰ	ਵ	◌ਾ	ਸ	ਤ	ਵ	ਿ◌	ਕ	ਤ	◌ਾ	ਢ	ਜ	ਰ	ਵ
ਲ	ਇ	ਪ	ਖ	ਣ	ਟ	◌ੱ	ਪ	ਕ	ਵ	ਿ◌	ਤ	◌ਾ	ੜ	ਸ	ਿ◌
ਗ	ਛ	ਲ	ਭ	ਬ	ਡ	ਿ◌	ਯ	◌੍	ਢ	ਊ	ਮ	ਐ	ਚ	ਪ	ਜ
ਵ	ਮ	◌ੈ	ਪ	ਸ	ਭ	ਚ	ਯ	ਉ	ਰ	ਦ	ੜ	ੳ	ਠ	◌੍	◌਼
ਐ	ਆ	ਕ	ਏ	◌ੇ	ਨ	ੜ	ਕ	ਭ	ਰ	◌ੇ	ਧ	ਕ	ਸ	ਰ	◌ੂ
ਖ	ਬ	ਸ	ਜ	ਜ	◌ਂ	ਛ	ਚ	ਹ	ਣ	ਊ	ਰ	ਵ	ਰ	ਗ	ਅ
ਘ	ਊ	ਣ	◌਼	ਅ	ਅ	ਟ	ਈ	ਨ	ਗ	ਉ	ਛ	ਿ◌	ਈ	ਟ	ਲ
ਹ	ਲ	ਕ	ਯ	◌ਾ	ਈ	ਸ	ਿ◌	◌੍	ਆ	ਰ	◌ੁ	◌ਾ	ਤ	◌ਾ	ਆ
ਯ	ਚ	ਛ	ਉ	ਏ	ਿ◌	ਊ	ਥ	◌ੰ	ਐ	ਤ	ਛ	ਰ	ਬ	ਵ	ਮ
ਫ	ਮ	ਚ	ਵ	ੳ	ਣ	ਵ	ਬ	ਿ◌	ਗ	ਵ	ਘ	ਸ	ਲ	◌ੇ	◌ੂ
ਨ	ਏ	ਲ	ਯ	ਖ	ੳ	ਖ	ਥ	ਚ	ਗ	ਹ	ਉ	ਵ	ਨ	ਰ	ਰ
ਛ	ਮ	◌ੂ	ਡ	ਨ	ਿ◌	◌ੱ	ਜ	◌ੀ	ਰ	ਚ	ਨ	◌ਾ	ਈ	ਟ	ਤ
ਆ	ਭ	ਮ	ਛ	ਉ	ਇ	ਵ	ਲ	ਕ	ਆ	ਗ	ਇ	ਉ	ਣ	◌ੁ	◌ੀ
ਇ	ਭ	ਠ	ਅ	ਠ	ਹ	ਹ	ਚ	◌ੁ	ਛ	ਤ	ਕ	ਛ	ਨ	ਆ	ਵ
ਚ	ਅ	ਏ	ਟ	ਠ	ਘ	ਣ	ਡ	ਵ	ਆ	ਰ	ਏ	ਟ	ਲ	ੜ	ਮ

ਵਸਰਗਾਂਵਕ
ਕੰਪਲੈਕਸ
ਰਚਨਾ
ਬਣਾਓ
ਪ੍ਰਗਟਾਵੇ
ਚਿੱਤਰ
ਇਮਾਨਦਾਰ
ਪ੍ਰੇਰਿਤ
ਮੂਡ
ਮੂਲ
ਪੇਂਟਿੰਗ
ਨਿੱਜੀ
ਕਵਿਤਾ
ਮੂਰਤੀ
ਵਿਸ਼ਾ
ਵਾਸਤਵਿਕਤਾ
ਚਿੰਨ੍ਹ
ਵਿਜ਼ੂਅਲ

66 - Nutrition

ਚ	ਯ	ਥ	ਧ	ਦ	ਮ	◌ੰ	ਤ	ਹ	ਿ◌	ਸ	ਤ	ਜ	ਹ	ਸ	ਦ
ਤ	ਲ	ਡ	ਗ	ਸ	ਅ	ਨ	◌ਾ	ਜ	ਪ	ੜ	ਅ	ਰ	ਏ	ਿ◌	ਯ
ਭ	ਮ	ਊ	ਊ	ਕ	ਊ	ਸ	ਵ	◌਼	ਥ	◌ੌ	ਸ	ਹ	ਹ	ਹ	ਥ
ਤ	ਪ	ਢ	ਓ	ਥ	ਯ	ਿ◌	◌ੱ	ਰ	◌ਾ	ਭ	ਸ	ਓ	ਆ	ਤ	ਢ
ੜ	ਪ	ਓ	ਫ	ਧ	ਮ	ਕ	ਣ	◌ੀ	ਬ	ਭ	ਉ	◌਼	ਧ	ੜ	ਭ
ਡ	ਧ	ਠ	◌ੁ	ਨ	ਯ	◌ੌ	◌ੁ	ਲ	ਡ	ਯ	ਏ	ਓ	ਟ	ਈ	ਸ
◌ਾ	ਸ	ਕ	ਅ	ਕ	ਗ	ਟ	ਗ	◌ੋ	ਈ	ਲ	ਸ	ਹ	ਇ	ਿ◌	ਧ
ਈ	◌ੁ	ਐ	ਠ	ਖ	ਫ	ਰ	ਮ	◌ੈ	◌ਂ	ਟ	◌ੇ	ਸ	◌਼	ਨ	ਕ
ਟ	ਆ	ਤ	ਟ	ਇ	ਸ	◌ੁ	ਜ	ਕ	ਆ	ਹ	ਅ	◌ਾ	ਗ	ਆ	ਛ
ਨ	ਦ	ਵ	ਿ◌	ਟ	◌ਾ	ਮ	ਿ◌	ਨ	ਦ	ਥ	ਗ	ਸ	ਸ	ੜ	ਖ
ਕ	◌ਾ	ਰ	ਬ	◌ੋ	ਹ	◌ਾ	ਈ	ਡ	ਰ	◌ੇ	ਟ	ਨ	ਐ	ਮ	ਛ
ਢ	ਓ	ਟ	ਧ	ਈ	ਓ	ਤ	ਜ	ਬ	ਆ	ਜ	ਕ	ਭ	ਛ	ਜ	ਛ
ਇ	ਐ	ਸ	ਨ	ਟ	◌ੀ	ਰ	◌ੋ	◌੍	ਪ	ਸ	ੜ	◌ੌ	ਠ	ਰ	ਣ
ਠ	ਯ	ਵ	ਊ	ਓ	ਈ	ਲ	ਫ	ਬ	ਹ	ਥ	ਠ	ਦ	ੜ	ਅ	ਤ
ਆ	ਦ	ਆ	ਟ	ਮ	ਕ	ਤ	ਜ	ਡ	ਕ	ਇ	ਟ	ਪ	ਵ	◌ਾ	ਵ
ਸ	ਢ	ਪ	ਏ	ਭ	◌ੁ	◌ੱ	ਖ	ਸ	◌ੰ	ਤ	◌ੁ	ਲ	ਿ◌	ਤ	ਦ

ਭੁੱਖ
ਸੰਤੁਲਿਤ
ਕੌੜਾ
ਕੈਲੋਰੀਜ਼
ਕਾਰਬੋਹਾਈਡਰੇਟ
ਅਨਾਜ
ਡਾਈਟ
ਫਰਮੈਂਟੇਸ਼ਨ
ਸੁਆਦ
ਸਿਹਤ
ਸਿਹਤਮੰਦ
ਤੁਰਲ
ਪੌਸ਼ਟਿਕ
ਪ੍ਰੋਟੀਨ
ਗੁਣਵੱਤਾ
ਸਾਸ
ਮਸਾਲੇ
ਟੌਕਸਿਨ
ਵਿਟਾਮਿਨ
ਭਾਰ

67 - Hiking

ਮ	ਅ	ਘ	ਯ	ਵ	ਚ	ਤ	ਮ	ਮ	ਈ	ਜ	◌ਾ	◌਼	ਸ	ਕ	ਨ
ਇ	◌ੱ	ਛ	ਊ	ਅ	ਜ	◌ੰ	ਗ	ਲ	◌ੀ	ਰ	ਚ	ਟ	ਚ	◌ੁ	ਘ
◌ੁ	ਛ	ਛ	ਈ	ਛ	ਵ	ਉ	ਆ	ਠ	ਜ	ਟ	ਟ	ਆ	ਥ	ਦ	ਪ
ਓ	ਪ	ਲ	ਰ	ਣ	ਪ	◌ੱ	ਥ	ਰ	ਆ	ਖ	ਓ	ਵ	ਘ	ਰ	◌ੁ
ਰ	ਵ	ਚ	ਫ	◌ੀ	ਜ	ਕ	ਨ	ਜ	ਥ	ਬ	ਤ	ਅ	ਮ	ਤ	ਤ
◌ੀ	ਤ	ਫ	ਓ	◌ਾ	ਆ	◌ੁ	ਬ	ਲ	ਭ	ਐ	ਢ	ਏ	◌ੁ	ਠ	ਉ
ਐ	ਘ	ਣ	ਐ	ਪ	ਢ	ਿ◌	ਤ	ਪ	ਕ	◌ੈ	◌ਂ	ਪ	ਿ◌	◌ੰ	ਗ
◌ਂ	ਪ	◌ਾ	ਰ	ਕ	ਐ	ਐ	ਤ	ਧ	◌ੱ	ਲ	ਗ	ਟ	ਟ	ਥ	ਏ
ਟ	ਡ	ਘ	ਲ	ਓ	ਬ	ਨ	◌ੁ	ਣ	ਥ	ਢ	◌ਾ	ਮ	◌ੌ	ਸ	ਮ
◌ੇ	ਪ	ਛ	ਤ	ਓ	ਗ	ਣ	ਲ	ਹ	ਉ	ਇ	ਈ	ਚ	ਈ	ਆ	ਉ
ਸ	ਦ	ਯ	ਭ	◌ਾ	ਰ	◌ੀ	ਪ	ਹ	◌ਾ	ੜ	ਡ	ਐ	ਤ	ਮ	ਯ
◌਼	ਛ	ਟ	◌ੂ	ਬ	ਪ	ਬ	ਠ	ਤ	ਡ	ਬ	ਸ	ਥ	ਠ	ਪ	ਇ
ਨ	ਖ	ੜ	ਜ	◌ਾ	ਨ	ਵ	ਰ	ਟ	ਠ	ਆ	ਕ	ਗ	ਠ	◌ੁ	ਜ
ਉ	ਘ	ਊ	ਮ	ਈ	ਵ	ਫ	ਰ	ਧ	ਓ	ਉ	ਭ	ਏ	ਇ	ਛ	ਧ
ਓ	ਐ	ਯ	ਧ	ਖ	ਨ	ਲ	ਮ	◌ੇ	◌ੰ	ਸ	ਦ	ਮ	ਅ	ਕ	ਊ
ਗ	ਣ	ਠ	ਬ	ਐ	◌ੁ	ਇ	ਜ	ਸ	ਖ	ੜ	ਟ	ਓ	ਪ	ਊ	ਪ

ਜਾਨਵਰ
ਬੂਟ
ਕੈਂਪਿੰਗ
ਜਲਵਾਯੂ
ਗਾਈਡ
ਭਾਰੀ
ਨਕਸ਼ਾ
ਮੱਛਰ
ਪਹਾੜ
ਕੁਦਰਤ
ਓਰੀਐਂਟੇਸ਼ਨ
ਪਾਰਕ
ਤਿਆਰੀ
ਪੱਥਰ
ਸੰਮੇਲਨ
ਥੱਕ
ਪਾਣੀ
ਮੌਸਮ
ਜੰਗਲੀ

68 - Professions #1

ਮ	ਭ	ਫ	ਇ	ਢ	ਤ	ਰ	ਜ	ਛ	ੁ	ਦ	ਮ	ਜ	ਨ	ਜ	ਈ
ਨ	ਜ	ਕ	ਾ	ਜ	ਰ	ਬ	ਤ	ਚ	ਕ	ੱ	ਤ	ਸ	ਕ	ਅ	ਚ
ੋ	ਡ	ਝ	ਡ	ਇ	ਡ	ਹ	ਪ	ਣ	ਵ	ਈ	ਹ	ਐ	ਯ	ਵ	ਝ
ਵ	ਜ	ਨ	ਏ	ਠ	ਰ	ਕ	ਾ	ਹ	ੂ	ਾ	ਸ	ਖ	ੳ	ਠ	ਨ
ਿ	ੁ	ਐ	ਜ	ਫ	ਅ	ਫ	ਢ	ਧ	ਭ	ਣ	ਡ	ਡ	ਕ	ਗ	ਰ
ਗ	ਈ	ਝ	ਡ	ਬ	ਟ	ਟ	ਾ	ਕ	ਦ	ਪ	ਾ	ੰ	ਸ	ਚ	ਸ
ਿ	ਯ	ਦ	ਡ	ਡ	ਰ	ਵ	ਾ	ਈ	ਜ	ਤ	ਕ	ਈ	ਵ	ਐ	ਘ
ਆ	ਤ	ਧ	ਵ	ਰ	ਧ	ਡ	ਠ	ਰ	ਟ	ਝ	ਟ	ਘ	ਪ	ਦ	ਬ
ਨ	ਦ	ਘ	ਯ	ਪ	ਬ	ਠ	ਲ	ਟ	ਨ	ਰ	ਰ	ਬ	ੰ	ਲ	ਪ
ੀ	ੂ	ਏ	ਢ	ਸ	ਯ	ਟ	ਫ	ੰ	ਠ	ੀ	ਤ	ਜ	ਈ	ਏ	ਐ
ਅ	ਜ	ਵ	ਕ	ੀ	ਲ	ਮ	ਟ	ਹ	ਭ	ਭ	ਮ	ਲ	ਾ	ਹ	ਤ
ਡ	ਾ	ਂ	ਸ	ਰ	ਕ	ਾ	ਤ	ਗ	ੀ	ੰ	ਸ	ਖ	ਛ	ਆ	ਭ
ੳ	ਰ	ਦ	ਪ	ਥ	ਸ	ਸ	ਪ	ਜ	ਭ	ੳ	ਉ	ਇ	ਗ	ਚ	ਹ
ਟ	ਨ	ਏ	ਸ	ਵ	ਛ	ਸ	ਗ	ਘ	ਦ	ਦ	ਘ	ਹ	ਢ	ੋ	ਘ
ਜ	ਿ	ਊ	ਲ	ਰ	ਫ	ਰ	ਾ	ਗ	੍	ਟ	ੋ	ਰ	ਾ	ਕ	ਲ
ਗ	ਊ	ੁ	ਣ	ਏ	ਣ	ਠ	ਪ	ਿ	ਆ	ਨ	ਿ	ਸ	ਟ	ੁ	ਪ

ਰਾਜਦੂਤ
ਖਗੋਲ
ਅਟਾਰਨੀ
ਸਾਹੂਕਾਰ
ਕਾਰਟੋਗ੍ਰਾਫਰ
ਕੋਚ
ਡਾਂਸਰ
ਡਾਕਟਰ
ਸੰਪਾਦਕ
ਫਾਇਰਫਾਈਟਰ

ਹੱਟਰ
ਜਿਊਲਰ
ਵਕੀਲ
ਸੰਗੀਤਕਾਰ
ਨਰਸ
ਪਿਆਨਿਸਟ
ਪਲੰਬਰ
ਮਨੋਵਿਗਿਆਨੀ
ਮਲਾਹ
ਤਚਕੱਤਸਕ

69 - Barbecues

ਚ	ਿ	ਕ	ਨ	ਭ	ਭ	ਖ	ਮ	ਭ	ਚ	ਜ	ਜ	ਸ	ੇ	ੌ	ਸ
ਰ	ਣ	ੂ	ਲ	ਫ	ਐ	ਵ	ਠ	ਜ	ਸ	ਇ	਼	ਰ	ੱ	ਮ	ਰ
ਿ	ਨ	ਾ	ਏ	ਲ	ਢ	ਕ	ਰ	ਯ	ਂ	ਤ	ਆ	ਰ	ਢ	ਦ	ਟ
ਮ	ਦ	ਚ	ਠ	ਠ	ਥ	ਓ	ਵ	ਕ	ਗ	ਗ	ਿ	ਵ	ਚ	ਪ	ਾ
ਥ	ਭ	ੇ	ਘ	ਯ	ਸ	ਲ	ਾ	ਦ	ੀ	ਖ	ਪ	ਸ	ਛ	ਥ	ਮ
ਗ	ਓ	ੱ	ਦ	ਹ	ਧ	ਫ	ਿ	ਝ	ਤ	ਭ	ਭ	ੋ	ਜ	ਨ	ਟ
ਫ	ਊ	ਬ	ਮ	ਆ	ਆ	ਣ	ਰ	ਜ	ਅ	ਥ	ਠ	ਇ	ਘ	ੁ	ਤ
ਐ	ਕ	ਥ	ਝ	ਟ	ਫ	ਘ	ਪ	ਈ	਼	ਲ	ਛ	ਦ	ਉ	ਸ	ਛ
ਣ	ਆ	ਣ	ਰ	ਭ	ਸ	ਤ	ੁ	ਚ	ਥ	ਾ	ਨ	ੋ	ਤ	ਲ	ਕ
ਫ	ਰ	ਰ	ਥ	ਅ	ੁ	ਡ	ਬ	ਸ	ਗ	ਸ	ਾ	ਸ	ਢ	ਅ	ਪ
ਵ	ਕ	ੁ	ਫ	ਆ	ਰ	ੱ	ਥ	ਠ	ਨ	ਕ	ਤ	ਤ	ਚ	ਏ	ੁ
ਨ	ਸ	ਕ	ਡ	ਚ	ਘ	ਸ	ਖ	ਪ	ਟ	ਕ	ਉ	ਹ	ਦ	ਲ	ਦ
ਉ	ਬ	ਭ	ਹ	ਗ	ਘ	ਓ	ਕ	ਟ	ਕ	ਐ	ਭ	ਸ	ਛ	ਝ	ਘ
ਫ	ਜ	ਦ	ਉ	ਊ	ਲ	ਗ	ਬ	ਏ	ਠ	ਵ	ਮ	ਐ	ਟ	ਐ	ਭ
ਠ	਼	ਤ	ਗ	ਰ	ਮ	ੀ	ਛ	ਝ	ਗ	ਣ	ਤ	ੁ	ਦ	ਠ	ੁ
ਯ	ੀ	ਕ	ਬ	ਮ	ਯ	ਝ	ਉ	ਉ	ਥ	ਖ	ਤ	ਜ	ਐ	ਖ	ਈ

ਚਿਕਨ
ਬੱਚੇ
ਪਰਿਵਾਰ
ਭੋਜਨ
ਦੋਸਤ
ਫਲ
ਤਾਜ਼ਾ
ਭੁੱਖ
ਸੋਦਾ
ਚਾਕੂ

ਸੰਗੀਤ
ਪਿਆਜ਼
ਮਿਰਚ
ਸਲਾਦ
ਲੂਣ
ਸਾਸ
ਸੌਸੇਜ
ਗਰਮੀ
ਟਮਾਟਰ
ਸਬਜ਼ੀ

70 - Chocolate

ਤ	ਹ	ਖ	ਲ	ਪ	ਸ	ਵ	ਿ	ਦ	ੇ	ਸ	਼	ੀ	ਈ	ਊ	ਫ
ਬ	ਬ	ੰ	ਭ	ਾ	ਕ	ੀ	ਸ	ਆ	ਲ	ੀ	ਫ	ਗ	ੰ	ੂ	ਮ
ਆ	ਅ	ਡ	ਖ	ਊ	ਦ	ਊ	ਏ	ੁ	ਅ	ਵ	ਦ	ਭ	ੜ	ਸ	ਣ
ਛ	ਭ	ਤ	ਦ	ਡ	ਤ	ਏ	ਪ	ਸ	ਰ	ਊ	ਬ	ਪ	ਵ	ੁ	ਬ
ੁ	ਕ	ਾ	ਕ	ਰ	ਢ	ਡ	ਣ	ਘ	ੀ	ਟ	ਧ	ਐ	ਬ	ਆ	ਅ
ਸ	ਾ	ਵ	ਘ	ਾ	ਫ	ਕ	ੌ	ੜ	ਾ	ਏ	ਨ	ਂ	ਕ	ਦ	ਢ
ਛ	ਰ	ੱ	ਿ	ੁ	ਰ	ਮ	ਮ	ਦ	ਨ	ਅ	ਓ	ਟ	ੈ	ੀ	ਅ
ਈ	ਾ	ਣ	ਅ	ਅ	ਥ	ੀ	ਭ	ਥ	ਘ	ਆ	ਲ	ੀ	ਂ	ੁ	ਕ
ਯ	ਮ	ੁ	ਠ	ਉ	ੰ	ਤ	ਗ	ਥ	ਓ	ਓ	ਗ	ਆ	ਡ	ਜ	ਧ
ਖ	ਲ	ਗ	ਤ	ਡ	ਆ	ਜ	ਈ	ਰ	ਨ	ਇ	ਓ	ਕ	ੀ	ਯ	ਹ
ਸ	ਮ	ੱ	ਗ	ਰ	ੀ	ਛ	ਨ	ਯ	ੁ	ਭ	ਰ	ਸ	ਚ	ਤ	ਘ
ਰ	ਉ	ਇ	ਲ	ਨ	ਵ	ਲ	ਹ	ਈ	ਡ	ਗ	ਣ	ੀ	ਜ	ਹ	ਠ
ਢ	ਬ	ਘ	ਖ	ਅ	ਫ	ਜ	ਵ	ਗ	ਜ	ਪ	ਸ	ਡ	ਐ	ਹ	ਪ
ਕ	ੈ	ਲ	ੋ	ਰ	ੀ	ਜ	਼	ਜ	ਣ	ਬ	ਸ	ੈ	ਪ	ਉ	ਆ
ਗ	ਹ	ਲ	ਛ	ਕ	ਉ	ਖ	ਏ	ਵ	ਏ	ਦ	ਧ	ਂ	ਮ	ਡ	ਨ
ਮ	ਿ	ੱ	ਠ	ਾ	ਢ	ਊ	ਮ	ੁ	ਇ	ਮ	ਇ	ਟ	ਵ	ਐ	ਲ

ਐਂਟੀਆਕਸੀਡੈਂਟ
ਕਾਰੀਗਰ
ਕੌੜਾ
ਸੀਏਸੀਏਓ
ਕੈਲੋਰੀਜ਼
ਕੈਂਡੀ
ਕਾਰਾਮਲ
ਨਾਰੀਅਲ
ਸੁਆਦੀ
ਵਿਦੇਸ਼ੀ
ਸਮੱਗਰੀ
ਮੂੰਗਫਲੀ
ਪਾਊਡਰ
ਗੁਣਵੱਤਾ
ਵਿਅੰਜਨ
ਖੰਡ
ਮਿੱਠਾ
ਸੁਆਦ

71 - Vegetables

ਨ	ੳ	ਲ	ਰ	ਠ	ਊ	ਰ	ਗ	ਮ	ਛ	ਯ	ਯ	◌ੁ	ਹ	ਕ	ਟ
ਭ	ਲ	ਵ	ਠ	ਣ	ਬ	ਉ	ਪ	ਐ	ਅ	ਊ	ਖ	ਪ	ਡ	ਗ	ਡ
◌ੰ	ਣ	ਗ	◌ਂ	◌ੈ	ਬ	ਨ	ਇ	ਆ	ੜ	ਘ	ਐ	ਧ	◌ੀ	ਉ	ਜ
◌ੁ	ਲ	ੜ	ਟ	ੜ	ਰ	ਜ	◌ਾ	ਗ	ਪ	ਏ	ਤ	ਬ	ਐ	ਈ	ਐ
ਖ	◌ੀ	ਰ	◌ਾ	ਕ	◌ੌ	ਘ	ੜ	ਵ	ਅ	ਜ	ਵ	◌ਾ	ਇ	ਨ	ਏ
ਪ	◌ਾ	ਲ	ਕ	◌ੱ	ਕ	ਰ	ਦ	ਅ	ਫ	ਆ	ਜ	ਚ	ਰ	ਤ	ਈ
ਛ	ਲ	ਡ	ੳ	ਦ	ਲ	◌ੀ	◌ੂ	ਮ	◌ੁ	ਿ◌	ਤ	ਭ	ਕ	◌ੂ	ਲ
ਇ	ੳ	ਟ	ਸ	◌ੂ	◌ੀ	ਟ	ਕ	ਲ	◌ੱ	ਪ	ਛ	ਹ	ਟ	◌ੈ	ਅ
ਨ	ਉ	ਣ	ਕ	ਵ	ਪ	ਮ	ਖ	ਸ	ਲ	ਬ	ਖ	ਆ	ਆ	ਜ	ਪ
ਪ	◌ਾ	ਰ	ਸ	ਲ	◌ੇ	ਘ	ਚ	ਣ	ਗ	ਰ	ਬ	ਵ	ਮ	ਦ	ਤ
ਸ	ਲ	◌ਾ	ਦ	ਤ	ਤ	ਜ	ਕ	ਚ	◌ੋ	ਟ	ਿ◌	◌ਂ	ਆ	ਗ	ਈ
ਛ	ਰ	ਨ	ਈ	ੳ	ਢ	ਊ	ਜ	ਠ	ਭ	◌ਾ	ਰ	ਫ	ਢ	ਏ	ਰ
ਫ	ਈ	ਫ	ਖ	ਅ	ਗ	ਟ	ਠ	ਥ	◌ੀ	ਮ	ਗ	ਲ	◌਼	ਸ	ਊ
ਲ	ਠ	ਖ	ੳ	ਐ	ਪ	ਤ	ਚ	ਬ	ਟ	ਟ	ਫ	ਆ	ਖ	ਊ	ਈ
ਬ	ਸ	ਮ	ਨ	ਉ	ਐ	ਦ	ੜ	◌ੁ	ਸ	ਸ	ਖ	ਫ	ਠ	ਐ	ਛ
ਐ	ਫ	ੜ	ਨ	ਆ	ਤ	ਢ	ਜ	ਉ	ਈ	ਕ	ਜ	ਫ	ਥ	ਨ	ਪ

ਆਂਟਚੋਕ
ਬਰੌਕਲੀ
ਗਾਜਰ
ਫੁੱਲਗੋਭੀ
ਅਜਵਾਇਨ
ਖੀਰਾ
ਬੈਂਗਣ
ਲਸਣ
ਅਦਰਕ
ਖੁੰਭ
ਜੈਤੂਨ
ਪਿਆਜ
ਪਾਰਸਲੇ
ਪੀ.ਈ.ਏ
ਕੱਦੂ
ਮੂਲੀ
ਸਲਾਦ
ਪਾਲਕ
ਟਮਾਟਰ
ਸ਼ਲਗਮ

72 - The Media

ਆ	ਦ	ਇ	ਅ	ਤ	ਐ	ਯ	ਪ	ਤ	ਇ	ਟ	ਠ	ਰ	ਲ	ਏ	ਮ
ਗ	ਰ	ਮ	ਖ	ਬ	ਛ	ਕ	ਇ	ਢ	ਊ	ਘ	ਉ	ਉ	ਸ	ਦ	◌ੁ
ਧ	ਏ	◌ਾ	ਥ	ਥ	ਟ	ਰ	ਅ	ਲ	ਨ	ਜ	ਘ	ਲ	◌ੰ	ੜ	ਥ
ਪ	ਲ	ਲ	ਏ	ਈ	◌ੱ	ਵ	ਰ	ਦ	ਤ	ਕ	ਅ	ਪ	ਚ	◌ੁ	ਠ
ਅ	ਉ	ਉ	ਈ	ਣ	ਸ	ਟ	ਧ	ਛ	ਏ	ਨ	ਲ	ਯ	◌ਾ	ਠ	ਏ
ਵ	ਪ	◌ਾ	ਰ	ਕ	ਥ	◌ੱ	ਤ	ਏ	ਵ	ਦ	ਣ	ਇ	ਰ	ੜ	ਜ
ਬ	◌ੌ	ਧ	◌ਿ	ਕ	◌ਾ	◌ੈ	ਟ	◌ੈ	ਲ	◌ੀ	ਵ	◌ਿ	ਜ	◌਼	ਨ
ਧ	ਵ	ਪ	ਗ	ਟ	ਨ	ਨ	ਥ	ਧ	ਡ	ਸ	ਉ	ਉ	ਹ	ਚ	ਓ
ਇ	ਨ	ਆ	ਐ	ਉ	ਕ	ਫ	ਅ	◌ੁ	ਭ	ਐ	ਓ	ਪ	ਗ	ਨ	ਬ
ਬ	ਸ	ਖ	ਸ	ਣ	ਕ	ਘ	ਢ	ਚ	◌ਿ	◌ੱ	ਤ	ਰ	ਸ	ਮ	ਉ
ਅ	◌਼	◌਼	ਇ	ਛ	ਥ	ਰ	ਕ	ਣ	ਲ	ਇ	ਦ	ਈ	ਚ	ਸ	ਦ
ਯ	◌ੀ	ਛ	ਤ	ਥ	ਵ	ਅ	◌ੇ	ਚ	ਟ	◌ੋ	◌ੋ	ਫ	ਓ	◌ਿ	ਯ
ਘ	ਡ	ਛ	ਥ	◌ਿ	ਸ	ਐ	ਕ	ਡ	ਜ	ਬ	ਹ	ਬ	ਰ	◌ੱ	◌ੋ
ਕ	ਐ	ਫ	ਥ	ਤ	ਹ	ਤ	ਗ	ਤ	◌ੀ	ਕ	ਅ	◌ਿ	ਵ	ਖ	ਗ
ਖ	ਘ	ਮ	ੜ	ਵ	ਹ	◌ਾ	ਢ	◌ੁ	◌ਿ	ਓ	ਲ	ਖ	ਮ	◌ਿ	ਇ
ਠ	ਟ	ਮ	ਤ	ਲ	ਣ	ਫ	ਰ	ਆ	ਡ	ਐ	ਆ	ਈ	ਬ	ਆ	ਅ

ਇਸ਼ਤਿਹਾਰ
ਰਵੱਈਏ
ਵਪਾਰਕ
ਸੰਚਾਰ
ਡਿਜੀਟਲ
ਐਡੀਸ਼ਨ
ਸਿੱਖਿਆ
ਤੱਥ
ਚਿੱਤਰ

ਵਿਅਕਤੀਗਤ
ਉਦਯੋਗ
ਬੌਧਿਕ
ਸਥਾਨਕ
ਨੈੱਟਵਰਕ
ਰਾਏ
ਫੋਟੋ
ਰੇਡੀਓ
ਟੈਲੀਵਿਜ਼ਨ

73 - Boats

ਵ	ਤ	ਥ	ਐ	ਠ	ਡ	ਉ	ਇ	ਈ	ਨ	ਣ	ਕ	◌ੋ	ਡ	ਨ	ਮ
ਮ	ਓ	ਐ	ਡ	◌ੀ	ਲ	◌ੇ	ਡ	◌ੰ	ਟ	ਹ	◌ਾ	ਲ	ਮ	◌ੋ	ਟ
ਕ	ਡ	ਲ	ਉ	ਟ	ਏ	ਓ	ਚ	ਅ	ਜ	ਝ	ਯ	ਘ	ਐ	ਟ	ਣ
ਧ	ਕ	ਟ	ਯ	ਰ	ਏ	ਏ	ਡ	◌ੁ	ਯ	ਣ	◌ੇ	ਤ	ਛ	ਿ◌	ਕ
ਸ	ਕ	ਣ	ਖ	ਠ	ਰ	ਦ	◌ੰ	◌ੁ	ਮ	ਸ	ਕ	ਕ	ਇ	ਕ	ਠ
ਭ	◌ੈ	ਢ	ਏ	ਰ	ਗ	◌ੰ	ਲ	ਫ	ਕ	ਤ	ਮ	ਠ	ਸ	ਲ	ਡ
ਪ	ਨ	ਭ	ਪ	ਚ	◌ਾ	ਯ	ਬ	ਫ	ਭ	ਰ	ਨ	ਊ	ਠ	ਣ	ਗ
ਧ	◌ੌ	ਚ	ਮ	ਧ	ਸ	ਫ	ਟ	ਊ	ਜ	ਇ	◌ੂ	◌ੁ	ਲ	ਊ	ਉ
ਫ	ਸ	ਪ	ਘ	ਉ	ਸ	ਖ	ਟ	ਬ	◌ੋ	ਲ	◌ੈ	ਸ	◌ਾ	ਕ	ਣ
ਢ	ਝ	ਇ	ਐ	ਹ	ਊ	ਣ	ਸ	◌ੀ	◌ੱ	ਰ	ਣ	ਥ	ਈ	◌ੁ	ਫ
ਈ	◌ੀ	ਕ	ਮ	ਮ	ਵ	◌ੁ	◌ਾ	ਦ	ਹ	ਗ	ਅ	ਭ	ਫ	ਓ	ਨ
ਭ	ਲ	ਈ	ਝ	ਦ	ਢ	ਝ	ਮ	ਨ	◌ੁ	ਊ	ਰ	ਟ	ਬ	ਛ	ਐ
ਸ	ਆ	ਚ	ਵ	ਏ	ਆ	ਈ	ਘ	ਲ	ਲ	ਣ	ਉ	ਥ	◌ੋ	ਯ	ਓ
ਖ	ਹ	ਆ	ਇ	ਖ	ਜ	ਧ	ਓ	ਟ	ਪ	ਦ	ਟ	ਨ	ਟ	ਫ	ਟ
ਚ	ਏ	ਵ	ਮ	ਡ	ਆ	ਨ	ਚ	ਝ	ਤ	ਝ	ਵ	ਕ	ਣ	ਢ	ਮ
ਭ	ਝ	ਖ	ਸ	ਣ	ਐ	ਢ	ਜ	ਦ	ਦ	ਗ	ਅ	ਆ	ਬ	ਣ	ਨ

ਲੰਗਰ
ਐਡੀਲੇਡ
ਕੈਨੋ
ਕ੍ਰੂ
ਡੌਕ
ਇੰਜਣ
ਕਾਯੇਕ
ਝੀਲ
ਲਾਈਫਬੋਟ
ਮਾਸਟ
ਨੌਟਿਕਲ
ਸਮੁੰਦਰ
ਰਾਫਟ
ਨਦੀ
ਰੱਸੀ
ਸੈਲਬੋਟ
ਮਲਾਹ
ਸਾਗਰ
ਯਾਚ

74 - Activities and Leisure

ਢ	ਬ	ਬ	ਫ	ਏ	ਵ	ਰ	ਇ	ਉ	ਰ	ਉ	ਹ	ਏ	ਵ	ਪ	ਮ
ਉ	ਢ	ਨ	ਗ	ਗ	ਜ	ਨ	◌ੀ	ਬ	◌ਾ	ਗ	◌ਾ	ਬ	◌ਾ	◌ੇ	◌ੁ
ਆ	ਰ	◌ਾ	ਮ	ਦ	◌ਾ	ਇ	ਕ	ਮ	ਉ	◌ੋ	ਈ	ਠ	ਲ	◌ਂ	◌ੱ
ਫ	ਡ	ਊ	ਖ	ਏ	ਟ	ਊ	◌ੌ	ਈ	ਣ	ਤ	ਕ	◌ੁ	◌ੀ	ਟ	ਕ
ਣ	ੜ	ਜ	◌ੁ	ਊ	ਫ	ਊ	◌਼	◌ੁ	ਈ	◌ਾ	ਿ◌	ਓ	ਬ	ਿ◌	◌ੇ
ਊ	ਯ	ਨ	◌ੁ	ਛ	ਗ	ਗ	ਸ	ਢ	◌ੁ	ਖ	◌ੰ	◌ੁ	◌ਾ	◌ੰ	ਬ
ਗ	ਪ	ਗ	ਛ	ਗ	ਪ	ਛ	ਨ	ਬ	ਟ	◌ੋ	ਗ	◌ੁ	ਲ	ਗ	◌ਾ
ਆ	ਈ	ਫ	ਨ	ਤ	ਿ◌	ਸ	ੜ	ਮ	ਨ	ਰ	ਕ	◌ੌ	ਸ	ਡ	ਜ
ਬ	ਠ	ਅ	ਖ	ਗ	◌ੰ	ਰ	ਤ	ਯ	ਅ	◌ੀ	◌ੀ	ਤ	ਨ	ਯ	◌਼
ਵ	◌ਾ	ਹ	◌ੁ	◌ੋ	◌ਂ	ਉ	ਹ	ਬ	ਗ	ਘ	ਰ	ਡ	ਿ◌	ਕ	◌ੀ
ਬ	ਹ	ਸ	ਤ	ਲ	◌ੈ	ਹ	ਅ	ਫ	ਮ	ਅ	◌ਾ	ਈ	◌ੈ	ਲ	ਈ
ਐ	◌ੇ	ਅ	ਕ	ਫ	ਕ	ਅ	ਰ	ਖ	ਟ	ਟ	◌ੈ	ਭ	ਟ	◌ਾ	ਗ
ਟ	ਈ	ਸ	ਉ	ਟ	◌ੁ	ਲ	ਣ	ਚ	ਆ	ਐ	ਤ	ਗ	ਅ	ਇ	ਆ
ਸ	ਈ	ਚ	ਬ	ਉ	ਬ	ਭ	ਵ	ਜ	ਪ	ਬ	ਐ	ਠ	ਨ	ਅ	ਊ
ਢ	ਗ	ਪ	ਰ	◌ਾ	ਤ	◌ਾ	ਯ	ਊ	ਨ	ਭ	ਚ	ਮ	ਬ	ਜ	ਊ
ਈ	ਠ	ਈ	ਨ	ਜ	ਲ	ਟ	ਲ	ਖ	ਰ	◌ੀ	ਦ	ਦ	◌ਾ	ਰ	◌ੀ

ਕਲਾ
ਬੇਸਬਾਲ
ਬਾਸਕਟਬਾਲ
ਮੁੱਕੇਬਾਜ਼ੀ
ਕੈਂਪਿੰਗ
ਗੋਤਾਖੋਰੀ
ਫੜਨ
ਬਾਗਬਾਨੀ
ਗੋਲਫ
ਹਾਈਕਿੰਗ
ਸ਼ੌਂਕ
ਪੇਂਟਿੰਗ
ਆਰਾਮਦਾਇਕ
ਖ਼ਰੀਦਦਾਰੀ
ਸੌਕਰ
ਤੁਰੰਗ
ਤੈਰਾਕੀ
ਟੈਨਿਸ
ਯਾਤਰਾ
ਵਾਲੀਬਾਲ

75 - Driving

ਮ	◌ੋ	ਟ	ਰ	◌ਾ	ਤ	◌਼	ਖ	ਡ	ਸ	ਮ	ਟ	ਚ	ਕ	ਮ	ਚ
ਖ	ਡ	ਠ	ਦ	ਨ	ਣ	ਅ	ਜ	ਰ	◌ੇ	◌ੈ	ਗ	ਸ	◌ਾ	◌ੋ	ਭ
ਆ	ੜ	ਆ	ਵ	◌ਾ	ਜ	◌ਾ	ਈ	◌ਾ	◌਼	ਸ	ਕ	ਨ	ਰ	ਟ	ਆ
ਯ	ਯ	ਏ	ਊ	◌ੁ	ਨ	ਧ	◌ਂ	ਈ	ਖ	◌ੈ	ਓ	ਜ	ਰ	ਰ	ਥ
ਕ	ਯ	ਐ	ਪ	ਗ	ਅ	ਚ	ਊ	ਵ	ਮ	ਗ	ਫ	ਐ	ਖ	ਸ	ਡ
ਐ	ਟ	ਅ	ਚ	ਚ	ਲ	ਨ	ਟ	ਰ	ਠ	ਥ	ਆ	ਵ	ਆ	◌ਾ	ਬ
ਓ	ਚ	ਇ	ਆ	ਡ	ਅ	◌ੀ	ਤ	ਗ	ਲ	ਯ	ਭ	ਨ	ਜ	ਈ	ਡ
ਫ	◌ੁ	ਵ	ਏ	ਈ	ਚ	ਬ	ਸ	ਉ	ੜ	ਧ	ਫ	ਯ	ਫ	ਕ	ਨ
ਚ	ਪ	ਆ	ਉ	ਓ	ਤ	◌੍	ਲ	ਢ	ਚ	ਰ	ਏ	ਕ	ਸ	ਲ	ਜ
ਏ	ਪ	ਡ	ਯ	ਵ	ਈ	ਰ	ਦ	◌ੁ	ਰ	ਘ	ਟ	ਨ	◌ਾ	ਚ	ਈ
ਊ	ਪ	ਆ	ਡ	ਘ	ਐ	◌ੇ	◌ੈ	ਫ	ਆ	ਟ	ਨ	ਓ	ਕ	ਘ	ਗ
ਲ	◌ਾ	ਇ	ਸ	◌ੰ	ਸ	ਕ	ਪ	ਦ	ਪ	ਜ	ਰ	ਊ	ਚ	ਢ	ਹ
ਸ	◌ੁ	ਰ	◌ੱ	ਖ	ਿ◌	ਆ	ਕ	◌ੁ	ਈ	ਖ	ਘ	◌ੱ	ਚ	ਅ	ਡ
ਭ	ਢ	ਗ	ਵ	ਲ	ਰ	ਘ	ਦ	ਐ	ਲ	ਕ	ਦ	ਸ	ਕ	ਯ	ਅ
ਸ	ਘ	ਛ	ਐ	ਬ	ਦ	ਬ	ਐ	ਉ	ਭ	ਿ◌	ਠ	ਣ	ਏ	ਹ	ਡ
ਊ	ਚ	ਪ	ਵ	ਯ	ਜ	ਗ	ਗ	ਏ	ਘ	ਉ	ਸ	ਖ	ਕ	ਪ	ਜ

ਦੁਰਘਟਨਾ
ਬ੍ਰੇਕ
ਕਾਰ
ਖ਼ਤਰਾ
ਡਰਾਈਵਰ
ਈਂਧਨ
ਗੈਰੇਜ
ਗੈਸ
ਲਾਇਸੰਸ
ਨਕਸ਼ਾ

ਮੋਟਰ
ਮੋਟਰਸਾਈਕਲ
ਪੈਦਲ
ਪੁਲਿਸ
ਸੁਰੱਖਿਆ
ਗਤੀ
ਗਲੀ
ਆਵਾਜਾਈ
ਟਰੱਕ
ਟਨਲ

76 - Biology

ਪ	ਸ	ਕ	◌ਾ	◌ਿ	ਵ	ਆ	ਰ	◌ੀ	ਟ	◌ੀ	ਕ	◌ੈ	ਬ	ਧ	ਈ
◌੍	ਫ	◌ਿ	ਣ	ਜ	ਬ	ਖ	◌ੋ	ਅ	ਪ	◌ੌ	ਦ	◌ੇ	ਵ	ਸ	ਉ
ਰ	ਮ	ਓ	◌ੰ	ਖ	ਏ	◌ੁ	ਗ	ਛ	ਘ	ਸ	ਸ	◌ੁ	ਏ	◌ੈ	ਫ
◌ੋ	ਵ	ਛ	ਭ	ਬ	ਓ	ਓ	◌ਾ	ਅ	ਘ	◌ੱ	ਚ	ਇ	ਤ	◌ੱ	◌ੁ
ਟ	ਐ	◌ਿ	ਨ	ਫ	◌ੀ	ਢ	ਣ	ਮ	ਏ	ਪ	ਪ	ਅ	ਐ	ਲ	◌ੁ
◌ੀ	ਰ	ਯ	ਵ	ਤ	ਨ	ਓ	◌ੂ	ਕ	◌ੁ	ਦ	ਰ	ਤ	◌ੀ	ਮ	ਣ
ਨ	ਲ	◌ੁ	ਜ	ਗ	ਟ	ਮ	ਸ	◌ੋ	ਮ	◌ੋ	ਰ	◌ੋ	◌੍	ਕ	ਅ
ਜ	ਵ	◌ੁ	ਉ	ਛ	ਆ	ਭ	ੜ	◌ਿ	ਥ	ਣ	ਧ	◌ਾ	ਰ	◌ੀ	ਜ
ਲ	ਮ	ਈ	◌ਾ	◌਼	ਜ	ਨ	ਐ	ਸ	ਸ	ਸ	◌ਿ	◌ੋ	ਮ	ਸ	ਓ
◌ੇ	ਠ	ਟ	ਆ	ਰ	ਮ	ਰ	ਖ	◌ਿ	ਮ	ਥ	ਆ	ਊ	ਢ	ਕ	ਧ
◌ੋ	◌ੁ	◌ੁ	ਬ	ਚ	ਨ	◌ੋ	ਗ	ਨ	ਧ	ਈ	ਸ	ਤ	ਹ	ਥ	ਗ
ਕ	ਰ	ਉ	ਏ	ਥ	ਣ	ਊ	ਆ	◌ੈ	ਘ	ਜ	ਜ	ਘ	◌ਾ	ਈ	ਹ
ਕ	ਪ	ੜ	ਭ	ਉ	ਦ	◌ਿ	ਫ	ਪ	ਭ	ਮ	ਮ	ਏ	ਰ	ਲ	ਇ
ਪ	ਜ	ਇ	ਤ	ਜ	ਵ	ਨ	ਭ	ਸ	ਓ	ਰ	ਖ	ਊ	ਮ	◌ੁ	ਮ
ਪ	ਰ	◌ਿ	ਵ	ਰ	ਤ	ਨ	ਅ	ਐ	ਟ	ਏ	◌ੂ	ਵ	◌ੋ	◌ੁ	ਲ
ਇ	ਆ	ਐ	ਚ	ਗ	ਏ	ਰ	ਯ	ਧ	ਡ	ਚ	ਤ	ਣ	ਨ	ਲ	ਤ

ਵਿਵਗਆਨ
ਬੈਕਟੀਰੀਆ
ਸੈੱਲ
ਕ੍ਰੋਮੋਸੋਮ
ਕੌਲੇਜਨ
ਭਰੂਣ
ਐਨਜ਼ਾਈਮ
ਵਿਕਾਸ
ਹਾਰਮੋਨ
ਥਣਧਾਰੀ
ਪਰਿਵਰਤਨ
ਕੁਦਰਤੀ
ਨਿਊਰੋਨ
ਓਸਮੋਸਿਸ
ਰੋਗਾਣੂ
ਪੌਦੇ
ਪ੍ਰੋਟੀਨ
ਸੱਪ
ਸਿੰਬੀਓਸਿਸ
ਸਿਨੈਪਸ

77 - Professions #2

ਦ	◌ਾ	ਰ	ਸ	◌਼	ਨ	ਿ◌	ਕ	ਆ	ਡ	ਠ	ਯ	ਐ	ਉ	ਸ	ਫ
ਜ	◌਼	◌ੂ	ਲ	◌ੋ	ਗ	ਿ◌	ਸ	ਟ	ੜ	ਊ	ਡ	ਆ	ਠ	ਢ	◌ੋ
ਭ	◌ਾ	ਸ	◌਼	◌ਾ	ਵ	ਿ◌	ਗ	ਿ◌	ਆ	ਨ	◌ੀ	ਆ	ੜ	ਫ	ਟ
ਉ	ਦ	ਏ	ਜ	◌ੀ	ਵ	ਪ	ਯ	ਨ	ਬ	◌ਾ	ਗ	◌ਾ	ਬ	ੜ	◌ੋ
ਕ	ਠ	ਯ	ਤ	ਏ	ਟ	ਚ	ਡ	ਸ	ਜ	◌ੋ	ਖ	ਉ	ਹ	ਹ	ਗ
ਰ	ਦ	ਪ	◌ੁ	ਲ	◌ਾ	ੜ	ਯ	◌ਾ	ਤ	ਰ	◌ੀ	ੳ	ਤ	ਡ	◌੍
ਨ	ਅ	ਸ	◌਼	◌ੀ	ਜ	◌਼	◌ੀ	ਿ◌	ਫ	ਚ	ਸ	ੜ	ਬ	◌ੁ	ਰ
ਇ	ਡ	ੜ	ਛ	ਧ	ਅ	ਦ	ਰ	ਕ	◌ਾ	ਰ	ਤ	◌ੱ	ਿ◌	ਚ	◌ਾ
ਲ	◌ਾ	ਇ	ਬ	◌੍	ਰ	◌ੇ	ਰ	◌ੀ	ਅ	ਨ	ਇ	ਖ	ਖ	ਡ	ਫ
ਪ	ਠ	ੜ	ਣ	ਉ	ਡ	ਇ	ਕ	ਕ	ਬ	ਢ	ਤ	ਰ	ਟ	ਿ◌	ਰ
ਟ	◌ੱ	ਅ	◌ੁ	ਊ	ਤ	ਡ	◌ਾ	ਅ	ਦ	ਨ	ਮ	ਭ	ਸ	ਟ	ਯ
ਅ	ਢ	ਤ	ਥ	ਠ	ਇ	◌ਂ	ਜ	◌ੀ	ਨ	◌ੀ	ਅ	ਰ	ਪ	◌ੈ	ਵ
ਗ	ਟ	ਕ	ਰ	ਦ	ਸ	ਗ	◌ੋ	ਡ	◌ਾ	ਕ	ਟ	ਰ	◌ਾ	ਕ	ਮ
ਅ	ਤ	ਢ	ਖ	ਕ	ਛ	ਬ	ਖ	ਉ	ਈ	ਪ	ਥ	ਯ	ਇ	ਟ	ਹ
ਘ	ਪ	ਗ	ਐ	ਛ	◌ਾ	ਅ	ਧ	ਿ◌	ਆ	ਪ	ਕ	ਗ	ਲ	ਿ◌	ਭ
ਟ	ਡ	ਵ	ਇ	ਭ	ਚ	ਰ	ਣ	ਉ	◌ੁ	ਦ	ਜ	ਵ	ਟ	ਵ	ਣ

ਪੁਲਾੜ ਯਾਤਰੀ
ਜੀਵ
ਡਾਕਟਰ
ਡਿਟੈਕਟਿਵ
ਇੰਜੀਨੀਅਰ
ਕਿਸਾਨ
ਬਾਗਬਾਨ
ਖੋਜ
ਪੱਤਰਕਾਰ
ਲਾਇਬ੍ਰੇਰੀਅਨ
ਭਾਸ਼ਾ ਵਿਗਿਆਨੀ
ਚਿੱਤਰਕਾਰ
ਦਾਰਸ਼ਨਿਕ
ਫੋਟੋਗ੍ਰਾਫਰ
ਫਿਜ਼ੀਸ਼ੀਅਨ
ਪਾਇਲਟ
ਖੋਜਕਾਰ
ਸਰਜਨ
ਅਧਿਆਪਕ
ਜ਼ੂਲੋਗਿਸਟ

78 - Mythology

ਐ	ਲ	ਬ	ਤ	ਭ	ਧ	ਰ	ਯ	ਅ	ਐ	ਐ	ਸ	ਯ	ੋ	ਧ	ੇ
ਯ	ਾ	ਦ	ਥ	ਬ	ਣ	ਭ	ਡ	ਲ	ਈ	ਉ	ਿ	ਐ	ਡ	ਮ	ਓ
ਚ	ਈ	ਲ	ਗ	ਘ	ਾ	ਥ	ੜ	ਊ	ਹ	ਉ	ਰ	ਮ	ਅ	ਉ	ਦ
ਖ	ਟ	ਾ	ਦ	ਇ	ਢ	ਹ	ਢ	ੜ	ੀ	ਘ	ਜ	ਯ	ਥ	ਦ	ਜ
ਫ	ਨ	ਕ	ਅ	ਟ	ਢ	ਪ	ੀ	ਵ	ਰ	ਬ	ਣ	ਫ	ਟ	ਡ	ਡ
ਮ	ਿ	ਸ	ਪ	ੜ	ਛ	ਠ	ਈ	ਐ	ੋ	ਧ	ਾ	ਭ	ਠ	ਲ	ਮ
ਵ	ੰ	ਲ	ਖ	ੜ	ਛ	ਉ	ਰ	ਟ	ਵ	ਿ	ਸ	਼	ਵ	ਾ	ਸ
ਿ	ਗ	ੀ	ਈ	ਊ	ਯ	ਵ	ਖ	ਨ	ਾ	ਠ	ਐ	ਅ	ਨ	ਦ	ਚ
ਹ	ਘ	ਜ	ਵ	ਜ	ਣ	ਨ	ਾ	ਤ	ਗ	ੀ	ੜ	ਜ	ੀ	ਵ	ਓ
ਾ	ਢ	ੈ	ੁ	ਏ	ਣ	ੀ	ਰ	ਾ	੍	ਪ	ਕ	ਯ	ਈ	ਊ	ਹ
ਰ	ਯ	ਂ	ਰ	ਧ	ਇ	ਆ	ੁ	ਕ	ਡ	ਫ	ਲ	ਰ	ਪ	ਬ	ੀ
ਓ	ਬ	ਡ	ਢ	ਨ	ਗ	ਇ	ਲ	ਤ	ਈ	ਆ	ੱ	ਈ	ਆ	ਯ	ਰ
ਸ	ਟ	ਸ	ਹ	ਓ	ਈ	ਡ	ਬ	ਹ	ਢ	ਤ	ੁ	ਭ	ਦ	ਅ	ੋ
ਉ	ੁ	ਭ	ਣ	ਲ	ਵ	ਖ	ਸ	ਵ	ਰ	ਗ	ਭ	ਤ	ਥ	ਪ	ਇ
ਐ	ਧ	ਉ	ਤ	ਵ	ਸ	ੱ	ਭ	ਿ	ਆ	ਚ	ਾ	ਰ	ੜ	ਊ	ਨ
ਛ	ਫ	ੜ	ਈ	ਟ	ਕ	ਫ	ੁ	ਦ	ਟ	ਫ	ਪ	ਆ	ਕ	ਠ	ਭ

ਆਰਕੀਟਾਇਪ
ਵਿਹਾਰ
ਵਿਸ਼ਵਾਸ
ਸਿਰਜਣਾ
ਜੀਵ
ਸੱਭਿਆਚਾਰ
ਤਬਾਹੀ
ਸਵਰਗ
ਹੀਰੋ
ਹੀਰੋਇਨ

ਅਮਰ
ਈਰਖਾ
ਭੁਲੱਕੜ
ਲੀਜੈਂਡ
ਲਾਈਟਨਿੰਗ
ਅਦਭੁਤ
ਪ੍ਰਾਣੀ
ਬਦਲਾ
ਤਾਕਤ
ਯੋਧੇ

79 - Agronomy

ਤ	ਡ	ਮ	ਟ	ਸ	◌ਿ	ਸ	ਥ	ਈ	ਫ	ਬ	ੜ	ਚ	ਯ	ਈ	ਉ
ਘ	ਪ	ਜ	ਰ	ਰ	◌ਾ	ਜ	ਰ	ਊ	ਵ	ਢ	◌ੀ	ਜ	ਆ	ਬ	ਤ
ਲ	ਸ	ਕ	ਡ	ਨ	ਮ	ਇ	ਖ	ਬ	ਘ	ਧ	ਬ	ਜ	ਦ	ਰ	ਪ
ਆ	ਰ	ਗ	◌ੈ	ਨ	◌ਿ	ਕ	◌ਂ	◌ੋ	ਪ	ਊ	◌ਾ	ੜ	ਆ	ਜ	◌ਾ
ਨ	ਧ	ਘ	ਸ	ਬ	ਜ	◌਼	◌ੀ	ਸ	ਜ	ਮ	ਤ	◌ੀ	◌ੇ	ਖ	ਦ
ਧ	ਸ	ਮ	ਕ	ਘ	ਮ	ਦ	ੜ	ਪ	ਗ	◌ੁ	◌ੀ	ਯ	ਗ	ਫ	ਨ
ਖ	◌ਾ	ਦ	◌ਾ	ਊ	ਕ	ਠ	ਡ	◌ੱ	ਚ	ਪ	◌ੇ	ਫ	ਗ	ਨ	ਆ
◌ੁ	ਣ	ਸ	◌ਿ	ਬ	ਧ	ਸ	ਫ	ਦ	ਐ	◌੍	ਖ	ਣ	ਢ	ਨ	ਧ
ਜ	ਯ	ਕ	ਵ	ਯ	ਨ	ਪ	ਘ	◌ੇ	ਨ	ਰ	ਵ	ਤ	◌ਾ	◌ਾ	ਵ
ਥ	ਚ	ਚ	ਖ	ਗ	ਡ	◌ਾ	ਉ	ਸ	ਜ	ਦ	ਊ	ਈ	ਭ	ੜ	ਢ
ਤ	ਟ	ਦ	ਚ	ਅ	ਬ	ਣ	ਈ	ਘ	◌ੋ	◌ੂ	ੜ	ਰ	ਵ	ਐ	ਅ
ਦ	◌ਿ	ਹ	◌ਾ	ਤ	◌ੀ	◌ੀ	ਠ	ਮ	ਭ	ਸ	ਬ	ਬ	ਛ	ਭ	ਰ
ਦ	ਡ	ਐ	ਏ	ਵ	ਬ	ਏ	ਤ	ਜ	ਫ	◌਼	ਏ	ਫ	ਲ	ਐ	ਯ
ਵ	ਪ	ਬ	ਖ	ਫ	ਓ	ਐ	◌ੁ	ਲ	ਗ	ਣ	◌ਾ	ਛ	ਪ	ਖ	ਦ
ਈ	ਕ	◌ੋ	ਲ	◌ੋ	ਜ	◌ੀ	ਦ	ਚ	ਉ	ਮ	ਜ	ਕ	ਚ	ਣ	ਫ
ਤ	ਯ	ਗ	ਖ	ਮ	ਏ	ਫ	ਰ	ਲ	ਛ	ਘ	ਅ	ਫ	ਬ	ੜ	ਕ

ਖੇਤਾਂਬਾੜੀ
ਈਕੋਲੋਜੀ
ਊਰਜਾ
ਵਾਤਾਵਰਨ
ਖੇਤੀ
ਖਾਦ
ਭੋਜਨ
ਵਿਕਾਸ
ਪਛਾਣ
ਆਰਗੈਨਿਕ

ਪੱਦੇ
ਪ੍ਰਦੂਸ਼ਣ
ਉਤਪਾਦਨ
ਖੋਜ
ਦਿਹਾਤੀ
ਸਾਇੰਸ
ਬੀਜ
ਸਿਸਟਮ
ਸਬਜ਼ੀ
ਪਾਣੀ

80 - Hair Types

ਭ	ਚ	ਜ	ੜ	ਵ	ਪ	ਯ	ਕ	ਯ	ਧ	ਅ	ਸ	ਪ	ਊ	ਛ	ੜ
ਚ	ਮ	ਇ	ਵ	ਊ	ਉ	ਤ	ਬ	ਖ	ਰ	ਰ	ਰ	ਘ	◌ੁ	ਯ	ਲ
ਲ	ਕ	ਪ	ਯ	ਆ	ਘ	ਤ	ਲ	ਥ	◌ੰ	ਹ	ਖ	ਊ	ਆ	ਣ	ਰ
ਊ	ਦ	ਡ	ਣ	ਭ	ਬ	ਛ	ਜ	◌ਾ	ਗ	ਊ	ਘ	ਲ	ਲ	ਘ	ਕ
ਜ	◌ਾ	ਫ	ਫ	ਲ	ਵ	ਇ	◌ੋ	ਣ	ਣ	ਇ	ਕ	ਘ	◌ੰ	◌ੁ	ਈ
ਯ	ਰ	ਆ	ਗ	ੜ	ਖ	ਪ	ਊ	ਟ	ਊ	ਕ	ਥ	ਸ	ਬ	◌ੰ	ਪ
ਈ	ਧ	◌ੁ	ਸ	ਬ	ਰ	◌ੇ	ਡ	ਡ	◌ਾ	◌ਾ	ਭ	ਿ◌	◌ਾ	ਗ	ਕ
ਮ	◌ੋ	ਟ	◌ਾ	ਲ	ਐ	ਜ	ਡ	ਈ	ਢ	ਲ	◌ੂ	ਹ	ਧ	ਰ	ਰ
ਹ	ਐ	ਆ	ਆ	ਉ	◌ੇ	ਮ	ਨ	ਰ	ਮ	◌ਾ	ਰ	ਤ	ਹ	◌ਾ	ਲ
ਚ	ਿ◌	◌ੱ	ਟ	◌ਾ	ਯ	ਟ	ਧ	ਏ	ਈ	ਹ	◌ਾ	ਮ	◌ੁ	ਲ	ਚ
◌ੁ	ਭ	ਦ	ਤ	ਆ	ਚ	ਘ	◌ੀ	ਠ	ੜ	ਫ	◌ੁ	◌ੰ	ਛ	◌ਾ	ਜ
ਧ	ਵ	ਪ	ਸ	ਆ	ਨ	ਿ◌	ਰ	ਵ	ਿ◌	ਘ	ਨ	ਦ	ਧ	ਫ	ਈ
ਦ	ਟ	ਐ	ਖ	ਉ	ਊ	◌ੁ	ਸ	ਪ	ਡ	ਅ	ਢ	ਣ	ਕ	ਫ	ਗ
ਥ	ਬ	ਭ	ਢ	ਮ	ਅ	ਉ	ਤ	ਊ	ਓ	ਅ	◌ੁ	ਇ	ਇ	ਡ	ਅ
ਨ	ਏ	ਕ	ਗ	◌ੰ	ਜ	◌ਾ	ਵ	ਦ	ਫ	ੜ	ਖ	ਡ	ਭ	ਨ	ਢ
ਘ	ਢ	ਰ	ਭ	ਠ	ਐ	ਈ	ਭ	ਰ	ਡ	ਠ	ਥ	ਉ	ਹ	ਹ	ਘ

ਗੰਜਾ
ਕਾਲਾ
ਬਰੇਡਡ
ਭੂਰਾ
ਰੰਗ
ਕਰਲ
ਘੁੰਗਰਾਲਾ
ਸਲੇਟੀ
ਸਿਹਤਮੰਦ
ਲੰਬਾ
ਚਮਕਦਾਰ
ਛੋਟਾ
ਨਿਰਵਿਘਨ
ਨਰਮ
ਮੋਟਾ
ਪਤਲਾ
ਚਿੱਟਾ

81 - Diplomacy

ੜ	ਧ	ਖ	ਕ	ਜ	ਧ	◌ੁ	ਊ	ਠ	ਥ	ਢ	ਯ	ਇ	ਢ	ਸ	ਭ
ਮ	ਮ	ਜ	ਮ	ਫ	ਗ	ਯ	ਅ	ਵ	ਤ	ਛ	ਕ	ਦ	ਗ	ਲ	ਖ
ਡ	ਨ	ਿ◌	ਆ	◌ਂ	ਦ	◌ੂ	ਤ	◌ਾ	ਵ	◌ਾ	ਸ	ਇ	ਖ	◌ਾ	ਥ
ਦ	ਈ	ਟ	ਆ	ਕ	ਐ	ਡ	ਐ	ਨ	ਠ	ਯ	ਅ	ਘ	ਫ	ਹ	ਨ
ਅ	ਖ	◌ੰ	ਡ	ਤ	◌ਾ	ਕ	ਲ	ਜ	◌ੁ	ਆ	ਐ	ਐ	ਅ	ਕ	◌ੈ
ਰ	ਸ	ਹ	ਭ	ਧ	ਕ	ਉ	ਜ	ਹ	ਫ	ਖ	ਠ	◌ੁ	ਫ	◌ਾ	ਤ
ਸ	ਓ	ਦ	ਮ	ਰ	◌ੈ	ਜ	◌਼	◌ੋ	ਲ	◌ੂ	ਸ	◌਼	ਨ	ਰ	ਿ◌
ਜ	ਰ	ਢ	ਵ	ਹ	ਘ	ਮ	ਊ	ਕ	ਰ	ਿ◌	ਗ	◌ਾ	ਨ	◌ਾ	ਕ
ਤ	ਧ	ਕ	ਰ	ਧ	ਈ	ਢ	ਥ	ਠ	◌ੂ	ਤ	ਡ	ਥ	ਥ	ਚ	ਤ
ਦ	◌ੀ	ਵ	◌ਾ	ਤ	◌ਾ	ਵ	ਨ	◌ਾ	ਮ	ਟ	ਬ	ਹ	ਇ	◌ਾ	◌ਾ
◌ੂ	◌ੰ	ਖ	ਚ	ਰ	ਟ	ਕ	ਰ	◌ਾ	ਅ	ਫ	ਨ	ਖ	ਨ	ਈ	ਇ
ਜ	ਸ	◌ੁ	ਰ	ਸ	ਿ◌	ਵ	ਿ◌	ਕ	ਲ	ਡ	ਡ	◌ੀ	ਉ	◌ਾ	ਉ
◌ਾ	ਧ	ਨ	ਚ	ਪ	ਢ	ਸ	◌ੁ	ਰ	◌ੱ	ਖ	ਿ◌	ਆ	ਤ	ਭ	ਮ
ਰ	ਰ	ਛ	ਫ	ਚ	ਗ	ਯ	◌ੋ	ਿ◌	ਹ	ਸ	ਇ	ਣ	ਇ	ਕ	ਐ
ਤ	ਏ	ਊ	ਮ	ਅ	ਐ	ਗ	ਧ	ਊ	ਜ	ਘ	ਨ	ਫ	ਯ	ਊ	ਧ
ਰ	◌ਾ	ਜ	ਨ	◌ੀ	ਤ	◌ੀ	ਡ	ਲ	ਟ	ਗ	ਓ	ਭ	ਧ	ਅ	ਓ

ਸਲਾਹਕਾਰ
ਰਾਜਦੂਤ
ਨਾਗਰਿਕ
ਸਿਵਿਕ
ਭਾਈਚਾਰਾ
ਟਕਰਾਅ
ਸਹਿਯੋਗ
ਕੂਟਨੀਤਕ
ਚਰਚਾ
ਦੂਤਾਵਾਸ
ਨੈਂਤਿਕਤਾ
ਸਰਕਾਰ
ਮਾਨਵਤਾਵਾਦੀ
ਅਖੰਡਤਾ
ਨਿਆਂ
ਰਾਜਨੀਤੀ
ਰੈਜ਼ੋਲੂਸ਼ਨ
ਸੁਰੱਖਿਆ
ਹੱਲ
ਸੰਧੀ

82 - Countries #1

ਖ	ਟ	ਗ	ਦ	ਵ	ਡ	ਛ	ਹ	ਜ	ਕ	ਰ	ਲ	ਲ	ਛ	ਇ	ਚ
ਇ	◌ੁ	ਆ	ਟ	ਡ	ਨ	ਘ	ਮ	ਬ	ਆ	ਨ	◌ੀ	ਮ	◌ਾ	◌ੋ	ਰ
ਰ	ਕ	ਨ	◌ਿ	ਕ	◌ਾ	ਰ	◌ਾ	ਗ	◌ੁ	ਆ	ਬ	ਦ	ਪ	ਯ	ਰ
ਜ	ਠ	ਵ	ਊ	ਉ	ਉ	◌ੇ	◌ਾ	ਬ	ਫ	ਡ	◌ੀ	ਥ	◌ੋ	ਘ	ਇ
ਵ	◌ੀ	ਅ	ਤ	ਨ	◌ਾ	ਮ	ਨ	ਅ	◌੍	ਠ	ਆ	ਡ	ਲ	ਭ	ਟ
ਖ	ਵ	ਇ	ਰ	◌ਾ	ਕ	ਟ	ਪ	ਕ	ਗ	ਰ	ਖ	ਚ	◌ੈ	ਲ	ਲ
ਵ	◌ੈ	ਨ	◌ੇ	ਜ	◌਼	◌ੁ	ਏ	ਲ	◌ਾ	ਬ	◌ਾ	ਥ	◌ਂ	ਨ	◌ੀ
◌ੇ	ਮ	◌ੇ	ਪ	ਊ	ਟ	ਓ	ਮ	ਈ	ਪ	ਐ	ਣ	ਜ	ਡ	ਖ	ਨ
ਰ	ਖ	ਪ	ਣ	ਹ	ਪ	ਫ	ਈ	ਰ	ਮ	◌ਿ	ਸ	ਰ	◌ੀ	ਡ	ਮ
◌ਾ	ਟ	ਸ	ਖ	ਆ	ਵ	◌ੀ	ਤ	◌ਾ	ਲ	ਣ	ਛ	ਉ	ਸ	ਲ	ਰ
ਨ	ਚ	ਮ	ਣ	ਨ	◌ੁ	ਠ	ਗ	◌਼	ਗ	ਹ	ਏ	ਲ	ਗ	◌ੈ	ਜ
ਊ	ਬ	ਭ	ਛ	ਭ	ਬ	ਨ	ਭ	ਜ	ਨ	ਅ	ਹ	ਕ	ਹ	◌ਂ	ਘ
ਧ	◌ੁ	ਛ	ਠ	ਇ	ਛ	ਠ	ਊ	ਇ	◌ੇ	ਦ	ਬ	ਛ	ਹ	ਨ	ਪ
ਧ	ਆ	ਲ	ਠ	ਗ	◌ੁ	ਗ	ਹ	◌ੁ	◌ੇ	ਧ	ਟ	ਜ	ਠ	◌ਿ	ਢ
ਫ	ਵ	ਗ	ਉ	ਨ	ਗ	ਅ	◌ੁ	ਐ	ਸ	ਰ	ਨ	ਥ	ਓ	ਫ	ੜ
ਨ	◌ੁ	ਕ	ਏ	◌ੁ	ਮ	◌ੋ	ਰ	◌ੋ	ਕ	◌ੋ	ਤ	ਇ	ਵ	ਣ	ਘ

ਬ੍ਰਾਜ਼ੀਲ
ਕਨੇਡਾ
ਮਿਸਰ
ਫਿਨਲੈਂਡ
ਜਰਮਨੀ
ਇਰਾਕ
ਇਜ਼ਰਾਈਲ
ਇਟਲੀ
ਲਾਤਵੀਆ
ਲੀਬੀਆ
ਮੋਰੋਕੋ
ਨਿਕਾਰਾਗੁਆ
ਨਾਰਵੇ
ਪਨਾਮਾ
ਪੋਲੈਂਡ
ਰੋਮਾਨੀਆ
ਸੇਨੇਗਲ
ਸਪੇਨ
ਵੈਨੇਜ਼ੁਏਲਾ
ਵੀਅਤਨਾਮ

83 - Adjectives #1

ਸ	ਮ	ਮ	ਐ	ੜ	ਪ	ਅ	ਫ	ਣ	ਸ	ਛ	ਸ	ਲ	ਹ	ਓ	ਅ
ਮ	ਵ	ਦ	ੜ	ਆ	ਰ	ਭ	ੀ	ੰ	ਗ	ਢ	ਥ	ੁ	ਓ	ਗ	ਢ
ਘ	ਅ	ਦ	ਜ	ਠ	ਊ	ਿ	ਗ	ਭ	ਫ	ਬ	ੜ	ਘ	ੰ	ਊ	ਘ
ਨ	ਅ	ਗ	ਢ	ਬ	ਹ	ਲ	ਧ	ਹ	ਖ	ਊ	ਰ	ਨ	ਸ	ਦ	ਧ
ਰ	ਪ	ਾ	ਕ	ਮ	ਤ	ਾ	ਲ	ਕ	ਆ	ਥ	ਧ	ਛ	਼	ਆ	ਰ
ਡ	ੁ	ਰ	਼	ਨ	ੀ	ਸ	ਭ	ੜ	ਉ	ਧ	ਧ	ਲ	ੀ	ਡ	ਦ
ਬ	ਦ	ਟ	ਸ	ਘ	ਮ	਼	ਗ	ਵ	ਦ	ਉ	ੁ	ਭ	ਦ	ਢ	ਾ
ਤ	ਵ	ਟ	ਰ	ਡ	ੀ	ੀ	ਨ	ਧ	ਾ	ਯ	ਊ	ਨ	ੇ	ਇ	ਨ
ਖ	ਵ	ਛ	ਕ	ਕ	ਕ	ਓ	ਜ	ਮ	ਰ	ਚ	ੁ	ਦ	ਿ	ਟ	ਾ
ਪ	ਤ	ਣ	ਆ	ਮ	ਹ	ੱ	ਤ	ਵ	ਪ	ੂ	ਰ	ਨ	ਵ	ਕ	ਮ
ਤ	ਭ	ਾ	ਰ	ੀ	ਹ	ੌ	ਲ	ੀ	ਬ	ਲ	ਸ	ਆ	ਡ	ੈ	ਇ
ਲ	ਢ	ਧ	ਪ	ਆ	ਈ	ਡ	ੈ	ਂ	ਟ	ੀ	ਕ	ਲ	ਊ	ਫ	ਪ
ਾ	ਓ	ਡ	ਸ	ਵ	ਟ	ਖ	ੁ	ਸ	਼	ਬ	ੂ	ਦ	ਾ	ਰ	ਅ
ੜ	ਧ	ਗ	ਧ	ਤ	ਘ	ਯ	ਈ	ਹ	ਨ	ੇ	ਰ	ਆ	ੁ	ਪ	ਸ
ਡ	ਣ	ਰ	ੜ	ਠ	ਇ	ਡ	ਪ	ਈ	ਚ	ਓ	ਈ	ੜ	ਠ	ਘ	ਲ
ਠ	ਘ	ਧ	ਚ	ਸ	ਮ	ਛ	ਘ	ਓ	ਨ	ਮ	ਬ	ਭ	ਕ	ਅ	ੀ

ਅਸਲੀਂ
ਅਭਿਲਾਸ਼ੀ
ਖੁਸ਼ਬੂਦਾਰ
ਕਲਾਤਮਕ
ਆਕਰਸ਼ਕ
ਸੁੰਦਰ
ਹਨੇਰ
ਵਿਦੇਸ਼ੀ
ਉਦਾਰ
ਭਾਰੀ

ਮਦਦਗਾਰ
ਇਮਾਨਦਾਰ
ਆਈਡੈਂਟੀਕਲ
ਮਹੱਤਵਪੂਰਨ
ਆਧੁਨਿਕ
ਪਰਫੈਕਟ
ਗੰਭੀਰ
ਹੌਲੀ
ਪਤਲਾ
ਕੀਮਤੀ

84 - Technology

ਵ	ਵ	ਅ	ਉ	ਐ	ਢ	ਬ	ਲ	ਬ	ਇ	ਚ	ਈ	ਸ	ਘ	ਊ	◌ੁ
ਛ	ਊ	ਰ	ਸ	ਰ	ਕ	ਘ	ਘ	ਜ	ਨ	ਦ	ਡ	◌ੁ	ਲ	ਆ	ਬ
ਟ	ਛ	◌ਾ	ਚ	ਗ	ਢ	ਵ	ਏ	ਆ	ਡ	ਟ	◌ੁ	ਨ	ਰ	ਖ	ਕ
ਪ	ਐ	ਮ	ਈ	◌ੁ	ਫ	ਕ	ਭ	◌ੁ	ਖ	ਮ	ਤ	◌ੇ	ਗ	◌ੋ	ਕ
ਘ	ਡ	◌ੈ	ਜ	ਸ	ਅ	ਲ	◌ੇ	ਪ	ਸ	ਿ◌	ਡ	ਹ	ਘ	ਜ	◌ੰ
ਊ	ਖ	ਕ	ਈ	ਮ	ਘ	ਲ	ਇ	◌ਾ	ਫ	◌ੁ	ਰ	◌ਾ	ਧ	ਤ	ਪ
ਇ	◌ੰ	ਟ	ਰ	ਨ	◌ੈ	◌ੱ	ਟ	ਬ	ਮ	ਪ	ਦ	◌ੱ	ਮ	ਈ	ਿ◌
ਸ	ਪ	ਨ	ਦ	◌ੀ	ਈ	ਛ	ਏ	ਏ	ਬ	ੜ	ਲ	ਥ	◌ੁ	ਛ	ਊ
ਰ	◌ਾ	ਅ	ਦ	ਰ	ਫ	ਫ	ਥ	ਮ	ਟ	ਥ	ਡ	ਊ	ਕ	ਸ	ਟ
ਇ	ਵ	ਫ	ਲ	ਕ	◌ੋ	ਢ	ਬ	◌ਾ	ਈ	ਟ	ਚ	ਮ	ਡ	ਬ	ਰ
◌ਾ	ਆ	ਥ	ਟ	ਸ	◌ਂ	ਢ	ਫ	ਢ	ਪ	ਮ	ਠ	ਡ	ਢ	ਭ	ਖ
ਵ	ਓ	ਜ	ਜ	ਵ	ਟ	ਰ	ਚ	ਥ	ਢ	ਉ	ਫ	ਡ	ਤ	ਕ	ਮ
ਅ	ਸ	ਣ	◌ੀ	ਆ	◌ੇ	ਪ	ਮ	ਸ	ਖ	◌ੁ	ਦ	ੜ	ਜ	ਫ	ਣ
ਢ	ਟ	ਢ	ਿ◌	ਬ	ਈ	ਅ	ਟ	ਛ	ਈ	ਬ	ਬ	ਐ	ਊ	ਸ	ਖ
ਥ	ਪ	ਕ	ਡ	◌ੁ	ਥ	ਈ	ਰ	ਟ	ਉ	ਤ	ਅ	◌ੰ	ਕ	ੜ	◌ੇ
ਦ	ਘ	ਏ	ਥ	ਬ	ਛ	ਮ	ਚ	ਣ	ਓ	ਫ	ਕ	ਨ	ਖ	ਓ	ਲ

ਬਾਇਟ
ਕੈਮਰਾ
ਕੰਪਿਊਟਰ
ਕਰਸਰ
ਡਿਜੀਟਲ
ਡਿਸਪਲੇਅ
ਫਾਇਲ
ਫੋਂਟ
ਇੰਟਰਨੈੱਟ
ਸੁਨੇਹਾ
ਖੋਜ
ਸਕਰੀਨ
ਸੁਰੱਖਿਆ
ਸਾਫਟਵੇਅਰ
ਅੰਕੜੇ
ਵਰਚੁਅਲ
ਵਾਇਰਸ

85 - Global Warming

ਤ	ਠ	ਤ	◌ੁ	ਭ	ਨ	ਣ	ਟ	ਪ	ਤ	ਲ	ਤ	ਆ	ਇ	ਵ	ਪ
ਬ	ਊ	ਮ	ਜ	ਖ	ਖ	ਥ	ਥ	ਧ	◌ਿ	ਆ	ਨ	ਧ	ਚ	◌ਿ	◌ੀ
ਦ	ਰ	ਆ	ਰ	ਕ	ਟ	◌ਿ	ਕ	ਠ	ਐ	ਟ	ਗ	ਟ	ਵ	ਗ	ੜ
◌ੀ	ਜ	ਯ	◌ੂ	◌ਾ	ਵ	ਲ	ਜ	ਇ	◌ੁ	ਕ	ਊ	◌ੈ	ਧ	◌ਿ	◌੍
ਲ	◌ਾ	ਖ	ਘ	ਗ	ਕ	ਸ	ਨ	ਨ	◌ੂ	◌ੰ	◌ਾ	ਕ	ਸ	ਆ	ਹ
◌ੀ	ਉ	ਬ	ਯ	ਆ	ਚ	ਰ	ਠ	ਗ	ਤ	ਸ	ਹ	ਧ	ਯ	ਨ	◌ੀ
ਆ	ਢ	ਹ	ਠ	ਲ	ਈ	ਟ	ਸ	ਰ	ਦ	◌ੀ	◌ਾ	ਬ	ਆ	◌ੀ	ਆ
◌ਂ	ਇ	ਮ	ਐ	ਰ	ਏ	ਕ	ਤ	ਠ	ਟ	ਟ	ਜ	ਰ	ਇ	ਡ	◌ਂ
ਅ	◌ੰ	ਤ	ਰ	ਰ	◌ਾ	ਸ	◌਼	ਟ	ਰ	◌ੀ	ੜ	◌ੇ	ਹ	◌ੁ	ਣ
ਹ	◌ੁ	ਊ	ਠ	ਸ	ਢ	ਚ	ਆ	ਛ	ਇ	ਖ	ਣ	ਚ	ਵ	ਵ	ਤ
ਆ	ਸ	ਫ	ਦ	ਰ	ਡ	ਭ	ਇ	ਫ	ਗ	ਗ	ਢ	ਡ	◌ਿ	◌ਾ	◌ਾ
ਕ	ਸ	ਅ	ਖ	ਪ	ਥ	ਬ	ਖ	ਭ	ਵ	◌ਿ	◌ੱ	ਖ	ਕ	ਤ	ਪ
ਜ	ਢ	ਓ	ਖ	ਫ	ਯ	ਉ	ਟ	ਅ	ਡ	ਭ	ਡ	ਉ	◌ਾ	◌ਾ	ਮ
ਮ	ਧ	ੜ	ਗ	ਐ	ੜ	ਇ	ਯ	ਗ	ਡ	ਘ	ਢ	ਘ	ਸ	ਵ	◌ਾ
ਊ	ਪ	ਹ	ਜ	ਜ	ਟ	ਗ	ਊ	ਮ	ਚ	ੜ	ਵ	ਉ	ਭ	ਰ	ਨ
ਊ	ਆ	ਤ	ਉ	ਹ	ਤ	ਉ	ਦ	ਯ	◌ੋ	ਗ	ਟ	◌ੁ	ਦ	ਣ	ਬ

ਆਰਕਟਿਕ
ਧਿਆਨ
ਤਬਦੀਲੀਆਂ
ਜਲਵਾਯੂ
ਨਤੀਜੇ
ਸੰਕਟ
ਵਿਕਾਸ
ਊਰਜਾ
ਵਾਤਾਵਰਣ
ਭਵਿੱਖ

ਗੈਸ
ਪੀੜ੍ਹੀਆਂ
ਸਰਕਾਰ
ਉਦਯੋਗ
ਅੰਤਰਰਾਸ਼ਟਰੀ
ਕਾਨੂੰਨ
ਹੁਣ
ਆਬਾਦੀ
ਵਿਗਿਆਨੀ
ਤਾਪਮਾਨ

86 - Landscapes

ਊ	ੜ	ਮ	ਛ	ਥ	ਮ	ਬ	ਮ	ਗ	ਗ	ਟ	ਤ	ੳ	ਅ	ਠ	ਸ
ਈ	ਸ	ਚ	◌ਾ	ਛ	ਧ	ਰ	ਤ	ਘ	ਪ	ੳ	ਨ	ਏ	ਪ	ਚ	ਮ
ਣ	ਆ	ਵ	ੳ	ਰ	ਅ	ਸ	◌਼	◌ੀ	◌ੇ	ਲ	ਗ	ਸ	ਬ	ਧ	◌ੁ
ਊ	ਮ	ਰ	ਖ	ਹ	◌ੂ	ਡ	ਨ	ਚ	ਵ	ੳ	ਜ	ਿ◌	ੳ	ਠ	◌ੰ
ਈ	ਬ	ਨ	ਜ	ਈ	ਿ◌	ਥ	ਲ	ਦ	ਲ	ਦ	ਆ	ਸ	ਣ	ਘ	ਦ
ਪ	ਹ	◌ਾ	ੜ	ਫ	ਖ	◌ੱ	ਲ	ਰ	◌ੀ	ਝ	◌ੁ	ਰ	ਏ	ਖ	ਰ
ਯ	ਇ	ਫ	ਟ	◌ਾ	ਪ	◌ੂ	ਲ	ਛ	◌ੈ	◌ੀ	ਗ	◌ੀ	ਜ	◌਼	ਰ
◌ੁ	ਐ	ਲ	ਸ	◌ੁ	ਲ	ਠ	ਥ	ਡ	ਵ	ਲ	ਬ	ਛ	ਠ	ਯ	ਗ
ਟ	ਪ	ਫ	ਰ	ਗ	ਰ	ਬ	ਸ	ਈ	ਆ	ਛ	ਨ	ਮ	ਛ	ਛ	◌ਾ
ਜ	ਵ	◌ਾ	ਲ	◌ਾ	ਮ	◌ੁ	ਖ	◌ੀ	ਭ	ਪ	ਐ	ਯ	ਵ	ਆ	ਸ
ਪ	◌੍ਰ	ਰ	◌ਾ	ਇ	ਦ	◌ੀ	ਪ	ਭ	ਈ	◌ੁ	ਨ	ਐ	ਭ	ਟ	ਠ
ਪ	ਪ	ਟ	ੳ	ਭ	ਚ	ਣ	◌ੁ	ਲ	ਆ	ਨ	ਤ	ਸ	ਧ	ੳ	ਬ
ਦ	ਸ	◌ਾ	ਯ	ਟ	◌ੁ	◌ੰ	ਡ	ਰ	◌ਾ	ਉ	ਉ	ਘ	ਟ	ਉ	◌ੀ
◌ੁ	ਡ	ਵ	ਕ	ਗ	ਸ	ਡ	ਠ	ਵ	ਛ	ਲ	ਆ	ਭ	ਕ	ੳ	ਚ
ਠ	ਣ	ੜ	ਬ	ਹ	ਣ	ਕ	ਉ	ਰ	ੳ	ਖ	ਧ	ੳ	ਖ	ਤ	ਲ
ਢ	ਥ	ਖ	ੜ	ਤ	ਯ	ਅ	ਵ	ਖ	ਗ	ਖ	ਊ	ਡ	ਹ	ਗ	ਰ

ਬੀਂਚ
ਗੁਫਾ
ਮਾਰੂਥਲ
ਗੀਜ਼ਰ
ਗੁਲੇਸ਼ੀਅਰ
ਹਿੱਲ
ਆਈਸਬਰਗ
ਟਾਪੂ
ਝੀਲ
ਪਹਾੜ

ਓਏਸਿਸ
ਸਮੁੰਦਰ
ਪ੍ਰਾਇਦੀਪ
ਨਦੀ
ਸਾਗਰ
ਦਲਦਲ
ਟੁੰਡਰਾ
ਵੈਲੀ
ਜਵਾਲਾਮੁਖੀ
ਵਾਟਰਫਾਲ

87 - Visual Arts

ਰ	ਕ	ਫ	◌ੋ	ਟ	◌ੋ	ਮ	ਿ◌	◌ੱ	ਟ	◌ੀ	ਸ	ਘ	ਲ	ਪ	ਘ
ਚ	ਚ	ਲ	ਠ	ਥ	ੳ	◌ੁ	ਊ	ਏ	ਗ	ਠ	ਟ	ਘ	ੜ	ਇ	ਫ
ਕ	ਇ	ਨ	ਮ	ਘ	ਉ	ਮ	ਗ	ਢ	ਰ	ਹ	◌ੈ	ਮ	ਨ	ਆ	ਚ
ਟ	ਛ	ਫ	◌ਾ	ਹ	ਗ	ਆ	ਲ	ਇ	ਣ	ਬ	ਨ	◌ੋ	ਜ	ਬ	ਣ
◌ੈ	ਏ	ਤ	ਸ	ਤ	ਉ	ਦ	ਖ	ਊ	ਈ	ਪ	ਸ	ਮ	◌਼	ਈ	ਬ
◌ੀ	ਵ	ਬ	ਏ	ਢ	ਮ	ਐ	ਤ	ਲ	ਛ	ਵ	ਿ◌	ਭ	ਰ	ਧ	ਇ
ਕ	ਊ	ਅ	ਆ	ਘ	ਟ	ਕ	ਥ	ਊ	ਚ	ਖ	ਲ	ਢ	◌ੀ	ੜ	ਉ
ਰ	ਘ	ਨ	ਤ	ਥ	ਰ	ਅ	ਤ	ਤ	ਵ	ਐ	ੳ	ਮ	ਏ	ਘ	◌ੁ
ਆ	ਵ	ਕ	ਫ	ਗ	◌ੇ	ਲ	ਰ	◌ਾ	ੜ	ਣ	ਕ	◌ਾ	ਚ	ਚ	ਉ
ਗ	ਢ	ਚ	ਪ	ਬ	ਟ	ਮ	ਵ	ਣ	ਛ	ਗ	ਦ	ਅ	ਛ	ਤ	ਕ
ਧ	ਹ	ਛ	ਮ	ਫ	ਰ	ਕ	ਫ	ਿ◌	ਲ	ਮ	ਧ	ਨ	ਉ	ਛ	ਦ
ਈ	ਜ	◌਼	ਲ	ਕ	◌ੋ	ਰ	◌ਾ	ਚ	ਸ	ਜ	ਆ	ਿ◌	ਮ	ਯ	ਭ
ਲ	ਕ	ਈ	ਆ	ਐ	ਪ	◌ੇ	◌ਂ	ਟ	ਿ◌	◌ੰ	ਗ	ਆ	ਭ	ਫ	ਬ
ਵ	ਸ	ਰ	◌ਾ	ਵ	ਿ◌	ਕ	ਸ	ਅ	ਨ	ੜ	ਪ	ਐ	◌ੁ	ਗ	ਭ
ਕ	ਫ	ਈ	ਫ	ਹ	ਘ	ਲ	ਥ	ਚ	◌ੈ	ਨ	ਰ	ਡ	ਪ	ਘ	ਮ
ਖ	ਕ	ਮ	ਘ	ਇ	ਪ	ਕ	ਘ	ਤ	ਪ	ਖ	ਦ	ਰ	ਸ	ਨ	ਲ

ਆਰਕੀਟੈਕਚਰ
ਵਸਰਾਵਿਕਸ
ਚਾਕ
ਚਾਰਕੋਲ
ਮਿੱਟੀ
ਰਚਨਾਤਮਕਤਾ
ਈਜ਼ਲ
ਫਿਲਮ
ਮਾਅਨਿਆ
ਪੇਂਟਿੰਗ
ਕਲਮ
ਪੈਨਸਿਲ
ਨਜ਼ਰੀਏ
ਫੋਟੋ
ਪੋਰਟਰੇਟ
ਸਟੈਨਸਿਲ
ਮੋਮ

88 - Plants

ਯ	ਸ	◌਼	◌ੁ	ਬ	ਵ	ਣ	ਡ	ੳ	ਇ	ਛ	ਇ	ਟ	ਖ	ਸ	ਵ
ਹ	◌ਂ	ਕ	ਮ	◌ਾ	ਐ	ਪ	ਕ	ਭ	ਆ	ਖ	ਥ	ਐ	ਪ	ਐ	ਠ
ਰ	◌ਾ	ਠ	ਤ	ਗ	ਪ	◌ੰ	ਖ	ੜ	◌ੀ	ਭ	◌ਾ	ਥ	◌ੱ	ੳ	ਖ
ਦ	ਬ	◌ੀ	ਫ	◌ੁ	◌ੱ	ਲ	ਥ	ਢ	ਫ	ਚ	ਈ	ਦ	ਤ	◌ੁ	ਘ
ਢ	ਨ	◌਼	ੳ	ਫ	ਰ	ਬ	ਡ	ਆ	ਲ	ਐ	ਇ	ਪ	◌ੇ	ਮ	ੳ
ਸ	ਠ	ਜ	ਵ	ਕ	ੳ	ਮ	ਧ	ੜ	◌ੋ	ਆ	ਰ	ਵ	ਊ	ਤ	ਐ
ਧ	ਹ	ਬ	◌ੁ	ਉ	ਗ	ਣ	ੜ	ਆ	ਰ	◌ੁ	ਪ	◌ੁ	ਢ	ਤ	ਜ
ੳ	ਊ	ਸ	◌ੋ	ਮ	ੳ	ਤ	◌ੀ	ਨ	◌ਾ	ਕ	ਵ	ਟ	ਤ	ਊ	ਫ
ਠ	ਥ	ਟ	ਣ	ਟ	ਠ	ਈ	ਤ	ਸ	ਏ	ਬ	ਦ	ਬ	ਤ	ਅ	ਣ
ਛ	ਐ	ਕ	ਰ	◌ੂ	ਨ	ਆ	ਪ	ਇ	ਗ	ਹ	ਆ	ਮ	ਕ	ਢ	ਲ
ਘ	ਡ	◌ੈ	ਸ	ਰ	◌ੀ	◌ੀ	ਸ	ਟ	◌ੈ	ਮ	ਪ	ਮ	ਭ	ਟ	ਛ
ਵ	◌ਾ	ਕ	ਉ	◌ੀ	ਬ	ਵ	ਨ	ਜ	ਣ	ਨ	ਥ	ਘ	ਲ	ੜ	ਚ
ਗ	ਣ	ਹ	ਚ	◌ੇ	ਢ	ਈ	ਬ	ਫ	ਹ	ਗ	ਯ	ਸ	ਬ	ਰ	ਸ
ਮ	ਹ	ਫ	ੳ	ਬ	ਜ	ਆ	ਵ	ਭ	ਪ	ੜ	ਅ	ਠ	ਮ	ਦ	ਠ
ੳ	ਡ	ਉ	ੜ	ਛ	ਊ	ਗ	ਘ	ਹ	ਮ	ਭ	ਫ	ਆ	ਉ	ਐ	ਊ
ਮ	ਨ	ਘ	ਐ	ਫ	ਸ	ਚ	ਫ	ਲ	ਇ	ਣ	ਨ	ੳ	ਦ	ਤ	ਭ

ਬਾਂਸ
ਬੀਨ
ਬੇਰੀ
ਬੋਟਨੀ
ਬੁਸ਼
ਕੈਕਟਸ
ਖਾਦ
ਫਲੋਰਾ
ਫੁੱਲ
ਪੱਤੇ

ਵਣ
ਬਾਗ
ਘਾਹ
ਆਈਵੀਆਈ
ਮੋਸ
ਪੰਖੜੀ
ਰੂਟ
ਸਟੈਮ
ਸਬਜ਼ੀ
ਬਨਸਪਤੀ

89 - Countries #2

ਛ ਨ ਣ ਵ ਨ ਭ ਭ ਸ ਨ ਟ ਨ ਕ ਜ ਇ ਸ ਤ
ਲ ਪ ◌ਾ ◌ੇ ਨ ◌ਾ ਪ ਜ ◌ਾ ਯ ਦ ◌ੋ ਸ ਠ ਯ ਠ
◌ਿ ਪ ਯ ◌ੂ ਕ ਰ ◌ੇ ਨ ਈ ਘ ੳ ਸ ੳ ◌ਾ ਲ ਕ
ਬ ◌ਾ ਗ ◌੍ ਰ ◌ੀ ਸ ਲ ਜ ਘ ਲ ◌ੀ ◌ੁ ਦ ਚ ਜ
ਨ ਕ ◌ਾ ਏ ◌ਾ ਮ ਜ ਲ ◌ੀ ◌ੁ ਖ ਕ ਣ ਡ ਡ ਘ
◌ਾ ◌ਿ ਹ ਗ ਏ ਡ ਣ ੜ ਰ ਵ ਪ ◌ੈ ਤ ਉ ◌ਾ ੳ
ਨ ਸ ਟ ਗ ਟ ◌ੀ ◌ੈ ਹ ◌ੀ ਮ ਉ ਮ ਦ ਈ ਗ ਨ
ਥ ਤ ਰ ਮ ਘ ਸ ਟ ਨ ਆ ਰ ◌ੀ ਬ ◌ੇ ਈ ◌ਾ ਲ
ਊ ◌ਾ ਲ ◌ੂ ੜ ਅ ਖ ਰ ਮ ਫ ◌ੁ ਯ ਬ ਧ ◌ਂ ਚ
ਸ ਨ ਡ ਲ ਸ ਲ ਣ ਤ ਇ ◌ਾ ਟ ਣ ਘ ਨ ◌ੂ ਲ
ਰ ਯ ਅ ਇ ਇ ਬ ਉ ਗ ਦ ਢ ਰ ਮ ਖ ਚ ਯ ਣ
ਊ ਜ ਸ ਚ ਛ ◌ਾ ਤ ੳ ਹ ਨ ਡ ਕ ੳ ਲ ਤ ਢ
ਘ ਪ ੳ ਖ ਬ ਨ ਬ ਭ ਸ ਅ ਇ ਬ ਤ ਅ ਣ ਢ
ਉ ਭ ਏ ਆ ਲ ◌ੀ ਮ ◌ਾ ◌ੋ ਸ ਗ ਭ ਤ ਆ ◌ੁ ਖ
ਯ ਲ ਚ ਘ ਘ ਆ ਰ ◌ੀ ◌ੀ ਸ ਇ ਥ ◌ੋ ਪ ◌ੀ ਆ
ਫ ਧ ◌ੁ ਆ ਛ ੜ ਡ ਐ ਲ ੳ ਠ ਉ ਥ ਛ ਮ ਛ

ਅਲਬਾਨੀਂਆ
ਡੈਨਮਾਰਕ
ਇਥੋਪੀਆ
ਗ੍ਰੀਸ
ਹੈਟੀ
ਜਮਾਏਕਾ
ਜਪਾਨ
ਲਾਓਸ
ਲਿਬਨਾਨ
ਲਾਈਬੇਰੀਆ

ਮੈਕਸਾਂਕੋ
ਨੇਪਾਲ
ਨਾਈਜੀਰੀਆ
ਪਾਕਿਸਤਾਨ
ਰੂਸ
ਸੋਮਾਲੀਆ
ਸੂਡਾਨ
ਸੀਰੀਆ
ਯੂਗਾਂਡਾ
ਯੂਕਰੇਨ

90 - Ecology

ਮ	ਆ	ਹ	ਵ	ਭ	ਾ	ਈ	ਚ	ਾ	ਰ	ੇ	ਠ	ਮ	ਭ	ਕ	ਊ
ਕ	ਠ	ਕ	ਐ	ਿ	ਐ	ਉ	ਹ	ਟ	ਹ	ਛ	ਆ	ਕ	ਣ	ਸ	ਪ
ਢ	ਲ	ਅ	ਧ	ਠ	ਭ	ਉ	ਧ	ਭ	ਪ	ਣ	ਢ	ਫ	ਧ	ਣ	ਲ
ਪ	ਐ	ਛ	ਸ	ਉ	ਖ	ਿ	ਡ	ਧ	ਘ	ਤ	ਮ	ਠ	ਛ	ਤ	ਗ
ਰ	ਈ	ਤ	਼	ਰ	ਠ	ਬ	ਂ	ਓ	ੁ	ਭ	ਰ	ਏ	ਓ	ਸ	ਗ
ਗ	ਫ	ਸ	ਰ	ਢ	ੋ	ੁ	ਰ	ਨ	ਣ	ਅ	ੀ	ਪ	ਲ	ਰ	ਉ
ਪ	ਊ	ਕ	ਾ	ਿ	ਟ	ਤ	ਸ	ਧ	ਤ	ੜ	ਨ	ਛ	ਥ	ਵ	ਨ
ਬ	ਆ	ਏ	ਮ	ਕ	ਲ	ਰ	ਯ	ਯ	ੂ	ਾ	ਵ	ਲ	ਜ	ਾ	ਇ
ਅ	ਠ	ਰ	ਊ	ਥ	ਰ	ਦ	ਣ	ਚ	ਕ	ਹ	ਧ	ਬ	਼	ਈ	ਇ
ਰ	ਸ	ਘ	ਖ	ਜ	ਹ	ੁ	ਲ	ਮ	ਊ	ਪ	ਫ	ੋ	ਸ	ਵ	ਖ
ਦ	ਸ	ਣ	ਨ	ਫ	ਖ	ਕ	ਥ	ਕ	ਾ	ੋ	ਸ	ਲ	ੀ	ਲ	ਵ
ਵ	ਲ	ਂ	ਟ	ੀ	ਅ	ਰ	ਪ	ਢ	ੁ	ਯ	ਮ	ਗ	ੀ	ਚ	ਤ
ਕ	ਟ	ਢ	ਰ	ਫ	ਲ	ੋ	ਰ	ਾ	ਭ	ਦ	ੇ	ੌ	ਪ	ਜ	ਪ
ਬ	ਨ	ਸ	ਪ	ਤ	ੀ	ਈ	ਪ	ਘ	ਟ	ਹ	ਰ	ਰ	ਸ	ਮ	ਦ
ਏ	ਅ	ਧ	ਹ	ਡ	ਦ	ਠ	ਹ	ਜ	ਉ	ਸ	ੁ	ਤ	ਠ	ਯ	ਭ
ਹ	ਯ	ਜ	ਧ	ਜ	ਘ	ਫ	ੁ	ਲ	ਟ	ਟ	ੇ	ਬ	ੀ	ੈ	ਹ

ਜਲਵਾਯੂ
ਭਾਈਚਾਰੇ
ਵਿਭਿੰਨਤਾ
ਸੋਕਾ
ਫਲੋਰਾ
ਗਲੋਬਲ
ਹੈਬੀਟੇਟ
ਮਰੀਨ
ਮਾਰਸ਼
ਪਹਾੜ

ਕੁਦਰਤੀ
ਕੁਦਰਤ
ਪੌਦੇ
ਸਰੋਤ
ਸਪੀਸੀਜ਼
ਸਰਵਾਈਵਲ
ਟਿਕਾਊ
ਬਨਸਪਤੀ
ਵਲੰਟੀਅਰ

91 - Adjectives #2

ਭ	ਨ	ਨ	ਮ	ਚ	ਤ	ਬ	ਟ	ਢ	ੜ	ਪ	ਆ	ਛ	ਕ	ਨ	ਜ
ਕ	ਜ	◌ੁ	◌ਾ	ਹ	ਊ	ਦ	ਸ	ਆ	ਫ	ਲ	◌ੁ	ਆ	ਢ	ਰ	ਇ
ਵ	ਛ	ਰ	ਣ	ਕ	ਜ	ਟ	ਦ	ਉ	ਪ	ਕ	ਦ	◌ਾ	ਪ	ਤ	ਉ
ਉ	ਭ	ਰ	ਪ	ਚ	ਪ	ਸ	ਚ	ਲ	◌ਿ	ਦ	◌ੁ	ਪ	ਤ	ਸ	ਧ
ਮ	ਸ	◌਼	ਹ	◌ੂ	ਰ	ਅ	◌ਿ	ਯ	ਵ	ਟ	ਮ	ਦ	ਥ	◌ੁ	ਪ
ਖ	ਮ	ਸ	ਢ	ਰ	ਵ	ਗ	ਖ	ਹ	ਇ	ਠ	ਇ	ਓ	ਰ	ਸ	ਲ
ਘ	ਕ	ਅ	ਐ	ਜ	ਉ	◌ਿ	ਹ	ਤ	ਤ	ਲ	ਹ	ਪ	ਏ	ਤ	ਸ
ਟ	ਥ	ਬ	ਖ	ਊ	ਆ	ਫ	◌ਂ	ਤ	ਬ	ਮ	ਗ	ਓ	ਅ	ਰ	◌ੀ
ਈ	ਣ	ਧ	ਓ	ਕ	◌ੀ	ਟ	◌ਾ	ਨ	◌ੂ	◌ੁ	◌ੰ	ਆ	ਵ	ਈ	ੜ
ਊ	ਉ	ਭ	ਕ	ਯ	ਟ	ਡ	ਵ	ਘ	◌਼	ਖ	ਵ	ਦ	ਵ	ਠ	ਲ
ਸ	◌਼	◌ਾ	ਨ	ਦ	◌ਾ	ਰ	ਨ	ਢ	ਜ	◌ਾ	ਣ	ਕ	◌ਾ	ਰ	◌ੀ
ਕ	ਰ	◌ੀ	ਏ	ਟ	◌ਿ	ਵ	ਈ	ਖ	ਮ	◌ੱ	ਨ	ਉ	◌ੁ	ਹ	ਗ
ਪ	◌੍	ਰ	ਮ	◌ਾ	ਣ	◌ਿ	ਕ	ਓ	ਡ	◌ੁ	ਐ	ਮ	ਤ	ਡ	◌ੰ
ਆ	ਛ	ਡ	ਯ	ਟ	ਰ	ਰ	ਈ	ਆ	ਵ	ਭ	ਵ	ਚ	ਕ	ਇ	ਜ
ਜ	ਫ	ਉ	ਰ	ਬ	ਅ	ਖ	ਚ	ਮ	ਦ	ਓ	ਆ	ਥ	ਤ	◌ੀ	ਪ
ਧ	ਫ	ਟ	ਜ	◌਼	◌ਿ	◌ੰ	ਮ	◌ੇ	ਵ	◌ਾ	ਰ	ਮ	ਧ	ਸ	ਨ

ਪ੍ਰਮਾਣਿਕ
ਕਰੀਏਟਿਵ
ਜਾਣਕਾਰੀ
ਨਾਟਕੀ
ਸ਼ਾਨਦਾਰ
ਮਸ਼ਹੂਰ
ਗਿਫਟਡ
ਸਿਹਤਮੰਦ
ਭੁੱਖਾ
ਦਿਲਚਸਪ
ਕੁਦਰਤੀ
ਨਵਾਂ
ਆਮ
ਉਤਪਾਦਕ
ਮਾਣ
ਜ਼ਿੰਮੇਵਾਰ
ਨਮਕੀਨ
ਸੁਸਤ
ਮਜ਼ਬੂਤ
ਜੰਗਲੀ

92 - Psychology

ਬ	ਓ	ਅ	ਬ	ਇ	ਧ	ਣ	ਉ	ਬ	ਵ	ਉ	ਥ	ਪ	ਵ	ਢ	ਡ
ਮ	ੜ	ਉ	ਐ	ਯ	ਨ	ਸ	ਹ	ਗ	ੜ	ਮ	ਣ	ਯ	◌ਿ	ਣ	ਣ
ਚ	ਧ	ਤ	ਅ	ਗ	ਟ	ਘ	ੜ	ਸ	ਉ	ਨ	ਤ	◌ੇ	ਚ	ਵ	ਅ
ਟ	ਣ	ਫ	ਟ	ਣ	ੜ	ਤ	ਘ	ਧ	ਡ	ਢ	ੜ	ਪ	◌ਾ	ਭ	ਈ
ਜ	ਕ	ਟ	ਏ	ਛ	ਨ	ਆ	ਜ	ਟ	ਆ	ਵ	ਨ	◌੍	ਰ	◌ੁ	ਛ
ੜ	ਲ	ਰ	ਛ	ਊ	ਆ	ਓ	ਸ	ਵ	ਈ	ਏ	ਉ	ਰ	ਹ	ਨ	ਭ
ਕ	◌ਾ	ਤ	◌ਾ	ਕ	ਲ	◌ੀ	ਨ	◌ਿ	ਕ	ਲ	ਲ	ਭ	◌ਾ	ਅ	ਧ
ਬ	◌ਂ	ਇ	ਇ	ਅ	ਗ	ਜ	ਮ	ਣ	◌ੱ	ਉ	ਸ	◌ਾ	◌ਿ	ਬ	◌ਾ
ਅ	◌ੁ	ਲ	ਆ	ਅ	ਸ	ਈ	ਉ	ਘ	ਠ	ਮ	ਕ	ਵ	ਵ	◌ੇ	ਰ
ਚ	ਮ	ਨ	◌ਿ	ਯ	◌ੁ	ਕ	ਤ	◌ੀ	ਨ	ਰ	ਸ	ਟ	ਈ	ਹ	ਨ
ਬ	ਫ	ਨ	ਯ	ਹ	ਹ	ਕ	◌ੀ	ਕ	ਤ	ਮ	ਅ	ਖ	ਮ	◌ੋ	◌ਾ
ਸ	ਚ	◌ੇ	ਤ	ਈ	ਢ	ਬ	◌ੁ	ਨ	ਟ	ਦ	ਰ	ਟ	ਡ	ਸ	ਆ
ਸ	ਗ	ਪ	◌ੀ	ਰ	◌ੇ	◌ੈ	ਥ	ਘ	ਨ	ਠ	ਬ	ਤ	ਢ	◌਼	ਥ
ਦ	ਉ	◌ੁ	ਨ	ਸ	ਨ	ਸ	ਨ	◌ੀ	ਟ	ਯ	ਓ	ਬ	ਕ	ਭ	ਐ
ਘ	ਦ	ਸ	ਯ	ਮ	ਟ	ਇ	ਥ	ਘ	ੜ	ਤ	ਖ	ਟ	ਲ	ਇ	ਅ
ਮ	ਚ	ਸ	ਏ	ਲ	ਯ	ਖ	ਧ	ਤ	ਈ	ਵ	ਯ	ਬ	ਧ	ਮ	ਏ

ਨਿਯੁਕਤੀਂ
ਮੁਲਾਂਕਣ
ਵਿਹਾਰ
ਬਚਪਨ
ਕਲੀਨਿਕਲ
ਟਕਰਾਅ
ਸੁਪਨੇ
ਈ.ਜੀ.ਓ
ਅਨੁਭਵ
ਪ੍ਰਭਾਵ
ਧਾਰਨਾ
ਸਮੱਸਿਆ
ਹਕੀਕਤ
ਸਨਸਨੀ
ਅਵਚੇਤਨ
ਥੈਰੇਪੀ
ਵਿਚਾਰ
ਬੇਹੋਸ਼

93 - Math

ਹ	ਜ	ਐ	ਮ	ਰ	ਣ	ਰ	ਚ	ੳ	ਦ	ਗ	ੜ	ਸ	ਖ	ਥ	ਮ
ਰ	ਣ	ਕ	ੋ	ਿ	ਤ	ਡ	ਢ	ਨ	ਬ	ਨ	ਤ	ਮ	ੳ	ਫ	ਉ
ਜ	ਗ	ਸ	ੁ	ਈ	ਮ	ਐ	ਯ	ਸ	ਜ	ਡ	ਬ	ਮ	ਯ	ਏ	ਪ
ਐ	ਣ	ਪ	ਯ	ਛ	ਆ	ਡ	ਊ	ਡ	ਭ	਼	ਜ	ਿ	ਢ	ਅ	ਠ
ੁ	ੜ	ੋ	ਜ	ਘ	ੇ	ਰ	ੇ	ਮ	ੁ	ਹ	ਵ	ਤ	ਿ	ਣ	ਗ
ਡ	ਸ	ਨ	ਕ	ਵ	ਿ	ਆ	ਸ	ੁ	ੁ	ਣ	ਚ	ੀ	ਰ	ਠ	ਗ
ਿ	ਮ	ੇ	ਦ	ਸ	਼	ਮ	ਲ	ਵ	ਹ	ਉ	ਐ	ਢ	ਿ	ਰ	ਤ
ਗ	ੀ	ਟ	ਧ	ੳ	ਘ	ਢ	ੳ	ਢ	ਬ	ਵ	ਗ	ਭ	ੳ	ਡ	ਡ
ਰ	ਕ	ਜ	ੜ	ਮ	ਵ	ਫ	ਰ	ਢ	ੰ	ਰ	ਬ	ੰ	ਨ	ਨ	ਤ
ੀ	ਰ	ਈ	ੁ	ਟ	ੳ	ਐ	ਤ	ਸ	ਲ	ਗ	ਅ	ਪ	ਖ	ਧ	ਭ
ਖ	ਨ	ਕ	ਭ	ਮ	ਰ	ਾ	ਗ	੍	ਲ	ੋ	ਲ	ੇ	ਰ	ੈ	ਪ
ਘ	ੁ	ਤ	ੳ	ਮ	ੈ	ਯ	ੳ	ਧ	ਥ	ਉ	ਟ	ਰ	ਕ	ਸ	ੳ
ਪ	ਥ	ਛ	ਸ	ਜ	ਬ	ਟ	ਣ	ਦ	ਇ	ਧ	ਡ	ਇ	ੱ	ਫ	ਛ
ਤ	ਬ	ਐ	ਯ	ਡ	ਤ	ਭ	ਰ	ਅ	ਇ	ਪ	ਈ	ਤ	ਚ	ਇ	ਅ
ਏ	ਲ	ਈ	ਟ	ਕ	ਭ	ਐ	ਟ	ੀ	ਆ	ਇ	ਤ	ਠ	ਮ	ਉ	ਇ
ਨ	ਬ	ਏ	ਠ	ਤ	ਛ	ਡ	ਪ	ਵ	ਬ	ਉ	ਢ	ਅ	ਜ	ਚ	ਈ

ਕੋਣ
ਗੁਣਿਤ
ਚੱਕਰ
ਦਸ਼ਮਲਵ
ਡਿਗਰੀ
ਵਿਆਸ
ਡਿਵੀਜ਼ਨ
ਸਮੀਕਰਨ
ਐਕਸਪੋਨੇਟ
ਜੁਮੈਟਰੀ
ਨੰਬਰ
ਪੈਰਲੇਲੋਗ੍ਰਾਮ
ਘੇਰੇ
ਲੰਬ
ਬਹੁਭੁਜ
ਆਇਤ
ਵਰਗ
ਜੋੜ
ਸਮਮਿਤੀ
ਤਿਕੋਣ

94 - Activities

ਕ	◌ੈ	◌ਂ	ਪ	ਿ◌	◌ੰ	ਗ	ਟ	ਿ◌	◌ੰ	◌ਂ	◌ੇ	ਪ	ਮ	ਫ	ਭ
ਤ	ਫ	ਆ	ਯ	ਬ	ਨ	ਵ	ਮ	ਰ	ਭ	ਵ	ਖ	ਬ	ਨ	◌ੋ	ਵ
ਵ	ਸ	ਰ	◌ਾ	ਵ	ਿ◌	ਕ	ਸ	ਢ	ਸ	ਣ	ਜ	ਆ	◌ੋ	ਟ	ਉ
ਖ	ਥ	ਪ	ਹ	◌ੇ	ਲ	◌ੀ	ਆ	◌ਂ	ਿ◌	ਊ	ਭ	ਬ	ਰ	◌ੋ	ਫ
ਬ	ਪ	ੜ	◌੍	ਹ	ਨ	ਅ	ਰ	ਹ	ਲ	ਪ	ੜ	ਗ	◌ੰ	ਗ	ੜ
ਖ	◌ਾ	ਲ	ਕ	ਗ	ਨ	ਠ	ਕ	ਯ	◌ਾ	ਓ	ਧ	ਢ	ਜ	◌੍	ਨ
ਭ	◌ੁ	ਗ	ਕ	ਿ◌	◌ੰ	ਈ	◌ਾ	ਹ	ਈ	ਨ	ਸ	ਇ	ਨ	ਰ	ਏ
ਚ	ਊ	ਸ	ਬ	ਚ	◌ੁ	ਐ	ਿ◌	ਕ	ਧ	ਈ	ਓ	ਚ	ਸ	◌ਾ	ਜ
ਟ	ਗ	ਢ	◌਼	◌ਾ	ਅ	ਜ	◌਼	ਿ◌	ਬ	◌ੁ	ਣ	◌ਾ	ਈ	ਫ	ਅ
ਢ	ਐ	ਗ	ਛ	◌ੀ	ਨ	ਈ	ਸ	ਰ	ਢ	ਜ	ਣ	ਫ	ਭ	◌ੀ	ਈ
ਈ	ਐ	ਘ	ਖ	ਠ	ਗ	◌ੀ	◌ੁ	ਿ◌	ਮ	ਐ	◌ਾ	◌ੁ	ਠ	ਭ	ਇ
ਅ	ਡ	ਛ	ਓ	ਅ	ੜ	ਮ	ਕ	ਆ	ਰ	ਹ	ਕ	ਦ	ਫ	ਲ	ਜ
ਸ	◌਼	ਿ◌	ਲ	ਪ	ਕ	◌ਾ	ਰ	◌ੀ	ਐ	ਏ	ਐ	ਥ	◌ੂ	ਨ	ੜ
ਖ	ਐ	ਓ	ਈ	ਏ	ਇ	ਦ	ਨ	ਯ	ਈ	ਭ	ਆ	ਘ	ਚ	ਖ	ਦ
ਣ	ਜ	ਐ	ਏ	ਓ	ਲ	ਈ	◌ੁ	ਹ	ਟ	ਘ	ਰ	ਭ	ਟ	◌ੁ	ਭ
ਕ	ਭ	ਇ	ਹ	ਡ	ਭ	ਬ	ਹ	ਈ	ਗ	ਕ	ਛ	ਠ	ਤ	ਖ	ਖ

ਕਿਰਿਆ
ਕਲਾ
ਕੈਂਪਿੰਗ
ਵਸਰਾਵਿਕਸ
ਸ਼ਿਲਪਕਾਰੀ
ਫੜਨ
ਬਾਗਬਾਨੀ
ਹਾਈਕਿੰਗ
ਸ਼ਿਕਾਰ
ਬੁਣਾਈ
ਮਨੋਰੰਜਨ
ਜਾਦੂ
ਪੇਂਟਿੰਗ
ਫੋਟੋਗ੍ਰਾਫੀ
ਖੁਸ਼ੀ
ਪਹੇਲੀਆਂ
ਪੜ੍ਹਨ
ਸਿਲਾਈ
ਹੁਨਰ

95 - Business

ਡ	ਆ	ਛ	ਭ	ੜ	ਥ	ਠ	ਣ	ਫ	ਭ	ੁ	ਘ	ਬ	ਪ	ਕ	ਨ
ਏ	ਫ	ਬ	ੋ	ਸ	ਤ	ਲ	ਢ	ਟ	ਏ	ਈ	ਦ	ਜ	ੈ	ਰ	ਊ
ਲ	ਮ	ੈ	ਕ	ਕ	ਫ	ਛ	ਆ	ਯ	ਯ	ਡ	ਕ	ਟ	ਸ	ਮ	ਉ
ਾ	ਹ	ਛ	ਕ	ੈ	ਗ	ਠ	ਚ	ਜ	ਆ	ਟ	ਉ	ਵ	ਾ	ਚ	ਬ
ਗ	ਭ	ਕ	ਜ	ਟ	ਓ	ਫ	ਊ	ਐ	ਟ	ਤ	ਫ	ਲ	ਆ	ਾ	ਈ
ਤ	ਨ	ਜ	ਏ	ਈ	ਰ	ਜ	ਨ	ੇ	ੈ	ਮ	ਈ	ਤ	ਅ	ਰ	ਫ
ਛ	ਦ	ਢ	ਅ	ਭ	ੀ	ੀ	ਦ	ਫ	ਤ	ਰ	ਹ	ਾ	ਡ	ੀ	ਭ
ਧ	ਮ	ਢ	ਬ	ਣ	ਕ	ਸ	ਫ	ਮ	ਯ	ਖ	ਮ	ਦ	ਘ	ਕ	ਧ
ਠ	ਆ	ਉ	ਭ	ਇ	ਿ	਼	ਥ	ਈ	ੁ	ਮ	ਨ	ਾ	ਘ	ਅ	ਖ
ਹ	ਯ	ਵ	ਯ	ਠ	ਵ	ਵ	ਿ	ੱ	ਤ	ਦ	ਮ	ਰ	ਫ	ਦ	ਕ
ਖ	ਾ	ਛ	ਵ	ਯ	ਜ	ੇ	ਲ	ਰ	ਨ	ਪ	ਰ	ਗ	ਐ	ਟ	ਥ
ਠ	ਤ	ਥ	ੋ	ਏ	ਅ	ਿ	ਜ	ਠ	ਜ	ਨ	ੀ	ਾ	ਸ	ਫ	ਸ
ਲ	ਜ	ਰ	ਹ	ਟ	ਮ	ਨ	ਨ	ਠ	ਬ	ਪ	ਕ	ਜ	ਆ	ਪ	ਘ
ਕ	ੈ	ਰ	ੀ	ਅ	ਰ	ਅ	ਤ	ਫ	ਚ	ਮ	ੌ	਼	ਯ	ਜ	ਡ
ਮ	ਯ	ਆ	ਉ	ਟ	ਟ	ੁ	ਆ	ਕ	ਐ	ਰ	ਨ	ੁ	ੜ	ਥ	ਵ
ਕ	ੰ	ਪ	ਨ	ੀ	ਓ	ਪ	ਮ	ਘ	ਣ	ਐ	ਲ	ਰ	ਯ	ੁ	ਅ

ਬੌਸ
ਬਜਟ
ਕੈਰੀਅਰ
ਕੰਪਨੀ
ਲਾਗਤ
ਮੁਦਰਾ
ਛੋਟ
ਕਰਮਚਾਰੀ
ਰੁਜ਼ਗਾਰਦਾਤਾ
ਫੈਕਟਰੀ

ਵਿੱਤ
ਆਯਾਤ
ਆਮਦਨ
ਨਿਵੇਸ਼
ਨੌਕਰੀ
ਮੈਨੇਜਰ
ਪੈਸਾ
ਦਫਤਰ
ਵਿਕਰੀ
ਟੈਕਸ

96 - Literature

ਏ	ਕ	ਅ	ਣ	ਗ	ਫ	ਤ	ਕ	ਜ	ਪ	ਚ	ੜ	ਥ	ਇ	ਚ	ਉ
ਚ	ਦ	ਤ	ਕ	ਗ	ੜ	ਨ	◌ੁ	ਦ	ਇ	ਤ	ਏ	ਈ	ਧ	ਇ	ਢ
ਕ	ਵ	ਿ◌	ਤ	◌ਾ	ਯ	ਏ	ਗ	ਲ	◌ਾ	ਇ	◌ਾ	ਡ	ਯ	ਮ	ਲ
ਸ	ਿ◌	◌ੱ	ਟ	◌ਾ	◌ੁ	ਛ	ਲ	ਠ	ਨ	ਟ	ਰ	ਮ	ਬ	ਠ	ਭ
ਰ	ਫ	ਏ	ਥ	ਢ	ਠ	ਦ	ਟ	ਤ	ਣ	◌ਾ	ਢ	ਤ	ਸ	ਥ	ਯ
ਟ	ਕ	◌ਾ	ਵ	ਿ◌	ਕ	◌ੁ	ਵ	ਰ	ਰ	ਠ	ਭ	ਮ	ਬ	ਯ	ਦ
ਹ	ਅ	ਚ	◌ੁ	ਥ	ਢ	ਖ	ਆ	ਿ◌	ਵ	ਜ	ਰ	◌ੁ	ਧ	ਈ	ਣ
ਈ	ਬ	ਉ	ਇ	ਘ	ਥ	◌ਾ	ਡ	ਰ	ਸ	ਠ	ਰ	ਡ	ਦ	ਏ	ਕ
ਫ	ਵ	ਕ	ਠ	ਕ	ਕ	◌ਂ	ਫ	ਚ	ਯ	◌਼	ਤ	ਤ	ਫ	ਸ	ਿ◌
ਤ	◌ੁ	ਮ	ਢ	ਮ	ਰ	ਤ	ਊ	ਵ	ਈ	ਖ	ਲ	ਵ	◌ਾ	ਨ	◌ੱ
ਕ	ਲ	◌ੀ	◌ੈ	◌਼	ਸ	ਗ	ਵ	ਇ	ਗ	ਰ	ਭ	◌ੇ	ਤ	ਫ	ਸ
ਈ	ਲ	ਥ	ਮ	ਯ	ਠ	ਕ	ਊ	ਇ	ਊ	ਜ	ਰ	ਵ	ਸ	ਦ	◌ਾ
ਧ	◌ਾ	ਪ	ਜ	◌ੀ	ਵ	ਨ	◌ੀ	ਸ	ਫ	ਘ	◌ੂ	ਥ	ਸ	◌਼	ਹ
ਇ	ਤ	◌ਾ	ਨ	◌ਾ	ਮ	ਸ	ਲ	◌ੇ	ਖ	ਕ	ਪ	ਏ	ਘ	ਕ	ਣ
ਓ	ਠ	ਊ	ਗ	◌ਾ	ਧ	ਵ	◌ੁ	ਠ	ਛ	ਖ	ਕ	ਹ	ਐ	ਏ	ਪ
ਓ	ਭ	ਫ	ਚ	ਫ	ਯ	◌ੁ	ਉ	ਅ	ਭ	ਸ	ਛ	ਡ	ਊ	ਢ	ਯ

ਸਮਾਨਤਾ
ਵਿਸ਼ਲੇਸ਼ਣ
ਕਿੱਸਾ
ਲੇਖਕ
ਜੀਵਨੀ
ਤੁਲਨਾ
ਸਿੱਟਾ
ਵਰਣਨ
ਡਾਇਲਾਗ
ਕਲਪਨਾ
ਰੂਪਕ
ਨਾਵਲ
ਰਾਏ
ਕਵਿਤਾ
ਕਾਵਿਕ
ਤੁਮ
ਤਾਲ
ਸ਼ੈਲੀ
ਥੀਮ
ਦੁਖਾਂਤ

97 - Geography

ਏ	ਅ	ਸ	ਆ	ਥ	ਚ	ਅ	ਧ	ਖ	ਤ	ਡ	ਦ	ਖ	ਇ	ਣ	ਲ
ਚ	ਖ	ਕ	ਊ	ਹ	ਖ	ਢ	ੜ	ਕ	ੜ	ਚ	◌ੇ	ਈ	ਣ	ਰ	ਚ
ਚ	ਡ	ਕ	ਸ	ਲ	ਟ	ਐ	ਚ	ਬ	ਊ	ਅ	ਸ	ਲ	◌ੁ	ਸ	ਨ
ਟ	◌ਾ	ਪ	◌ੂ	◌਼	ੜ	ਭ	ਇ	ਛ	◌ੁ	ਨ	◌਼	ਣ	ਲ	ਮ	ਕ
ਧ	ਕ	ਦ	ਮ	ਲ	◌ਾ	◌ੋ	ਗ	ਭ	ਭ	ਏ	ਦ	ਜ	ਡ	◌ੁ	ਸ
ਚ	ਸ	◌ੀ	ਏ	ਏ	ਹ	◌ਂ	ਲ	ਏ	ਠ	ਏ	ਡ	◌ੀ	ਧ	◌ੰ	◌਼
ਧ	◌਼	◌ਂ	◌ੁ	ਆ	ਪ	ਫ	ਸ	ਡ	ਆ	ਣ	◌ੀ	ਖ	◌ੱ	ਦ	◌ਾ
ੜ	ਹ	◌ਾ	ਤ	ਣ	ਆ	ਛ	ਨ	◌਼	ਧ	ਦ	◌ੁ	ਘ	ਏ	ਰ	ਇ
ਨ	◌ਿ	ਹ	ਮ	◌ੈ	ਰ	◌ੀ	ਡ	◌ੀ	ਅ	ਨ	ਊ	ਘ	ਖ	ਤ	ਹ
ਭ	ਰ	ਮ	ਛ	ਐ	ਕ	ਥ	ਈ	ਜ	ਧ	ਏ	ੜ	ਇ	ਬ	◌ੇ	ਢ
ਨ	ਐ	ਈ	◌ੱ	ਈ	◌ਾ	ਚ	ਉ	ਢ	ਫ	ਓ	ਚ	ਪ	ਲ	ਖ	ਉ
ਭ	ਵ	ਮ	ਪ	ਬ	ਬ	ਡ	ਹ	ਕ	ਨ	ਤ	ਦ	ਊ	ਖ	ਪ	ਬ
ੜ	ਤ	ਇ	ਥ	ਠ	◌ੰ	ਸ	ਅ	ਉ	ਲ	ਛ	ਭ	◌ੂ	ਮ	◌ੱ	ਧ
ਉ	◌ੱ	ਤ	ਰ	ਘ	ਲ	ਨ	◌ਾ	ਣ	ਬ	ਠ	ਹ	ਫ	ਅ	ਭ	ਵ
ਤ	ਕ	ਏ	ਚ	ਰ	ਲ	ਡ	ਏ	ਗ	ਆ	ਆ	ਢ	ਕ	ਊ	ਠ	ਆ
ਇ	ਅ	ਖ	◌ੁ	ਨ	ਮ	ਕ	ਣ	ੜ	ਰ	ਭ	ਸ	ਛ	ਕ	ਗ	ਏ

ਉਚਾਈਂ
ਐਟਲਸ
ਸ਼ਹਿਰ
ਮਹਾਂਦੀਪ
ਦੇਸ਼
ਭੂਮੱਧ
ਗੋਲਾ
ਟਾਪੂ
ਅਕਸ਼ਾਂਸ਼
ਲੰਬਕਾਰ
ਨਕਸ਼ਾ
ਮੈਰੀਡੀਅਨ
ਪਹਾੜ
ਉੱਤਰ
ਸਮੁੰਦਰ
ਖੇਤਰ
ਨਦੀ
ਸਾਗਰ
ਦੱਖਣੀ
ਪੱਛਮ

98 - Jazz

ਊ	ਗ	ਛ	ਭ	ੜ	ਹ	ਰ	ਗ	◌ੀ	ਤ	ਮ	ਬ	ਲ	ਐ	ਤ	ਨ
ਓ	ਅ	ਰ	ਯ	ਠ	ਇ	ਚ	ਉ	ਧ	ਪ	ਸ	ਧ	ਸ	ਟ	ਕ	◌ੁ
ਚ	◌ਂ	ਕ	ੜ	ੜ	ਲ	ਨ	ਕ	ਯ	ਘ	◌਼	ਊ	ਛ	ਦ	ਨ	ਗ
ਵ	ਭ	◌ਾ	ਰ	◌੍	ਪ	◌ਾ	ਲ	ਓ	ਅ	ਹ	ਜ	ੜ	ਗ	◌ੀ	ਢ
ਐ	ਕ	ਤ	ਵ	ਜ	ਟ	ਚ	◌ਾ	◌ੈ	ਥ	◌ੂ	ਤ	ਲ	ਥ	ਕ	ਰ
ਫ	ਊ	ਗ	ਡ	ਠ	ਚ	ਕ	ਕ	ਸ	ਮ	ਰ	ਏ	ਇ	ਇ	ਏ	ਕ
ਯ	ਢ	◌ੀ	ਚ	ਠ	ਬ	ਜ	◌ਾ	◌ੁ	ਥ	ਛ	ਭ	ਓ	ਡ	ਡ	ਅ
ਉ	ਦ	◌ੰ	ਸ	ਪ	ਨ	ਮ	ਰ	ਧ	ਪ	ਭ	ਯ	ਐ	ਚ	◌ੁ	ਭ
ਪ	ਈ	ਸ	ਤ	ਆ	ਮ	ਕ	ਭ	◌ਾ	ਤ	ਿ◌	ਰ	◌੍	ਪ	ਮ	ਲ
ਗ	ਵ	◌ੰ	ਕ	ਠ	ਰ	◌ੁ	ਗ	ਰ	ਖ	ਰ	ਥ	ਇ	ਲ	ਭ	ਐ
ਧ	ਣ	ਗ	ਘ	ਅ	ਢ	ਕ	ਚ	ਜ	ਵ	ਖ	ਨ	ਇ	ਈ	ਡ	ੜ
ਮ	ਮ	◌ੀ	ਇ	ਡ	ਬ	ਰ	◌ੈ	ਟ	ਧ	ਟ	ਢ	ਦ	ਛ	ਟ	◌ੁ
ਰ	ਢ	ਤ	ਓ	ਘ	ਜ	ਣ	ਓ	ਸ	ਟ	ਯ	ਊ	ਤ	ਥ	ਓ	ਆ
ਘ	ਊ	ਬ	ਦ	ਗ	ਘ	ਉ	ਮ	ਗ	ਟ	ੜ	ਏ	ਅ	ਈ	ਕ	ਊ
ਠ	ਨ	ਆ	ਅ	ਪ	ਪ	ਬ	ਚ	ਛ	ਠ	ਰ	ਛ	ਡ	ਓ	ਊ	ਥ
ਸ	◌਼	◌ੈ	ਲ	◌ੀ	ਥ	ਤ	ਆ	ਤ	◌ਾ	ਲ	◌ਾ	ਮ	ਢ	ਅ	ਜ

ਐਲਬਮ
ਕਲਾਕਾਰ
ਸੰਗੀਤਕਾਰ
ਰਚਨਾ
ਮੇਲ
ਮਸ਼ਹੂਰ
ਮਨਪਸੰਦ
ਸੁਧਾਰ
ਪ੍ਰਭਾਵ
ਸੰਗੀਤ
ਨਵਾਂ
ਆਰਕੈਸਟਰਾ
ਤਾਲ
ਗੀਤ
ਸ਼ੈਲੀ
ਪ੍ਰਤਿਭਾ
ਤਕਨੀਕ

99 - Vacation #2

ਟ	ਰ	◌ੋ	ਪ	ਰ	ਅ	ਏ	ਗ	ਨ	ਖ	ਬ	ਡ	ਥ	ਕ	ਘ	ਪ
◌ੋ	◌ੈ	ਊ	ਉ	ਦ	ਠ	ਯ	ਛ	ਠ	ਚ	ਹ	ਯ	ਊ	ਈ	ਥ	◌ਾ
◌ੋ	ਵ	ਕ	ਹ	ੜ	ਆ	ਐ	ਮ	ਮ	ਨ	◌ੋ	ਰ	◌ੱ	ਜ	ਨ	ਸ
ਫ	◌ੀ	ਈ	ਸ	ਭ	◌ੋ	ਜ	ਨ	◌ਾ	ਲ	◌ਾ	◌ਾ	ਗ	◌ਾ	ਚ	ਪ
ਈ	ਜ	ਯ	◌਼	◌ੀ	ਹ	◌ੋ	ਟ	ਲ	ਜ	ਤ	ਤ	ਖ	◌ਾ	ਈ	◌ੋ
ਠ	◌਼	ਟ	◌ੀ	ਬ	ਪ	ਹ	◌ਾ	ੜ	◌਼	ਛ	◌ਾ	ਫ	ਵ	ਸ	ਰ
ਜ	◌ਾ	ਏ	ਦ	ਲ	◌ੀ	ਉ	ਕ	ਤ	◌ਿ	ਧ	ਯ	ਬ	ਆ	ਖ	ਟ
ੜ	ਓ	ਓ	◌ੇ	ਧ	ਓ	ਚ	ਚ	ਭ	◌ੰ	ਨ	ਕ	ਸ	◌਼	◌ਾ	◌ੀ
ਆ	ਵ	ਤ	◌ਿ	ਘ	ਸ	ਤ	ਡ	ਏ	ਮ	ਢ	ਮ	ਤ	ਸ	ੜ	◌ੱ
ਦ	ਟ	ਕ	ਵ	ਕ	ਆ	◌ੰ	ਕ	◌ੈ	◌ਂ	ਪ	◌ਿ	◌ੰ	ਗ	ਕ	◌ੁ
ਯ	◌ਾ	ਭ	ਜ	ਈ	ਵ	ਬ	ਧ	ਉ	ਜ	ਅ	ਇ	ਨ	◌ੁ	ਫ	ਛ
ਅ	ਪ	ਅ	ਬ	ਯ	ਡ	◌ੂ	ਧ	ਓ	ਰ	ਗ	ਨ	ਐ	ਫ	ਫ	ਈ
ਈ	◌ੂ	ਦ	ਢ	ਖ	ੜ	ਠ	ਓ	ਗ	ਫ	ਅ	ਫ	ਢ	ਈ	ਘ	ਫ
◌ੁ	ਅ	ਯ	ਦ	ਚ	ਊ	ਣ	ਊ	ਏ	ਅ	ੜ	ਗ	ਐ	ਣ	◌ੁ	ਜ
ਵ	ਛ	ੜ	ਬ	ਗ	ਥ	ਡ	ਢ	ਤ	ਖ	ਟ	ਹ	ਅ	ਡ	ਈ	ੜ
ਵ	ਉ	ਯ	ਜ	ਬ	ਏ	ਰ	ਮ	ਊ	ਮ	ਗ	ਯ	ਕ	ਥ	ਐ	ਤ

ਏਅਰਪੋਰਟ
ਬੀਚ
ਕੈਂਪਿੰਗ
ਮੰਜ਼ਿਲ
ਵਿਦੇਸ਼ੀ
ਛੁੱਟੀ
ਹੋਟਲ
ਟਾਪੂ
ਯਾਤਰਾ
ਮਨੋਰੰਜਨ
ਨਕਸ਼ਾ
ਪਹਾੜ
ਪਾਸਪੋਰਟ
ਫੋਟੋ
ਭੋਜਨਾਲਾ
ਸਾਗਰ
ਟੈਕਸੀ
ਤੰਬੂ
ਆਵਾਜਾਈ
ਵੀਜ਼ਾ

100 - Electricity

ਨ	ਊ	ਥ	ਸ	ਾ	ਕ	ਟ	ਛ	ਗ	ਉ	ਮ	ਲ	ਇ	ਮ	ਅ	ਧ
ਅ	ੈ	ਘ	ਨ	ਊ	ਪ	ਘ	ਵ	ਯ	ਛ	ਟ	ਐ	ਥ	ਾ	ਫ	ਸ
ਸ	ੁ	ੱ	ਐ	ੜ	ਘ	ਢ	ਟ	ਘ	ਐ	ਆ	ਂ	ੂ	ਤ	ਸ	ਵ
਼	ਨ	ਬ	ਟ	ੁ	ਘ	ਗ	ਆ	ਜ	ਤ	ਚ	ਥ	ਏ	ਰ	ਕ	ਟ
ੀ	ਕ	ਿ	ਢ	ਵ	ਸ	ਕ	ਾ	ਰ	ਾ	ਤ	ਮ	ਕ	ਾ	ੇ	ੈ
ਰ	ਾ	ਜ	ਰ	ਟ	ਰ	ੇ	ਨ	ੇ	ਜ	ਦ	ੀ	ਵ	ੇ	ਬ	ਲ
ੀ	ਰ	ਲ	ੀ	ਖ	ਇ	ਕ	ਨ	ੋ	ਘ	਼	ਈ	ਆ	ਮ	ਲ	ੀ
ਟ	ਾ	ੀ	ਟ	ਓ	ਲ	ਬ	ਏ	ਟ	ਜ	ਯ	ੇ	ਸ	ਢ	ਡ	ਵ
੍	ਤ	ਯ	ੈ	ਤ	ਬ	ੰ	ਗ	ਸ	ੁ	ਭ	ਚ	ਲ	ਆ	ਛ	ਿ
ਕ	ਮ	ਥ	ਬ	ਖ	ਈ	ੁ	ਊ	ਕ	ਨ	ਠ	ਛ	ਰ	ਯ	ਇ	ਜ
ੈ	ਕ	ਗ	ਆ	ਡ	ਆ	ਚ	ਊ	ਉ	ਛ	ਧ	ਥ	ਚ	ਡ	ਖ	਼
ਲ	ਛ	ਉ	ਈ	ਕ	ਛ	ਯ	ਬ	ਚ	ਆ	ਟ	ਡ	ਆ	ਪ	ਇ	ਨ
ਇ	ਧ	ਢ	ਓ	ਢ	ਭ	ਤ	ਮ	ਫ	ਨ	ਟ	ਚ	ਖ	ਲ	ਅ	ਏ
ਮ	ਖ	ਯ	ਹ	ਕ	ਜ	ਕ	ਤ	ਨ	ਕ	ਨ	ਅ	ਬ	ਟ	ਜ	ਭ
ੜ	ਓ	ਫ	ਆ	ਢ	ਥ	ਏ	ਜ	ਟ	ੈ	ਲ	ੀ	ਫ	ੋ	ਨ	ਥ
ਉ	ਤ	ਜ	ਏ	ਥ	ਮ	ਦ	ਅ	ਹ	ਜ	ਫ	ਧ	ਅ	ਪ	ਪ	ਭ

ਬੈਟਰੀ
ਕੇਬਲ
ਬਿਜਲੀ
ਇਲੈਕਟ੍ਰੀਸ਼ੀਅਨ
ਜੇਨਰੇਟਰ
ਦੀਵੇ
ਲੇਜ਼ਰ
ਚੁੰਬਕ
ਨਕਾਰਾਤਮਕ
ਨੈੱਟਵਰਕ
ਵਸਤੂਆਂ
ਸਕਾਰਾਤਮਕ
ਮਾਤਰਾ
ਸਾਕਟ
ਸਟੋਰੇਜ
ਟੈਲੀਫੋਨ
ਟੈਲੀਵਿਜ਼ਨ

1 - Antiques

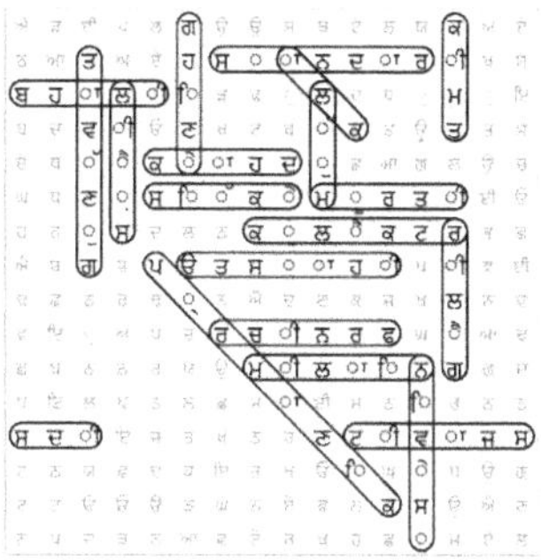

2 - Food #1

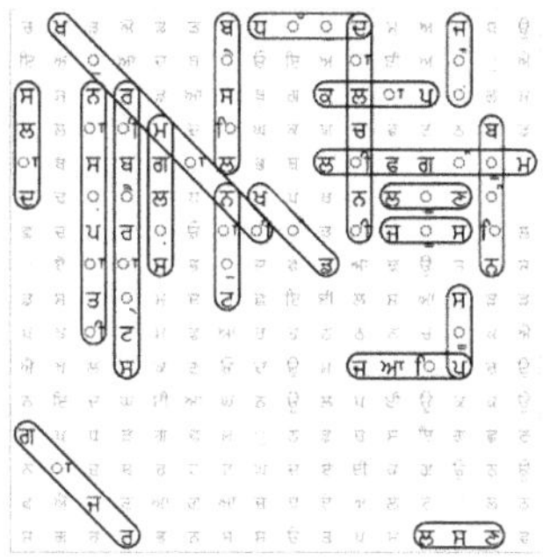

3 - Measurements

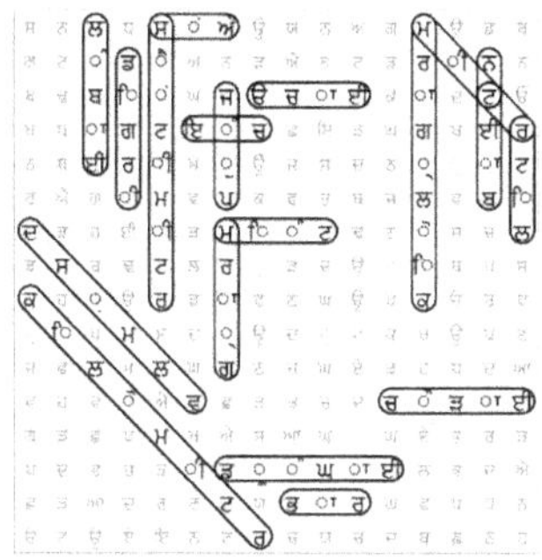

4 - Farm #2

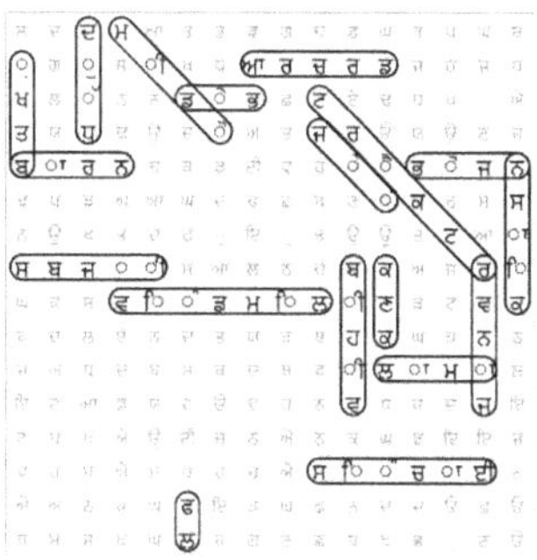

5 - Books

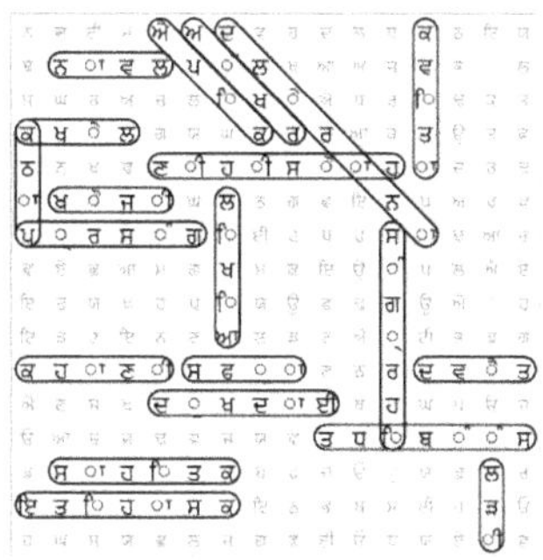

6 - Days and Months

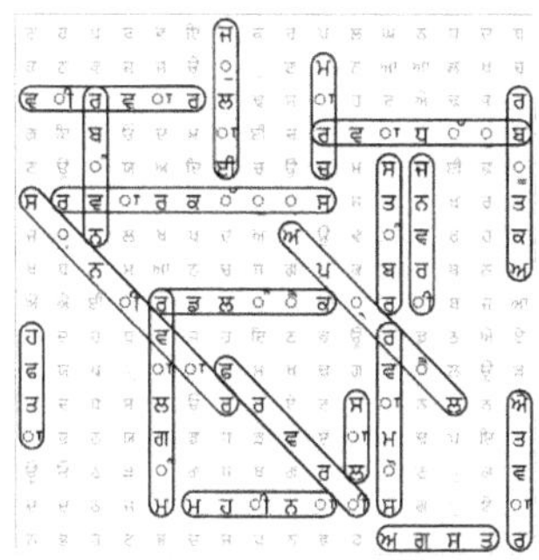

7 - Energy

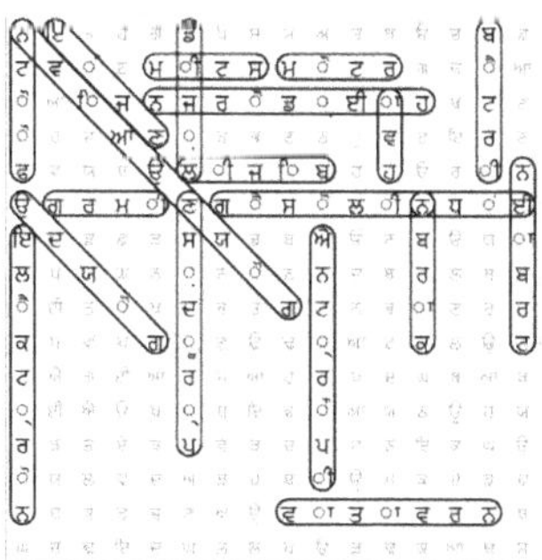

8 - Chess

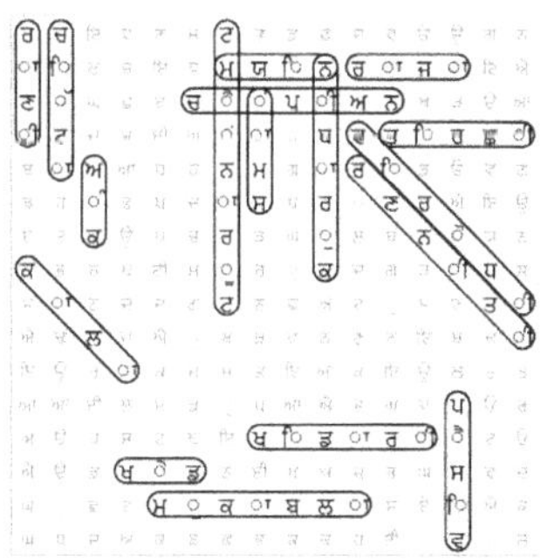

9 - Archeology

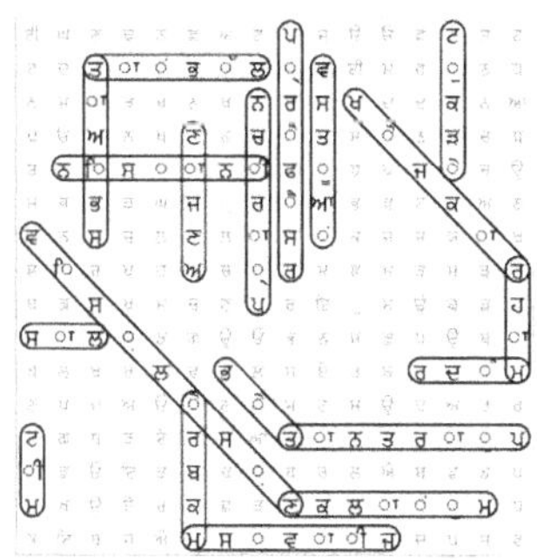

10 - Food #2

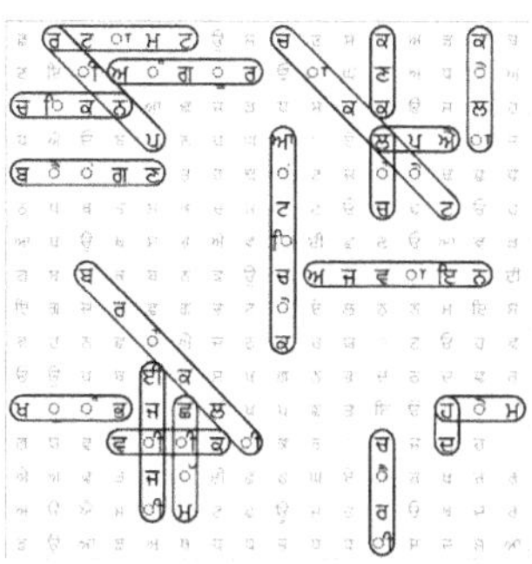

11 - Chemistry

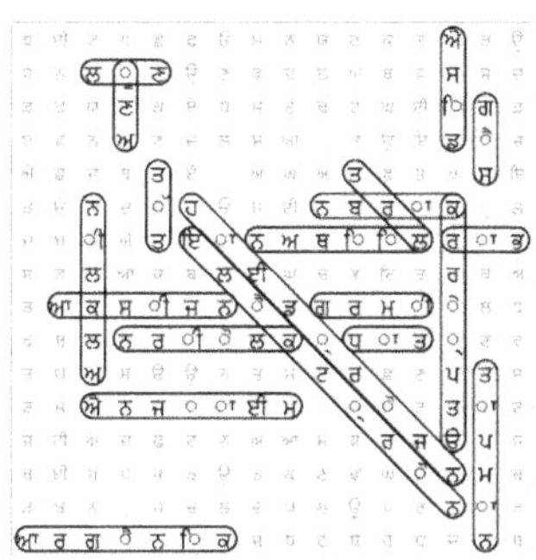

12 - Family

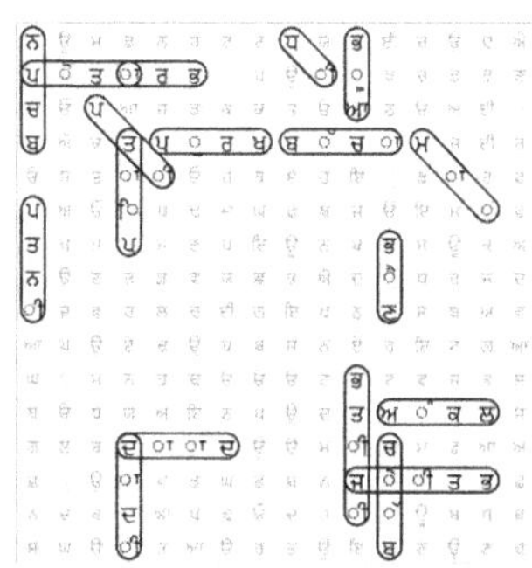

13 - Farm #1

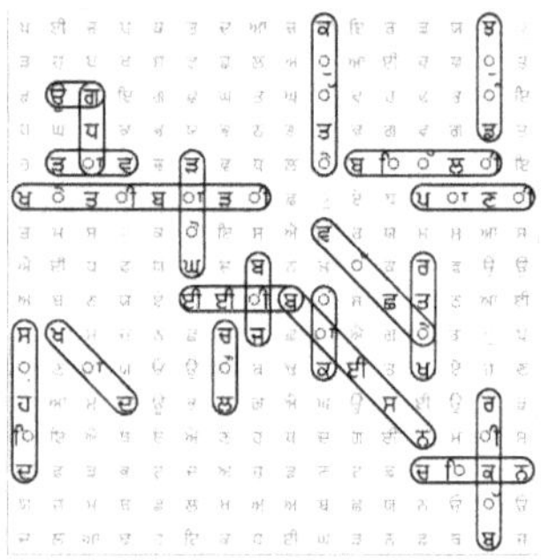

14 - Camping

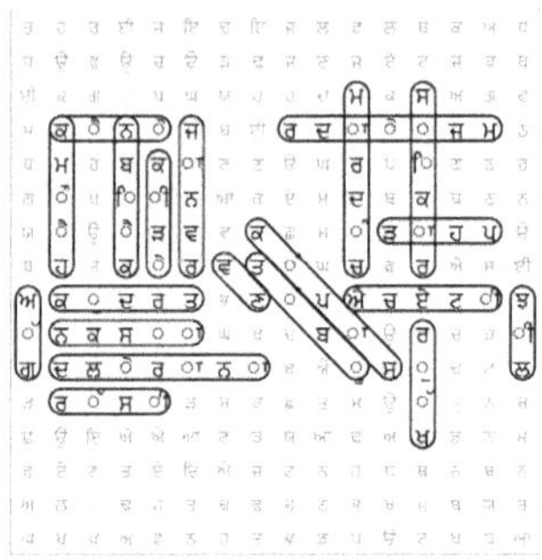

15 - Conservation

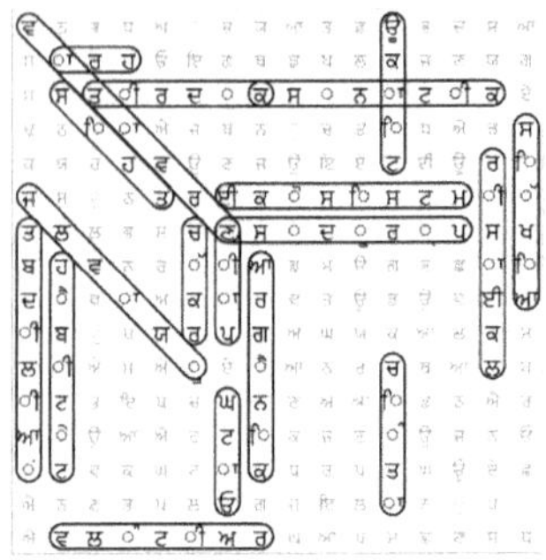

16 - Algebra

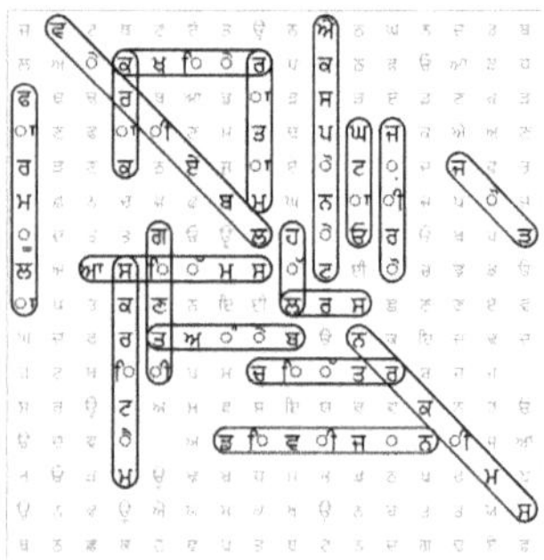

17 - Numbers

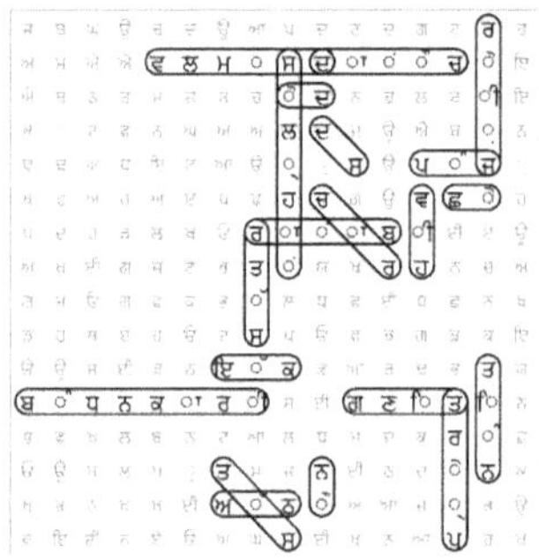

18 - Spices

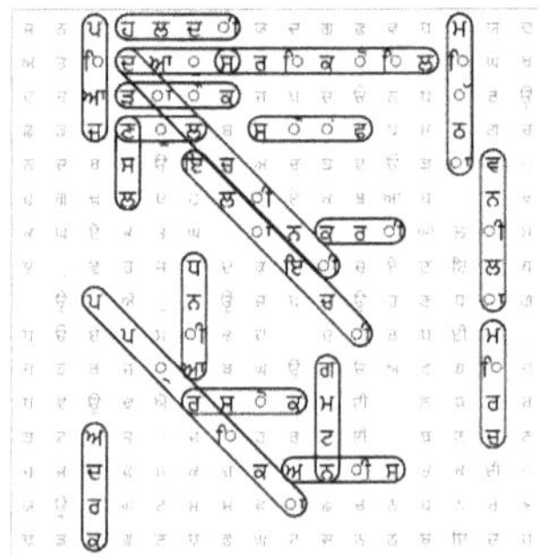

19 - Universe

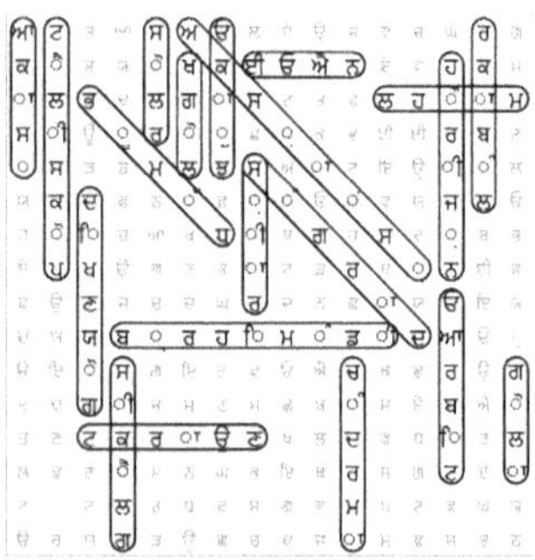

20 - Mammals

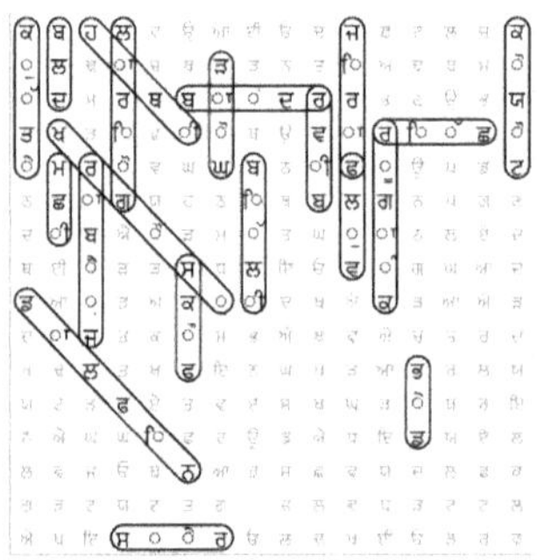

21 - Restaurant #1

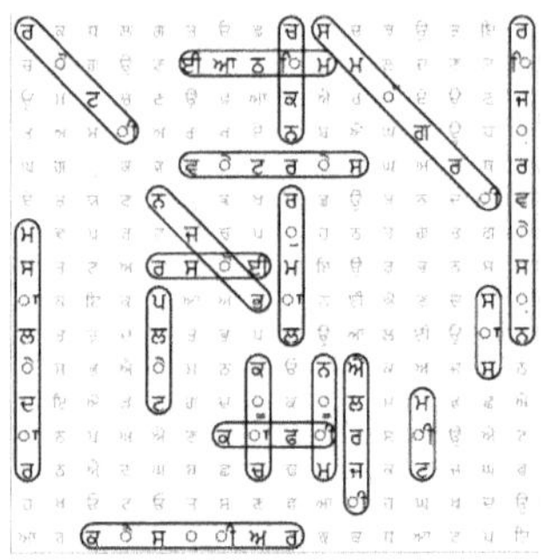

22 - Bees

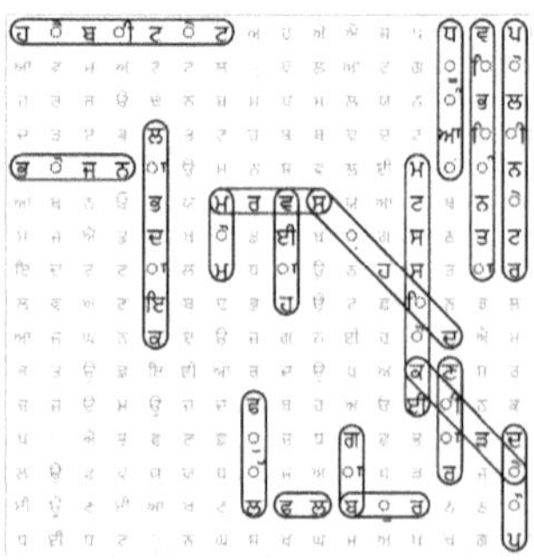

23 - Photography

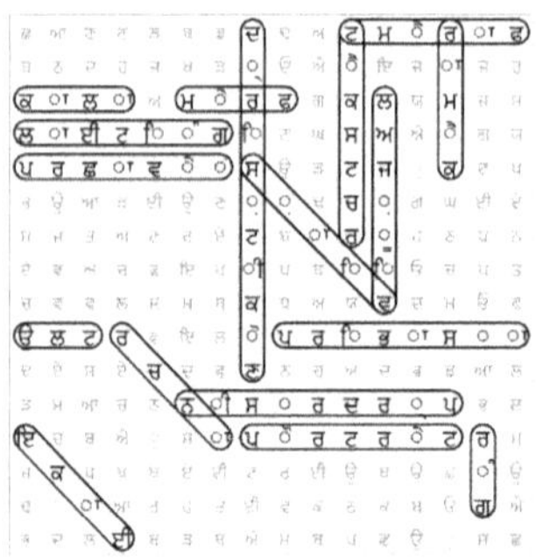

24 - Weather

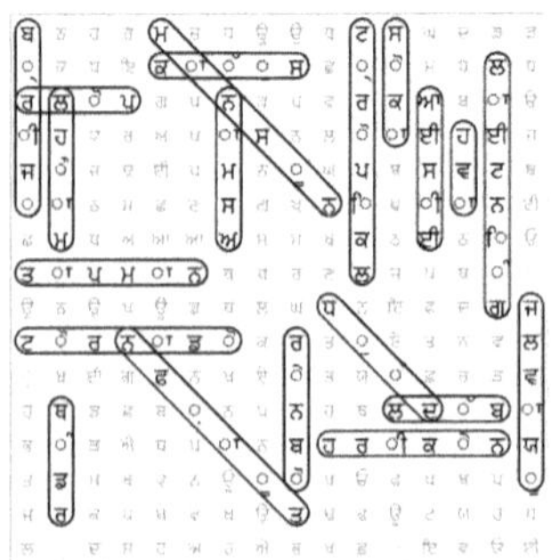

25 - Adventure

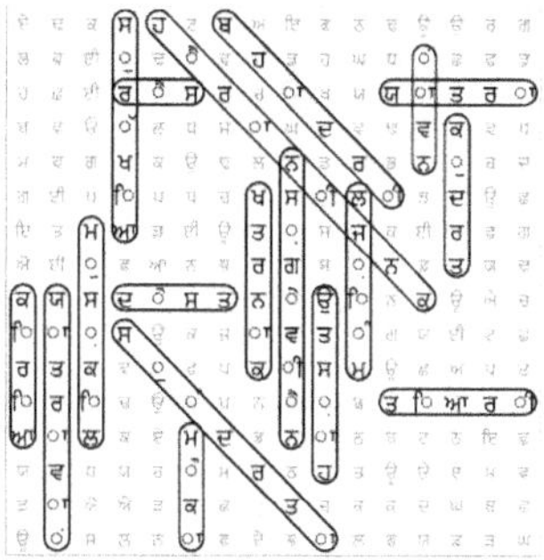

26 - Restaurant #2

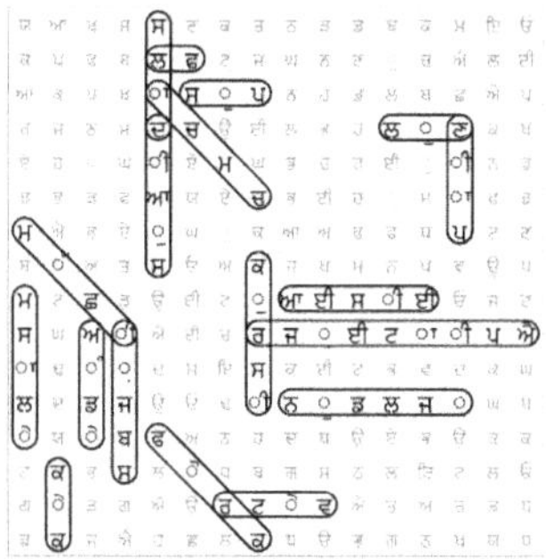

27 - Geology

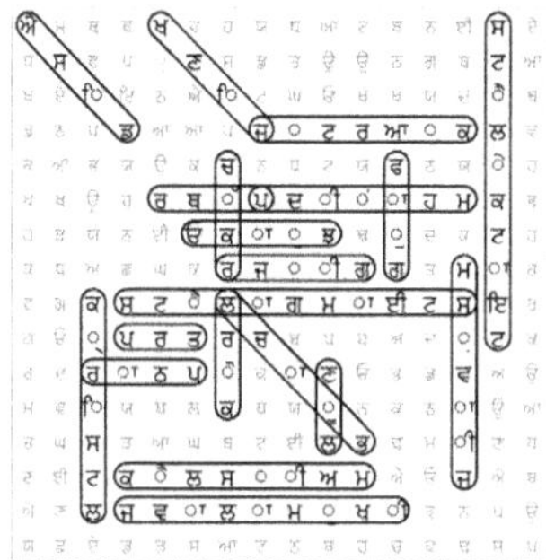

28 - House

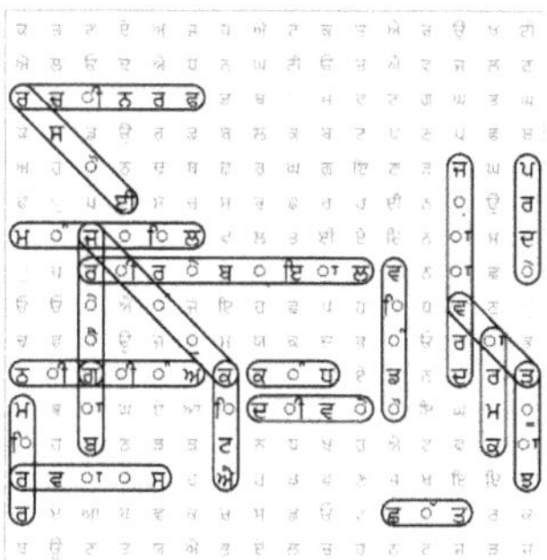

29 - Physics

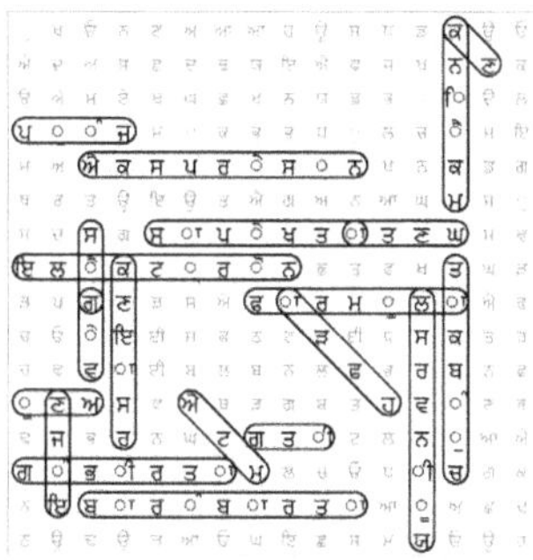

30 - Dance

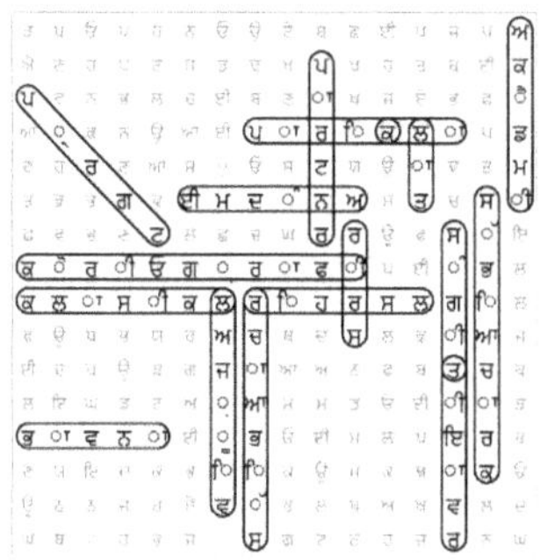

31 - Colors

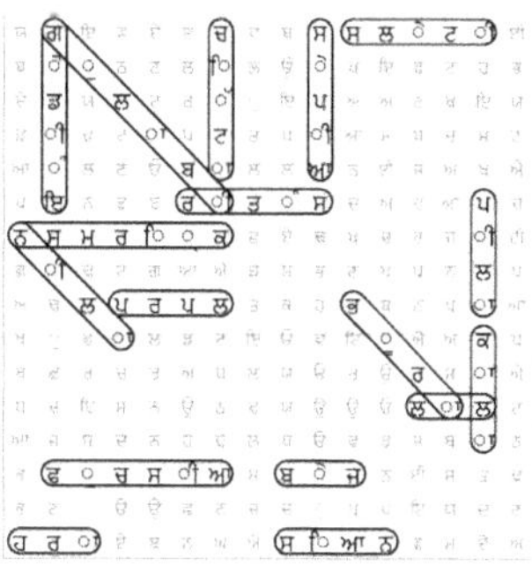

32 - Climbing

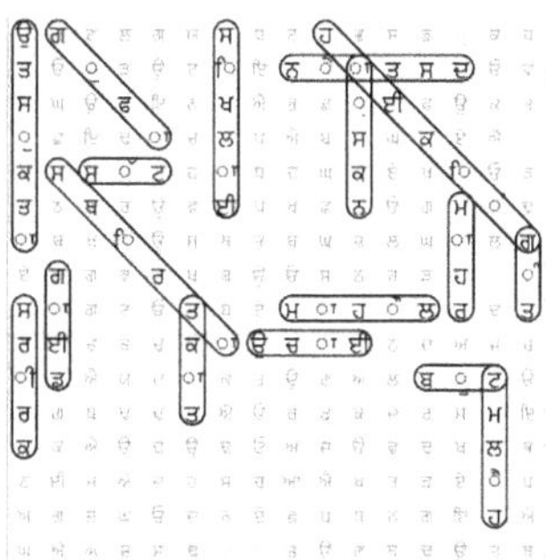

33 - Shapes

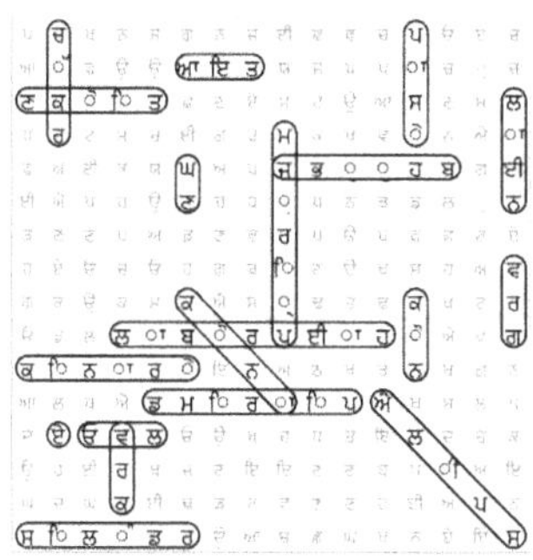

34 - Scientific Disciplines

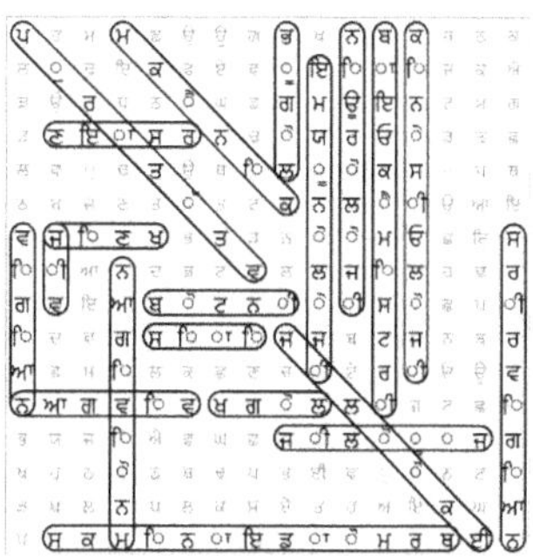

35 - Science

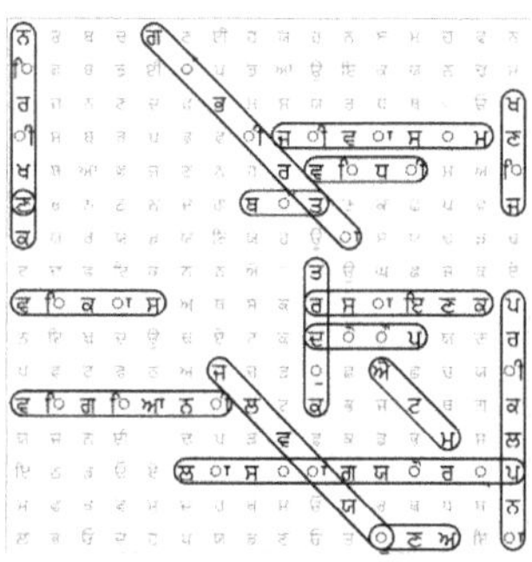

36 - Beauty

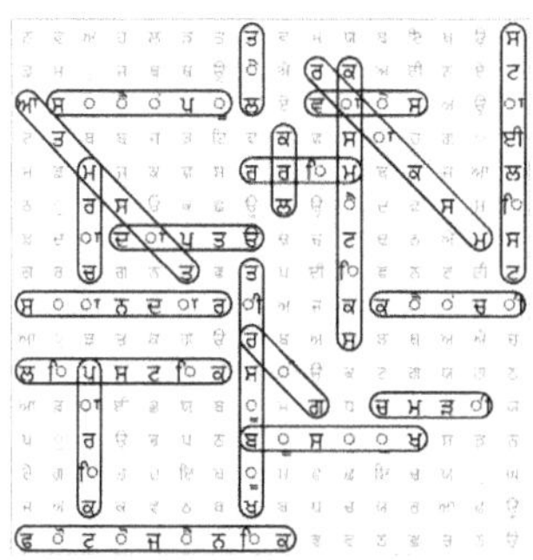

37 - Clothes

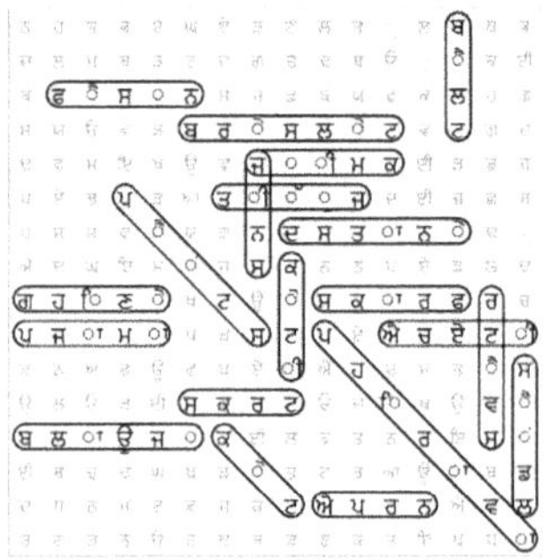

38 - Ethics

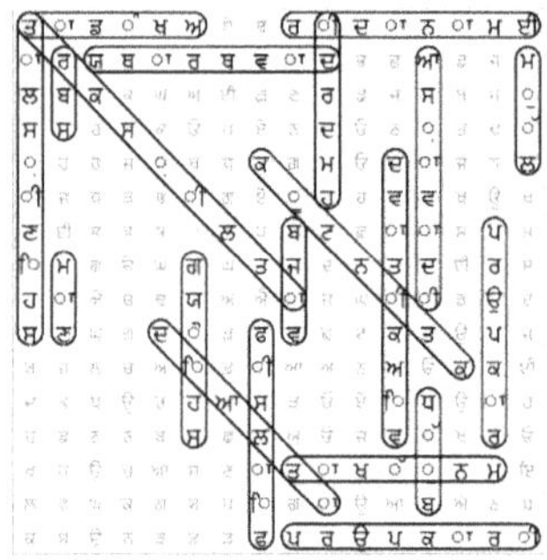

39 - Insects

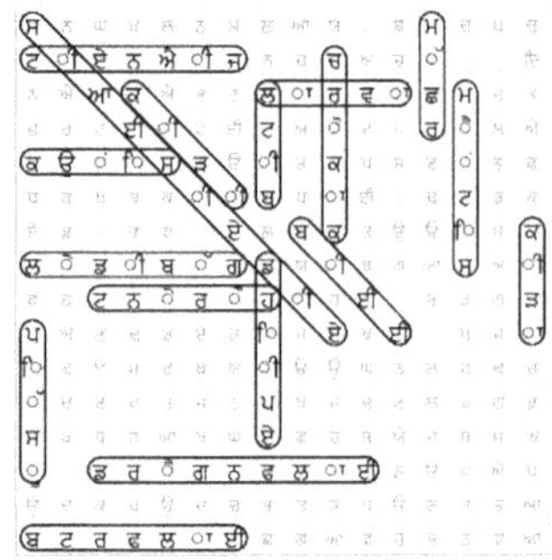

40 - Astronomy

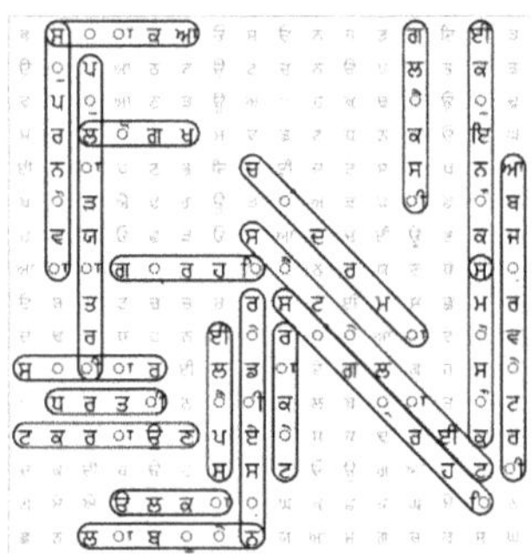

41 - Health and Wellness #2

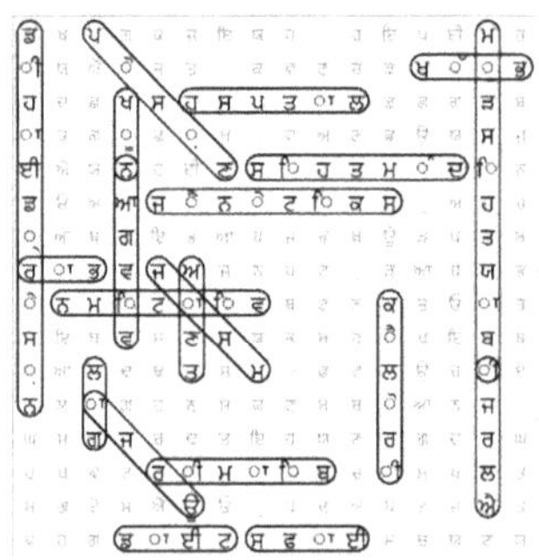

42 - Disease

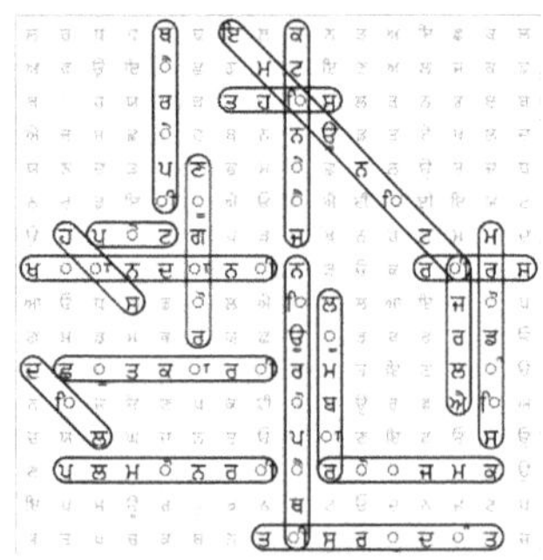

43 - Time

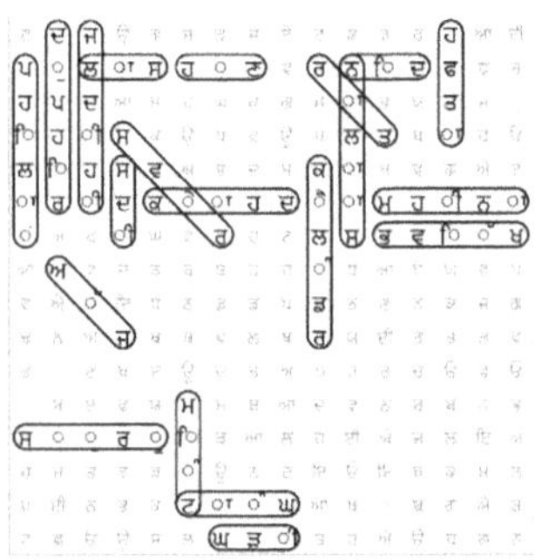

44 - Buildings

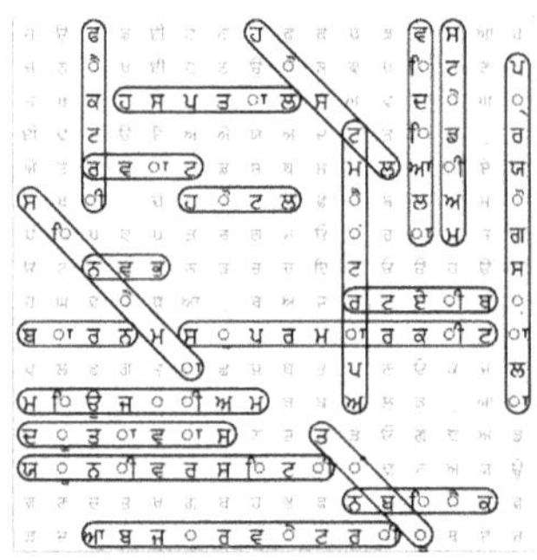

45 - Philanthropy

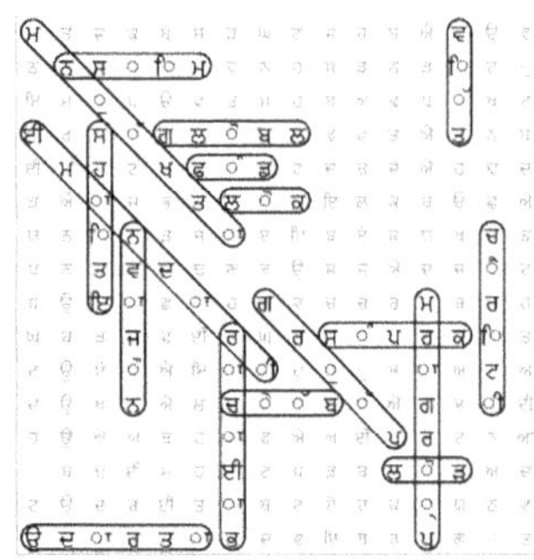

46 - Herbalism

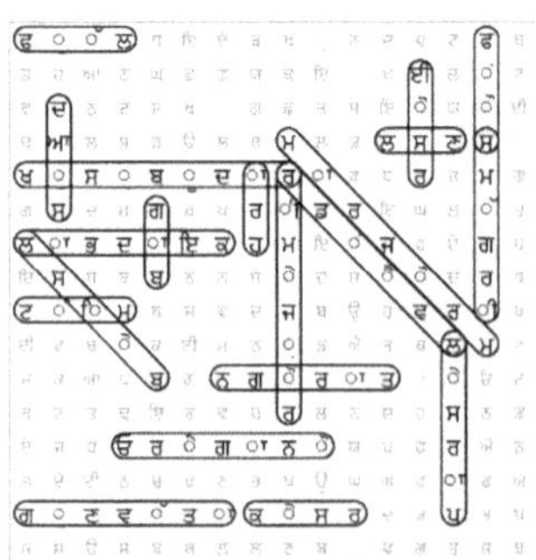

47 - Vehicles

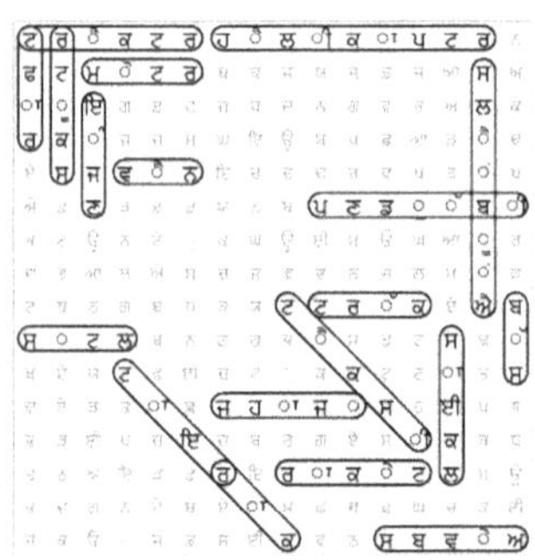

48 - Flowers

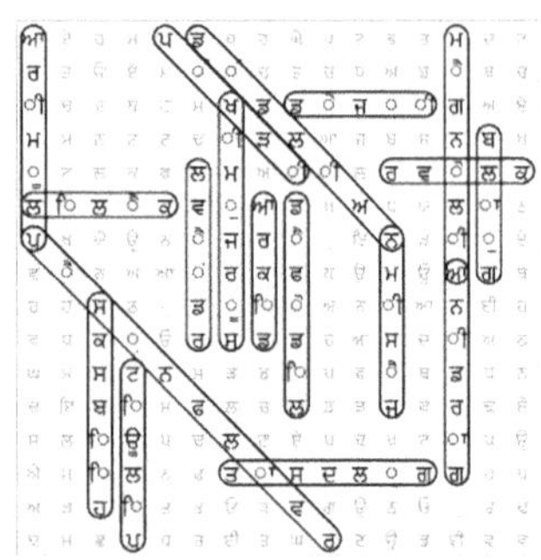

49 - Health and Wellness #1

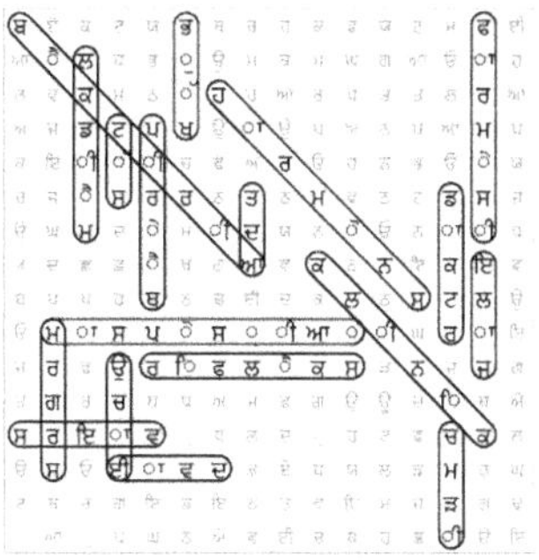

50 - Town

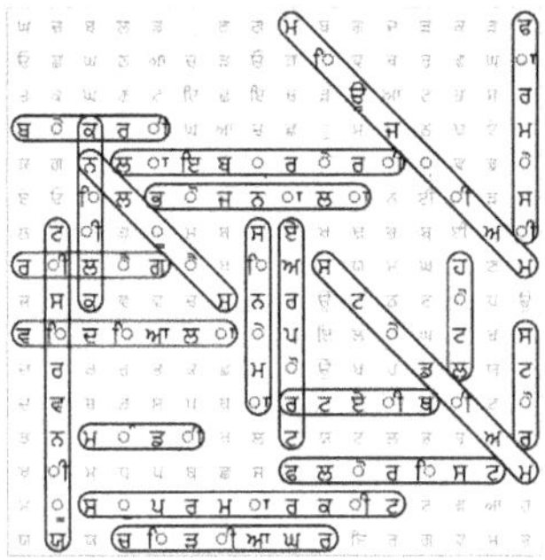

51 - Antarctica

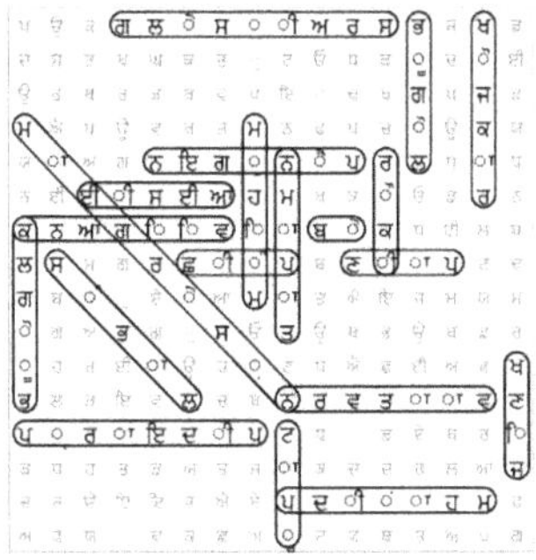

52 - Ballet

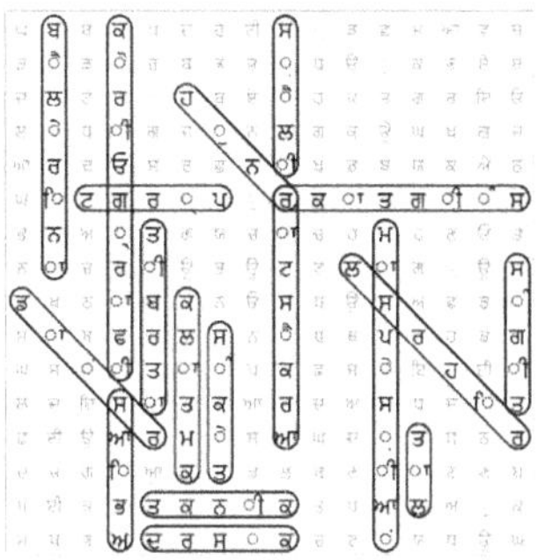

53 - Human Body

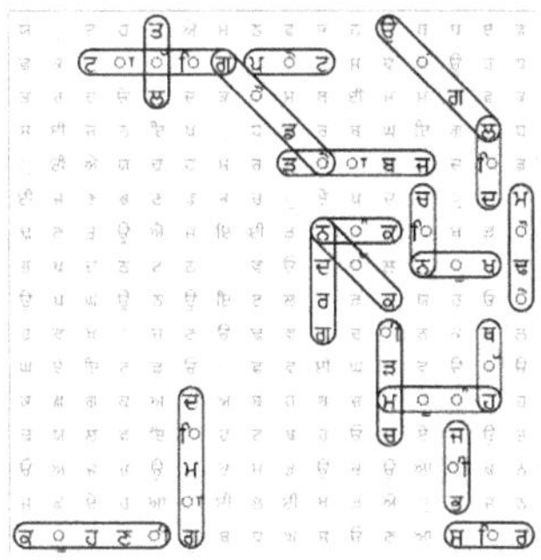

54 - Musical Instruments

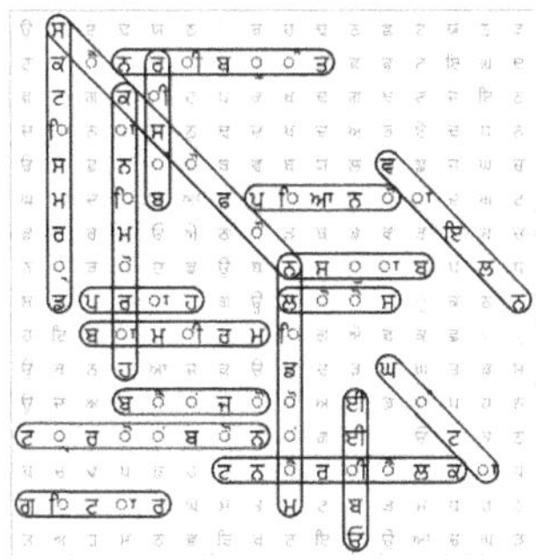

55 - Fruit

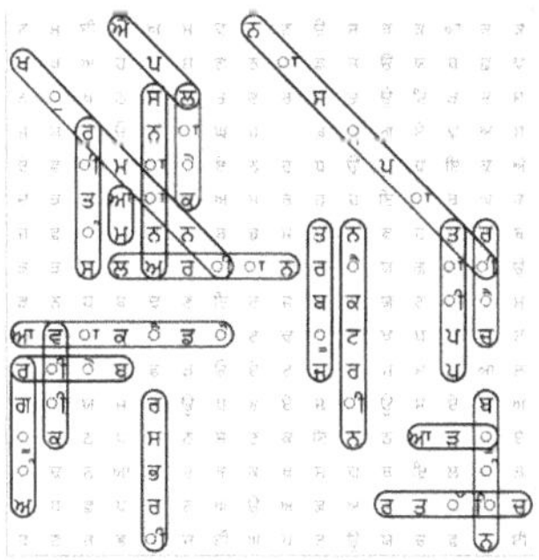

56 - Engineering

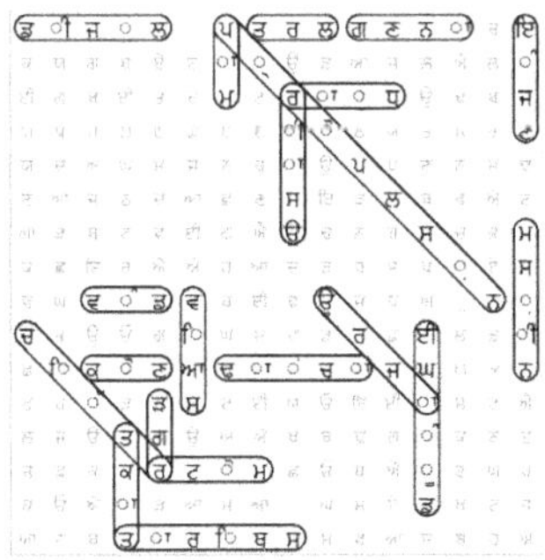

57 - Government

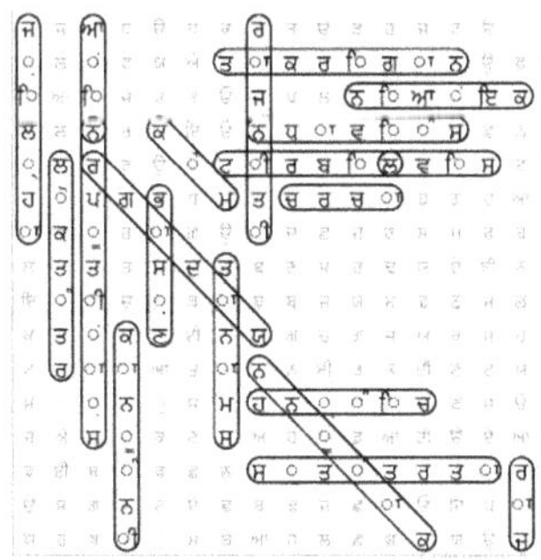

58 - Art Supplies

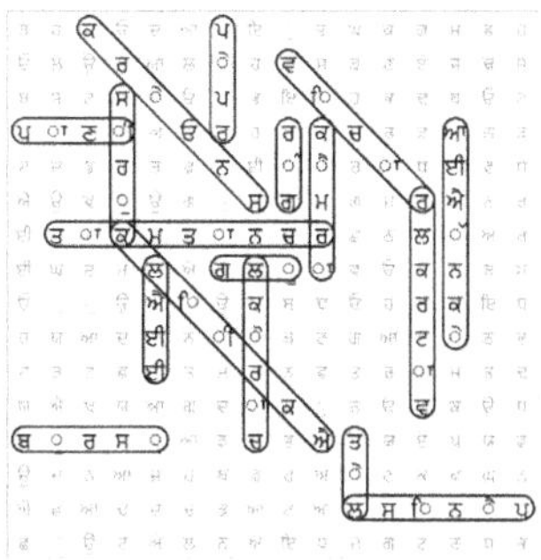

59 - Science Fiction

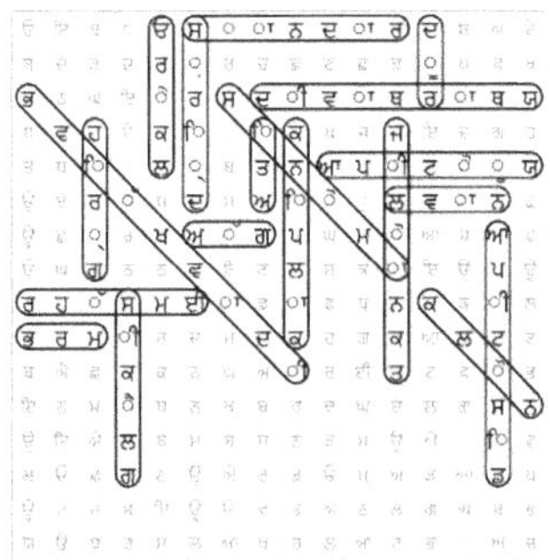

60 - Geometry

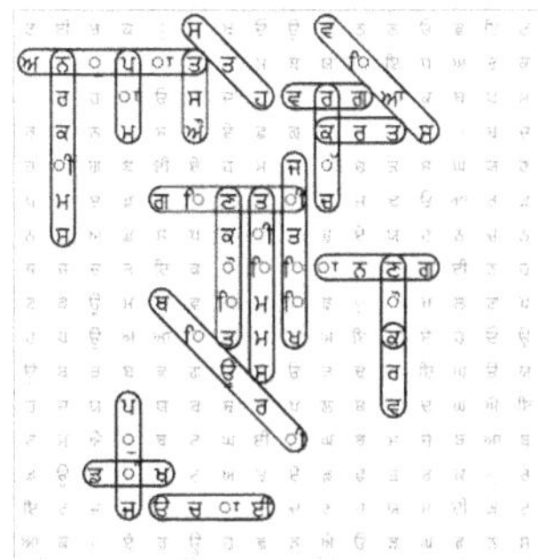

61 - Airplanes

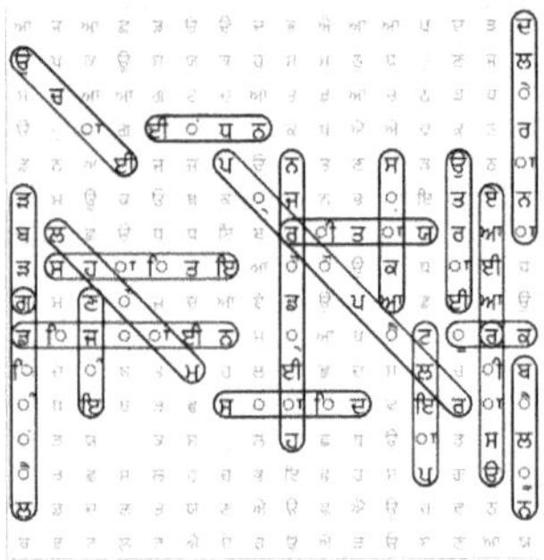

62 - Ocean

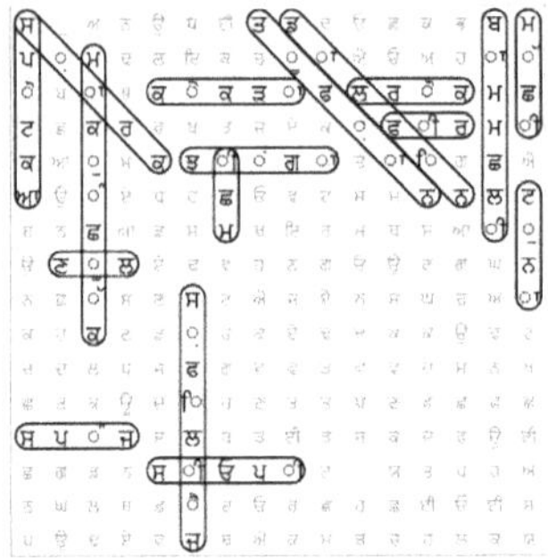

63 - Force and Gravity

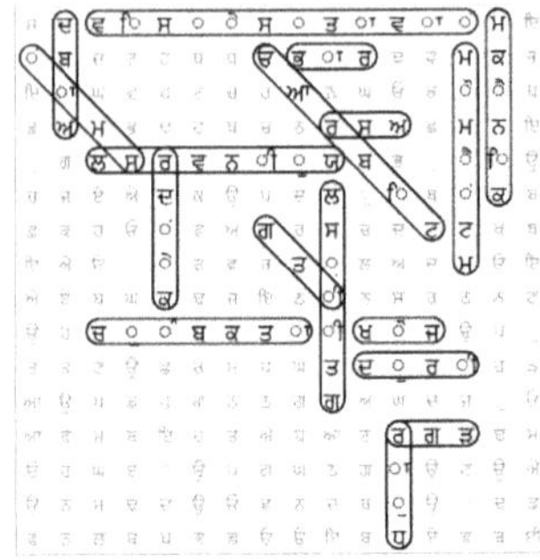

64 - Birds

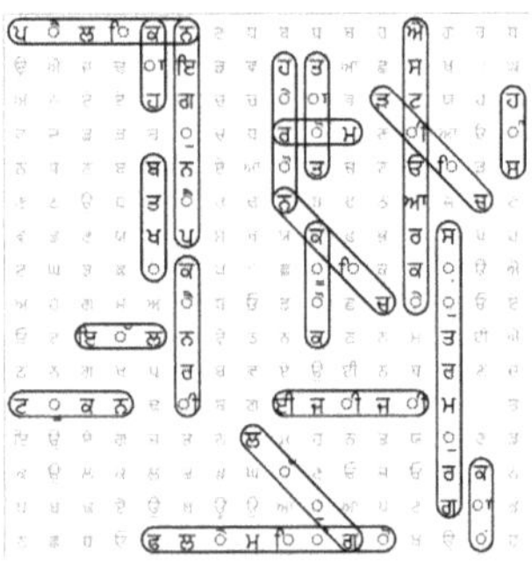

65 - Art

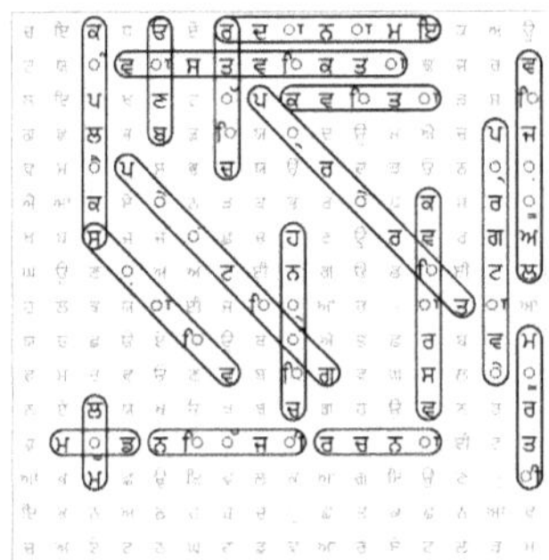

66 - Nutrition

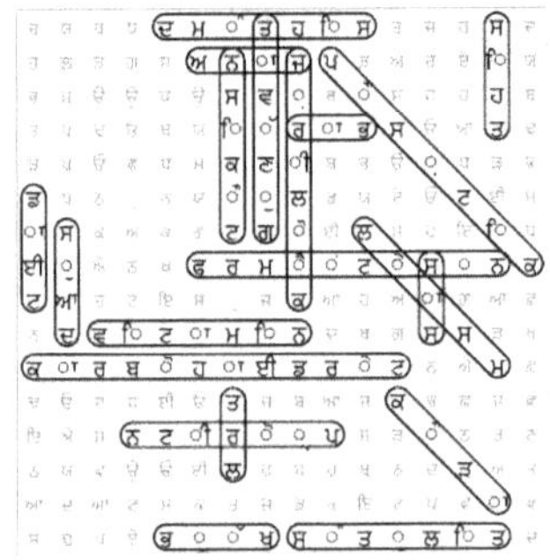

67 - Hiking

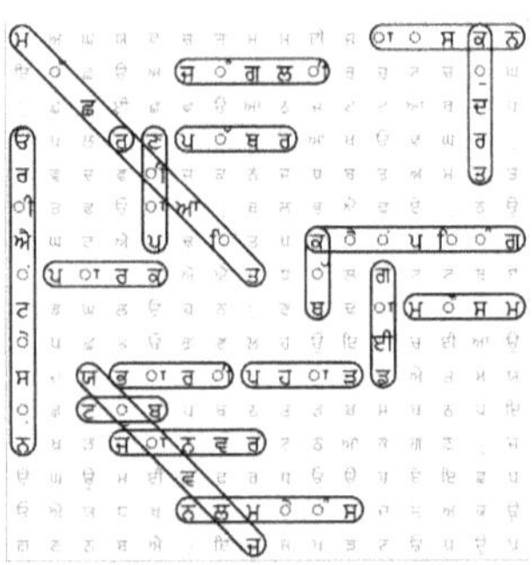

68 - Professions #1

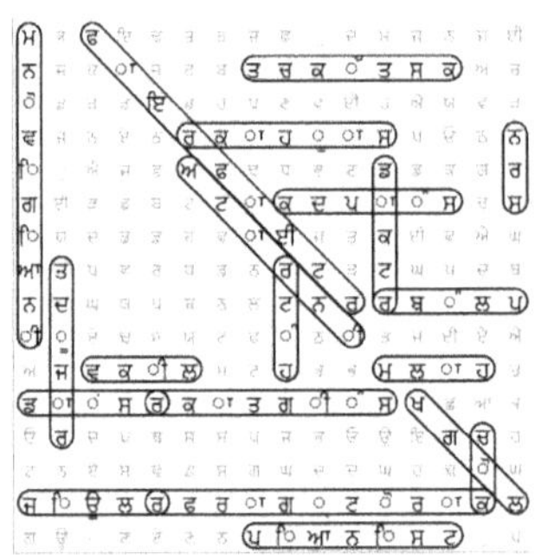

69 - Barbecues

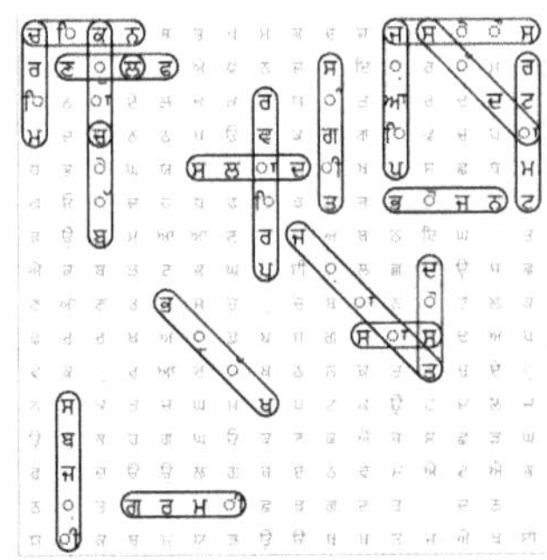

70 - Chocolate

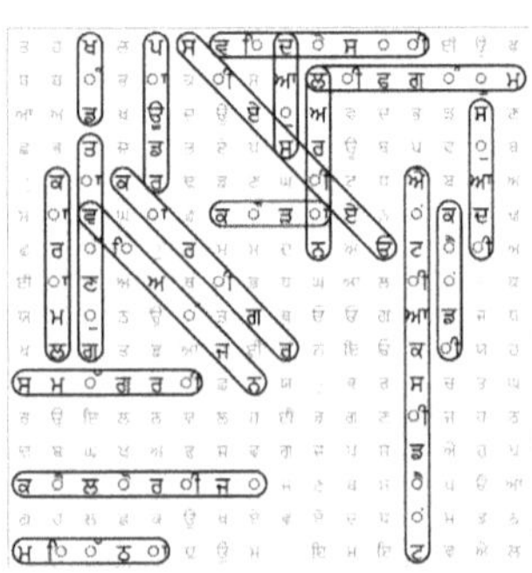

71 - Vegetables

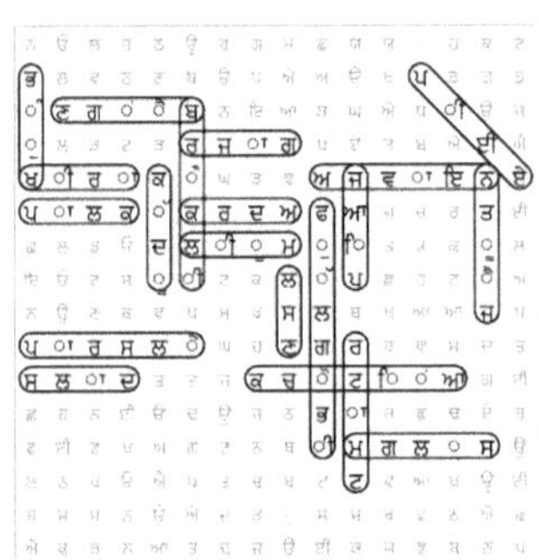

72 - The Media

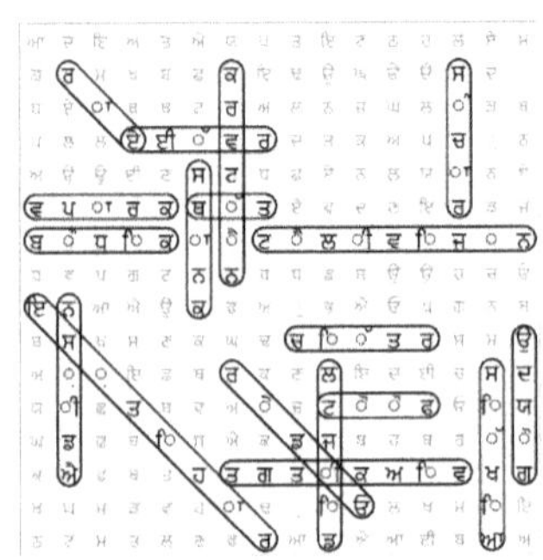

73 - Boats

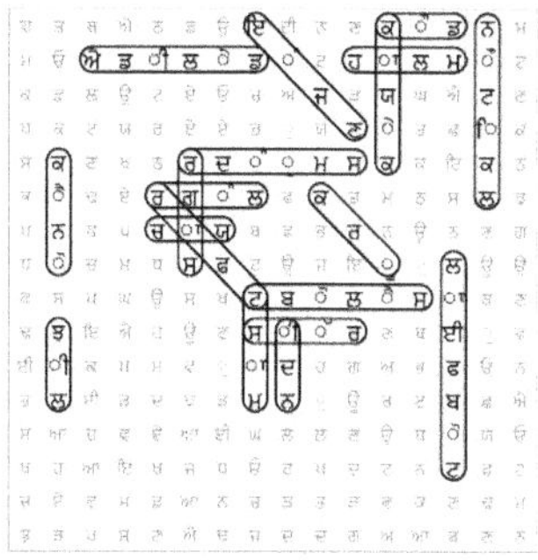

74 - Activities and Leisure

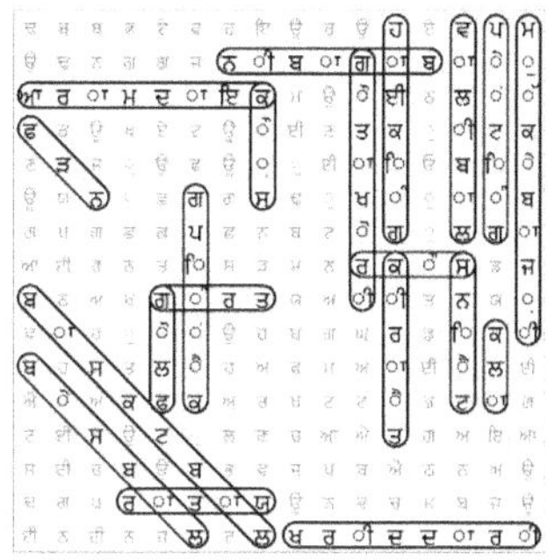

75 - Driving

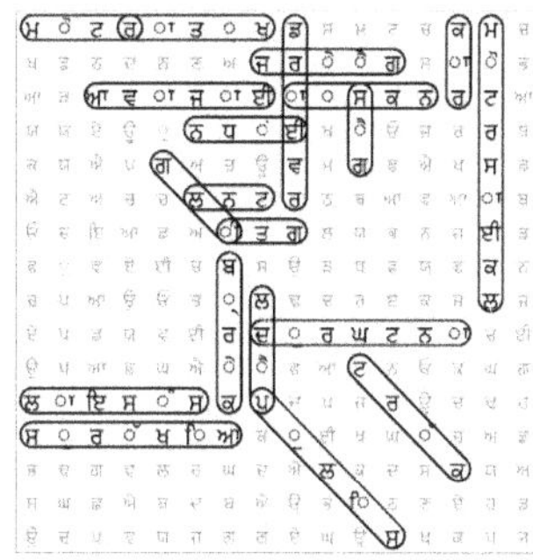

76 - Biology

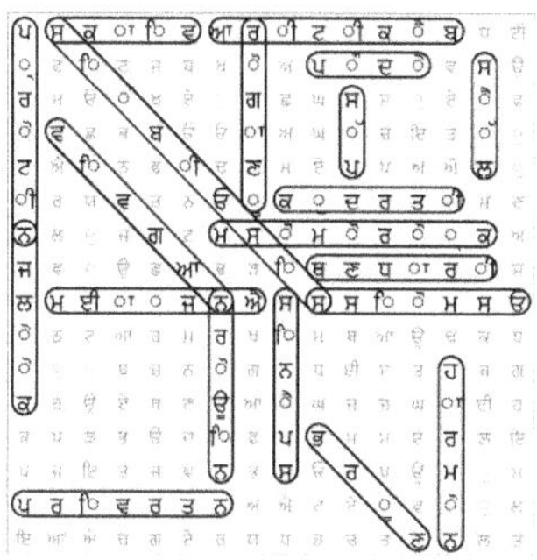

77 - Professions #2

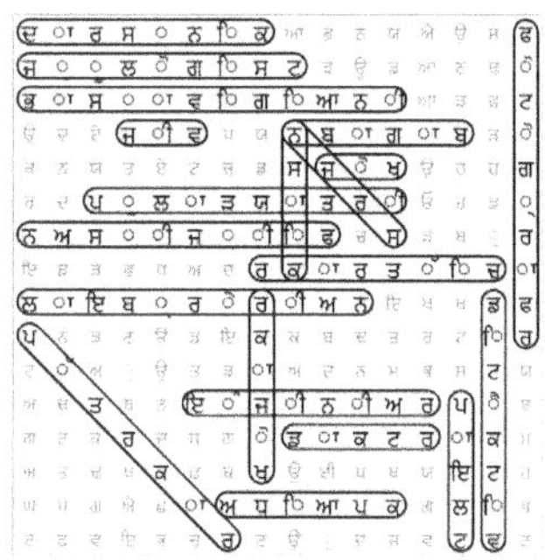

78 - Mythology

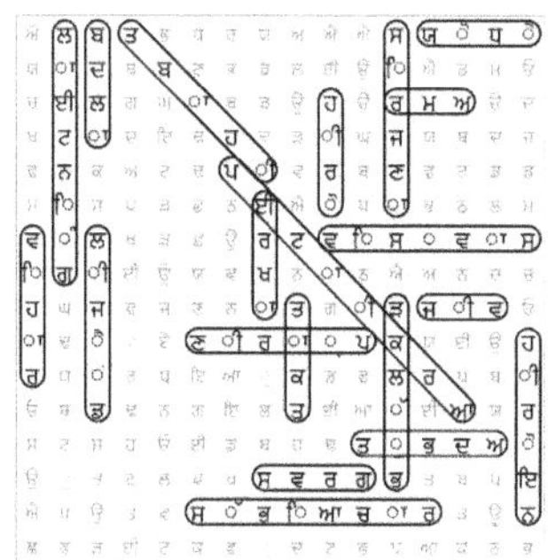

79 - Agronomy

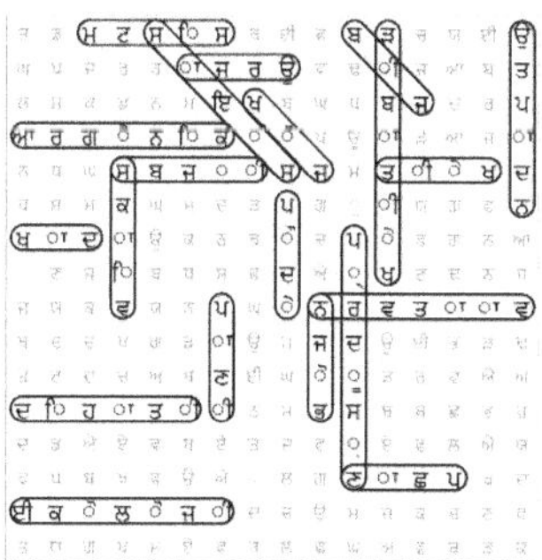

80 - Hair Types

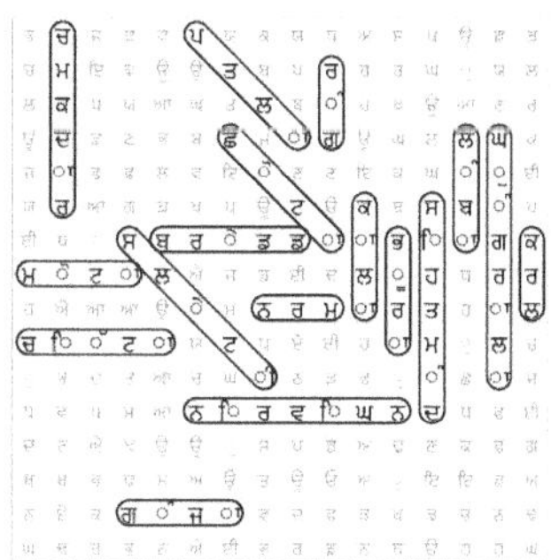

81 - Diplomacy

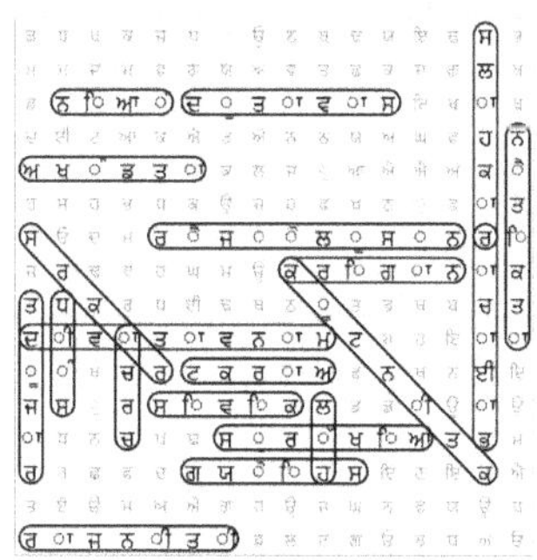

82 - Countries #1

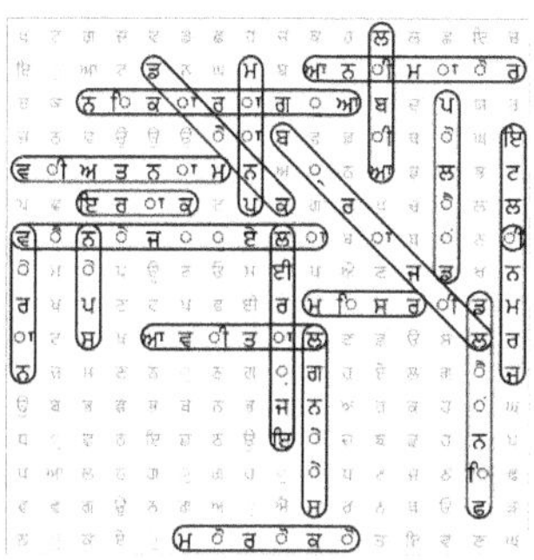

83 - Adjectives #1

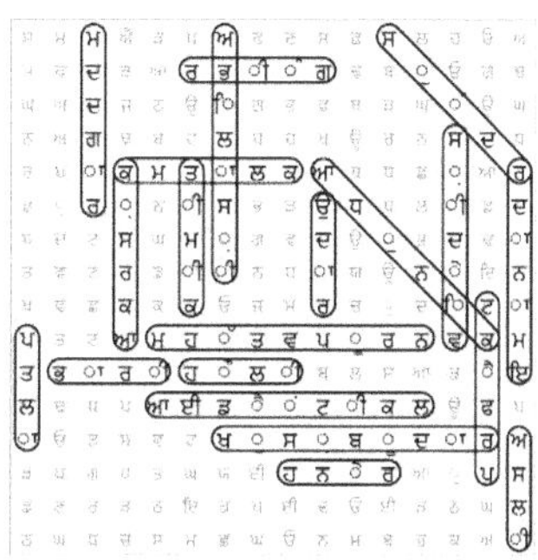

84 - Technology

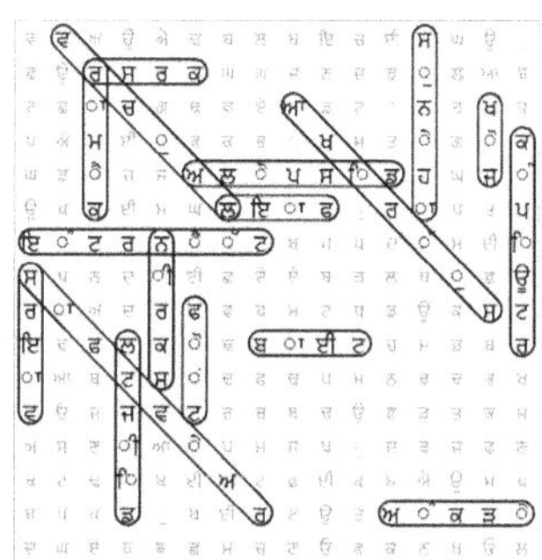

85 - Global Warming

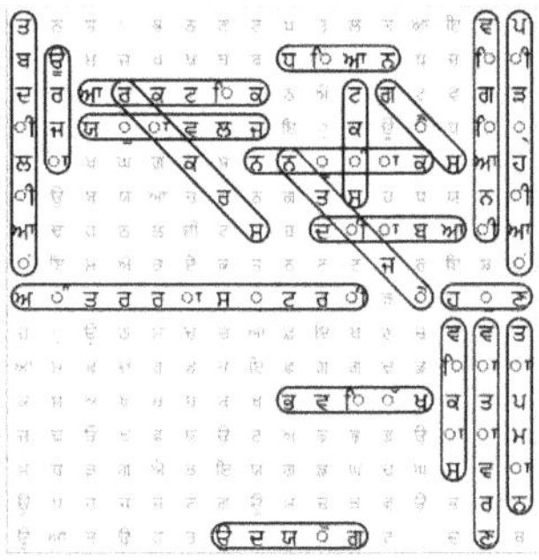

86 - Landscapes

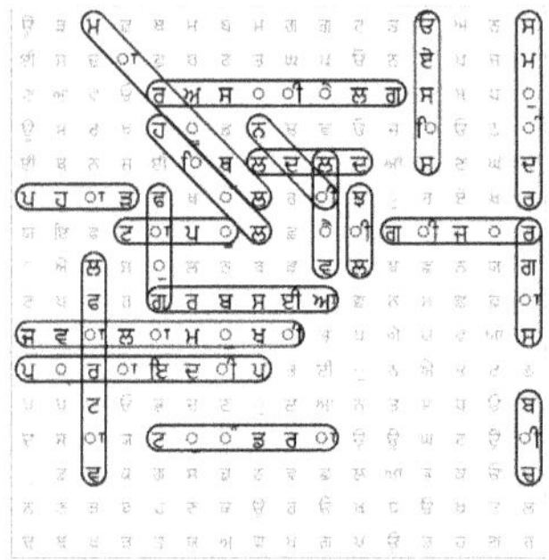

87 - Visual Arts

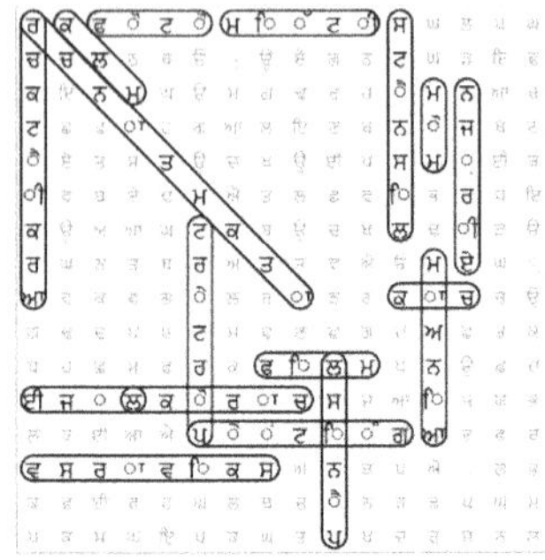

88 - Plants

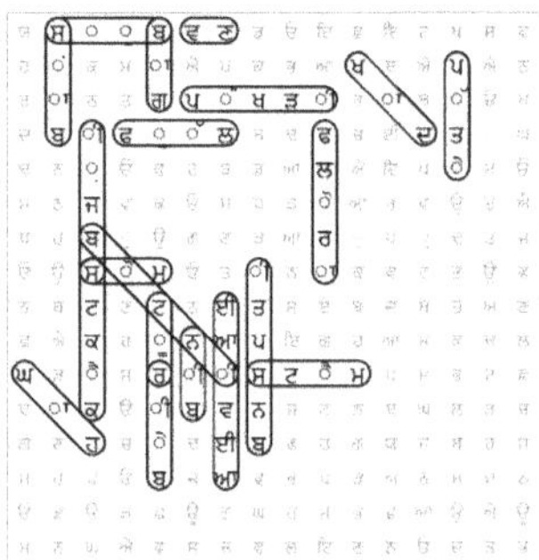

89 - Countries #2

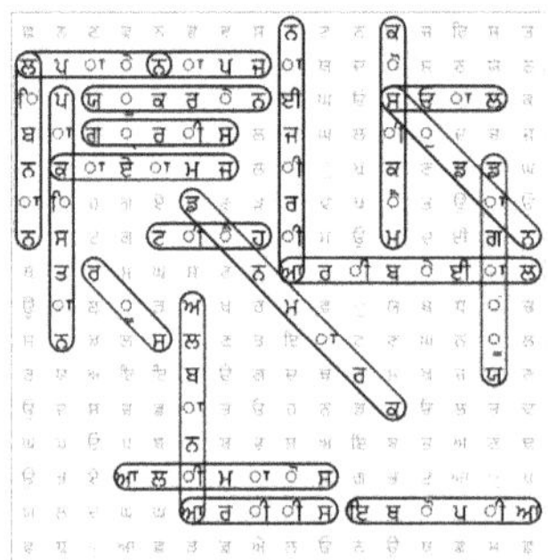

90 - Ecology

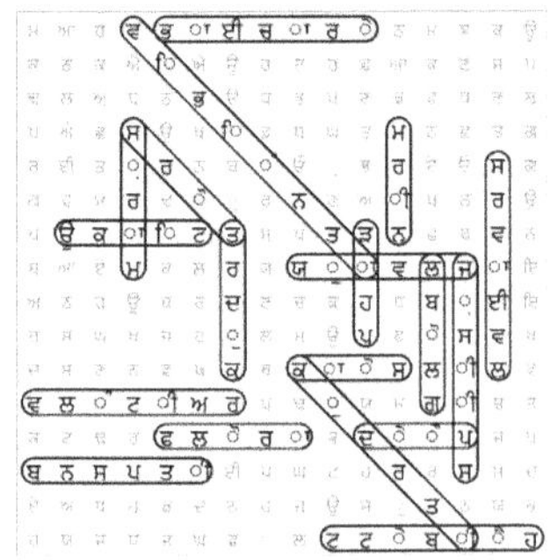

91 - Adjectives #2

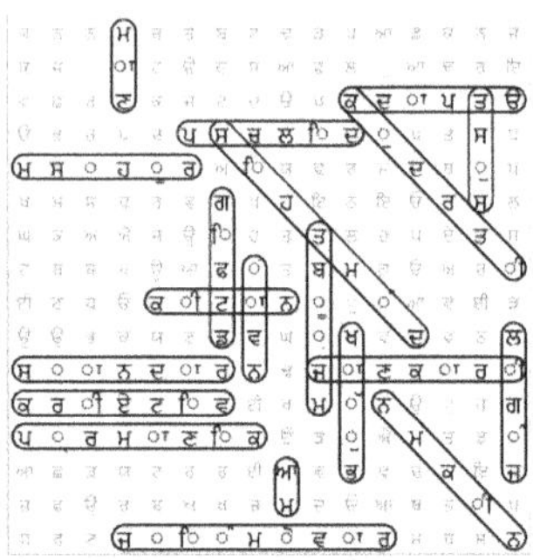

92 - Psychology

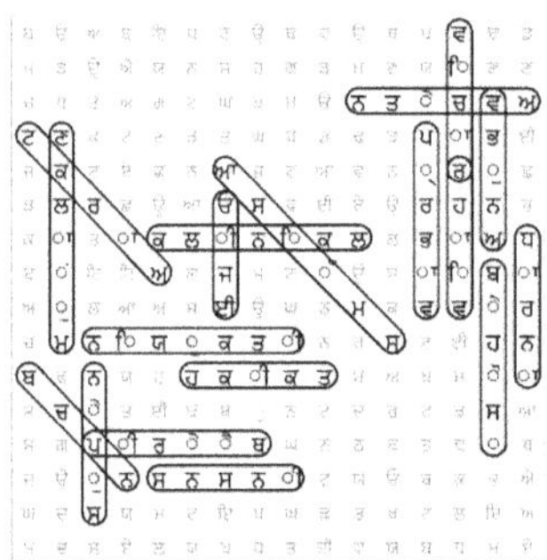

93 - Math

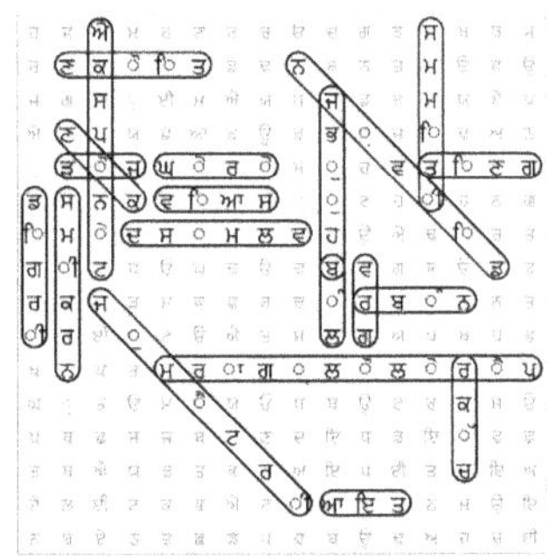

94 - Activities

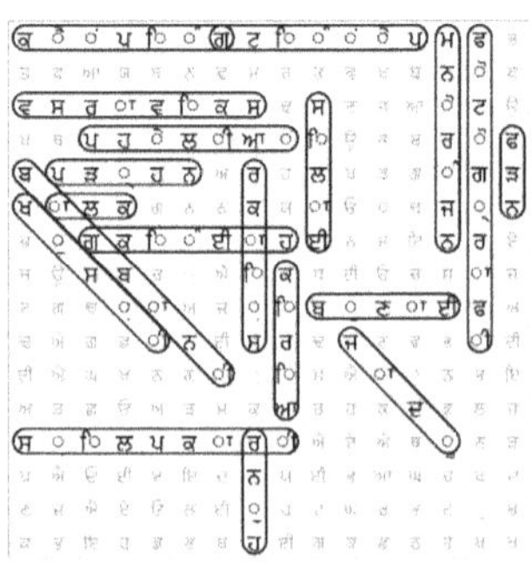

95 - Business

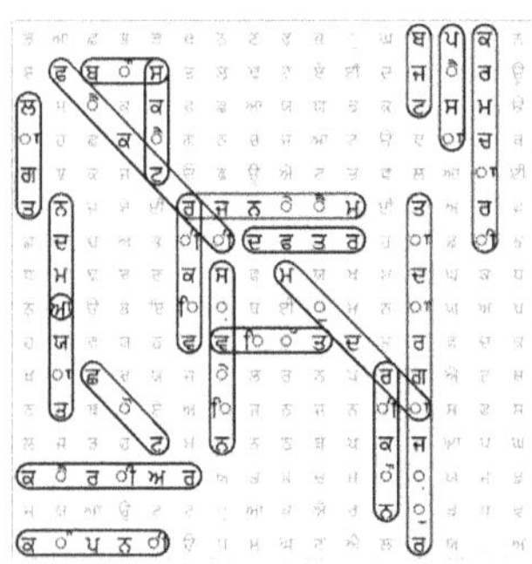

96 - Literature

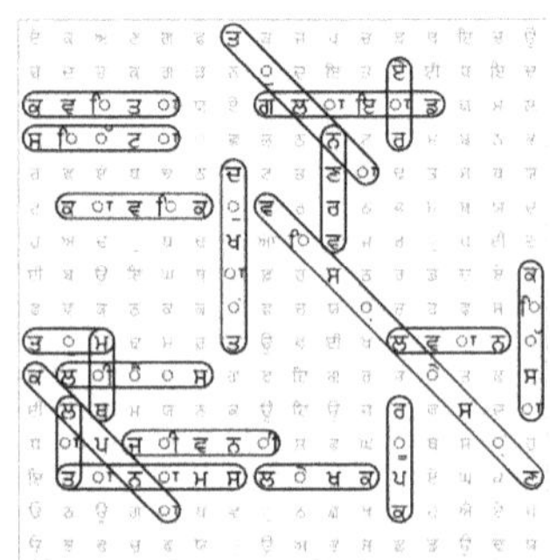

97 - Geography

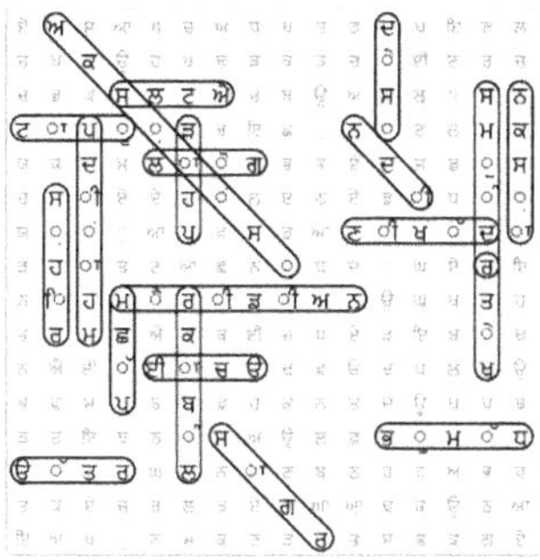

98 - Jazz

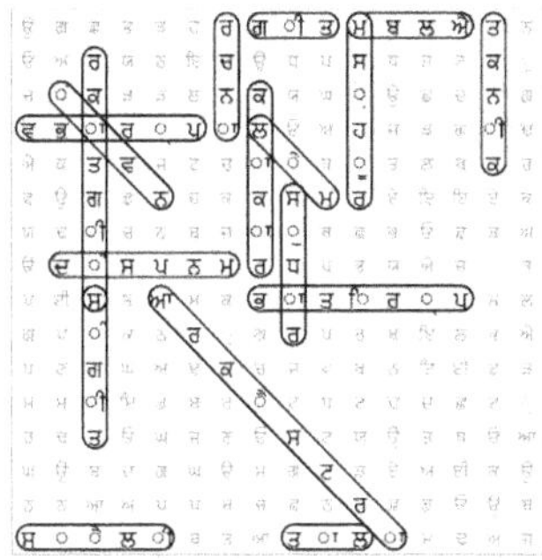

99 - Vacation #2

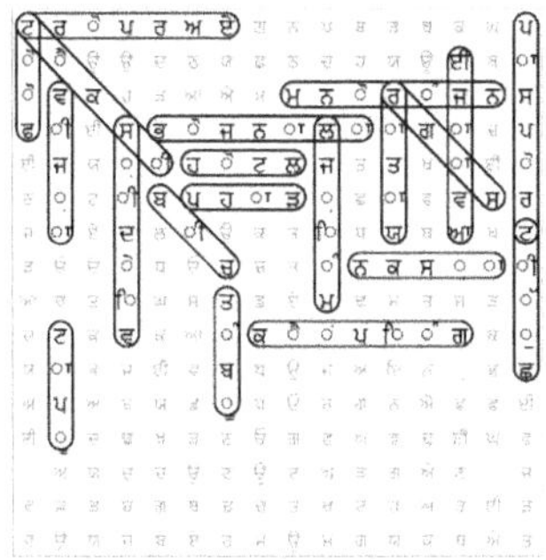

100 - Electricity

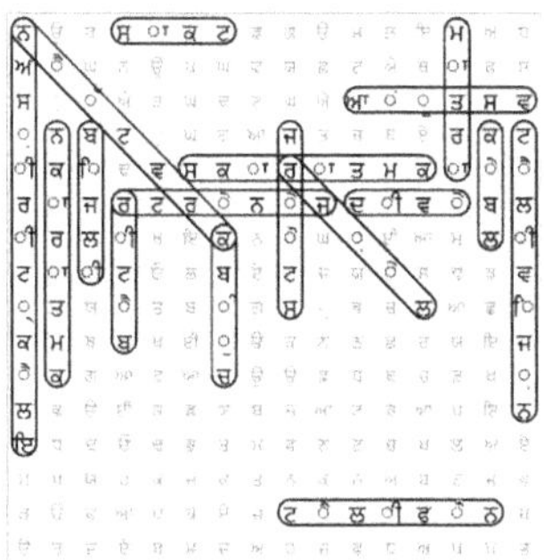

Dictionary

Activities
ਗਤੀਵਧੀਆਂ

Activity	ਕਰਿਆ
Art	ਕਲਾ
Camping	ਕੈਂਪਗਿ
Ceramics	ਵਸਰਾਵਕਿਸ
Crafts	ਸ਼ਲਿਪਕਾਰੀ
Fishing	ਫੜਨ
Gardening	ਬਾਗਬਾਨੀ
Hiking	ਹਾਈਕਗਿ
Hunting	ਸ਼ਕਿਾਰ
Knitting	ਬੁਣਾਈ
Leisure	ਮਨੋਰੰਜਨ
Magic	ਜਾਦੂ
Painting	ਪੇਂਟਗਿ
Photography	ਫੋਟੋਗ੍ਰਾਫੀ
Pleasure	ਖੁਸ਼ੀ
Puzzles	ਪਹੇਲੀਆਂ
Reading	ਪੜ੍ਹਨ
Sewing	ਸਲਿਾਈ
Skill	ਹੁਨਰ

Activities and Leisure
ਗਤੀਵਧੀਆਂ ਅਤੇ ਮਨੋਰੰਜਨ

Art	ਕਲਾ
Baseball	ਬੇਸਬਾਲ
Basketball	ਬਾਸਕਟਬਾਲ
Boxing	ਮੁੱਕੇਬਾਜ਼ੀ
Camping	ਕੈਂਪਗਿ
Diving	ਗੋਤਾਖੋਰੀ
Fishing	ਫੜਨ
Gardening	ਬਾਗਬਾਨੀ
Golf	ਗੋਲਫ
Hiking	ਹਾਈਕਗਿ
Hobbies	ਸ਼ੌਕ
Painting	ਪੇਂਟਗਿ
Relaxing	ਆਰਾਮਦਾਇਕ
Shopping	ਖਰੀਦਦਾਰੀ
Soccer	ਸੌਕਰ
Surfing	ਤਰੰਗ
Swimming	ਤੈਰਾਕੀ
Tennis	ਟੈਨਸਿ
Travel	ਯਾਤਰਾ
Volleyball	ਵਾਲੀਬਾਲ

Adjectives #1
ਵਸ਼ਿਸ਼ਣ #1

Absolute	ਅਸਲੀ
Ambitious	ਅਭਲਿਾਸ਼ੀ
Aromatic	ਖੁਸ਼ਬੂਦਾਰ
Artistic	ਕਲਾਤਮਕ
Attractive	ਆਕਰਸ਼ਕ
Beautiful	ਸੁੰਦਰ
Dark	ਹਨੇਰ
Exotic	ਵਦਿੇਸ਼ੀ
Generous	ਉਦਾਰ
Heavy	ਭਾਰੀ
Helpful	ਮਦਦਗਾਰ
Honest	ਇਮਾਨਦਾਰ
Identical	ਆਈਡੈਂਟੀਕਲ
Important	ਮਹੱਤਵਪੂਰਨ
Modern	ਆਧੁਨਕਿ
Perfect	ਪਰਫੈਕਟ
Serious	ਗੰਭੀਰ
Slow	ਹੌਲੀ
Thin	ਪਤਲਾ
Valuable	ਕੀਮਤੀ

Adjectives #2
ਵਸ਼ਿਸ਼ਣ #2

Authentic	ਪ੍ਰਮਾਣਕਿ
Creative	ਕਰੀਏਟਵਿ
Descriptive	ਜਾਣਕਾਰੀ
Dramatic	ਨਾਟਕੀ
Elegant	ਸ਼ਾਨਦਾਰ
Famous	ਮਸ਼ਹੂਰ
Gifted	ਗਫਿਟਡ
Healthy	ਸਹਿਤਮੰਦ
Hungry	ਭੁੱਖਾ
Interesting	ਦਲਿਚਸਪ
Natural	ਕੁਦਰਤੀ
New	ਨਵਾਂ
Normal	ਆਮ
Productive	ਉਤਪਾਦਕ
Proud	ਮਾਣ
Responsible	ਜ਼ਮਿੇਵਾਰ
Salty	ਨਮਕੀਨ
Sleepy	ਸੁਸਤ
Strong	ਮਜ਼ਬੂਤ
Wild	ਜੰਗਲੀ

Adventure
ਦਲੇਰਾਨਾ

Activity	ਕਰਿਆ
Beauty	ਸੁੰਦਰਤਾ
Bravery	ਬਹਾਦਰੀ
Chance	ਮੌਕਾ
Dangerous	ਖਤਰਨਾਕ
Destination	ਮੰਜ਼ਲਿ
Difficulty	ਮੁਸ਼ਕਲਿ
Enthusiasm	ਉਤਸ਼ਾਹ
Excursion	ਸੈਰ
Friends	ਦੋਸਤ
Itinerary	ਯਾਤਰਾ
Nature	ਕੁਦਰਤ
Navigation	ਨੈਵੀਗੇਸ਼ਨ
New	ਨਵਾਂ
Preparation	ਤਆਿਰੀ
Safety	ਸੁਰੱਖਆਿ
Surprising	ਹੈਰਾਨੀਜਨਕ
Travels	ਯਾਤਰਾਵਾਂ

Agronomy
ਖੇਤੀ ਵਗਿਆਿਨ

Agriculture	ਖੇਤੀਬਾੜੀ
Ecology	ਈਕੋਲੋਜੀ
Energy	ਊਰਜਾ
Environment	ਵਾਤਾਵਰਨ
Farming	ਖੇਤੀ
Fertilizer	ਖਾਦ
Food	ਭੋਜਨ
Growth	ਵਕਿਾਸ
Identification	ਪਛਾਣ
Organic	ਆਰਗੈਨਕਿ
Plants	ਪੌਦੇ
Pollution	ਪ੍ਰਦੂਸ਼ਣ
Production	ਉਤਪਾਦਨ
Research	ਖੋਜ
Rural	ਦਹਿਾਤੀ
Science	ਸਾਇੰਸ
Seeds	ਬੀਜ
Systems	ਸਸਿਟਮ
Vegetables	ਸਬਜ਼ੀ
Water	ਪਾਣੀ

Airplanes
ਹਵਾਈ ਜਹਾਜ਼

Adventure	ਦਲੇਰਾਨਾ
Air	ਏ.ਆਈ.ਆਰ
Atmosphere	ਮਾਹੌਲ
Balloon	ਬੈਲੂਨ
Construction	ਉਸਾਰੀ
Crew	ਕਰੂ
Descent	ਉਤਰਾਈ
Design	ਡਿਜ਼ਾਈਨ
Direction	ਦਿਸ਼ਾ
Engine	ਇੰਜਣ
Fuel	ਈਧਨ
Height	ਉਚਾਈ
History	ਇਤਿਹਾਸ
Hydrogen	ਹਾਈਡ੍ਰੋਜਨ
Landing	ਲੈਂਡਿਗ
Passenger	ਯਾਤਰੀ
Pilot	ਪਾਇਲਟ
Propellers	ਪ੍ਰੋਪੈਲਰ
Sky	ਆਕਾਸ਼
Turbulence	ਗੜਬੜ

Algebra
ਅਲਜਬਰਾ

Diagram	ਚਿੱਤਰ
Division	ਡਿਵੀਜ਼ਨ
Equation	ਸਮੀਕਰਨ
Exponent	ਐਕਸਪੋਨੇਟ
Factor	ਕਾਰਕ
Formula	ਫਾਰਮੂਲਾ
Infinite	ਬੇਅੰਤ
Linear	ਰੇਖਿਕ
Matrix	ਮੈਟਰਿਕਸ
Number	ਗਣਿਤੀ
Problem	ਸਮੱਸਿਆ
Quantity	ਮਾਤਰਾ
Simplify	ਸਰਲ
Solution	ਹੱਲ
Subtraction	ਘਟਾਓ
Sum	ਜੋੜ
Variable	ਵੇਰੀਏਬਲ
Zero	ਜ਼ੀਰੋ

Antarctica
ਅੰਟਾਰਕਟਿਕਾ

Bay	ਬੇ
Birds	ਪੰਛੀ
Conservation	ਸੰਭਾਲ
Continent	ਮਹਾਂਦੀਪ
Environment	ਵਾਤਾਵਰਨ
Expedition	ਮੁਹਿਮ
Geography	ਭੂਗੋਲ
Glaciers	ਗਲੇਸ਼ੀਅਰਸ
Ice	ਆਈ.ਸੀ.ਈ
Islands	ਟਾਪੂ
Migration	ਮਾਈਗਰੇਸ਼ਨ
Minerals	ਖਣਿਜ
Penguins	ਪੈਨਗੁਇਨ
Peninsula	ਪ੍ਰਾਇਦੀਪ
Researcher	ਖੋਜਕਾਰ
Rocky	ਰੌਕੀ
Scientific	ਵਿਗਿਆਨਕ
Temperature	ਤਾਪਮਾਨ
Topography	ਭੂਗੋਲਕ
Water	ਪਾਣੀ

Antiques
ਪ੍ਰਾਚੀਨ

Art	ਕਲਾ
Auction	ਨਿਲਾਮੀ
Authentic	ਪ੍ਰਮਾਣਿਕ
Century	ਸਦੀ
Coins	ਸਿੱਕ
Collector	ਕੁਲੈਕਟਰ
Decades	ਦਹਾਕੇ
Decorative	ਸਜਾਵਟੀ
Elegant	ਸ਼ਾਨਦਾਰ
Enthusiast	ਉਤਸ਼ਾਹੀ
Furniture	ਫਰਨੀਚਰ
Gallery	ਗੈਲਰੀ
Investment	ਨਿਵੇਸ਼
Jewelry	ਗਹਿਣੇ
Price	ਕੀਮਤ
Quality	ਗੁਣਵੱਤਾ
Restoration	ਬਹਾਲੀ
Sculpture	ਮੂਰਤੀ
Style	ਸ਼ੈਲੀ
Value	ਮੁੱਲ

Archeology
ਪੁਰਾਤੱਤਵ

Analysis	ਵਿਸ਼ਲੇਸ਼ਣ
Ancient	ਪ੍ਰਾਚੀਨ
Antiquity	ਪੁਰਾਤਨਤਾ
Civilization	ਸਕਿਅਤਾ
Evaluation	ਮੁਲਾਂਕਣ
Expert	ਮਾਹਰ
Findings	ਲੱਭਤਾਂ
Fossil	ਜੀਵਾਸ਼ਮ
Fragments	ਟੁਕੜੇ
Mystery	ਭੇਤ
Objects	ਵਸਤੂਆਂ
Professor	ਪ੍ਰੋਫੈਸਰ
Relic	ਨਿਸ਼ਾਨੀ
Researcher	ਖੋਜਕਾਰ
Team	ਟੀਮ
Temple	ਮੰਦਰ
Tomb	ਮਕਬਰੇ
Unknown	ਅਣਜਾਣ
Years	ਸਾਲ

Art
ਕਲਾ

Ceramic	ਵਸਰਾਵਿਕ
Complex	ਕੰਪਲੈਕਸ
Composition	ਰਚਨਾ
Create	ਬਣਾਓ
Expression	ਪ੍ਰਗਟਾਵੇ
Figure	ਚਿੱਠਰ
Honest	ਇਮਾਨਦਾਰ
Inspired	ਪ੍ਰੇਰਿਤ
Mood	ਮੂਡ
Original	ਮੂਲ
Paintings	ਪੇਂਟਿਗ
Personal	ਨਿੱਜੀ
Poetry	ਕਵਿਤਾ
Sculpture	ਮੂਰਤੀ
Subject	ਵਿਸ਼ਾ
Surrealism	ਵਾਸਤਵਿਕਤਾ
Symbol	ਚਿਨ੍ਹ
Visual	ਵਿਜ਼ੂਅਲ

Art Supplies
ਕਲਾ ਸਪਲਾਈ

Acrylic	ਐਕਰੀਲਿਕ
Brushes	ਬੁਰਸ਼
Camera	ਕੈਮਰਾ
Chair	ਕੁਰਸੀ
Charcoal	ਚਾਰਕੋਲ
Colors	ਰੰਗ
Crayons	ਕਰੇਓਨਸ
Creativity	ਰਚਨਾਤਮਕਤਾ
Easel	ਈਈਐਲ
Glue	ਗਲੂ
Ideas	ਵਿਚਾਰ
Ink	ਆਈਐੱਨਕੇ
Oil	ਤੇਲ
Paper	ਪੇਪਰ
Pencils	ਪੈਨਸਲਿ
Water	ਪਾਣੀ
Watercolors	ਵਾਟਰਕਲਰ

Astronomy
ਖਗੋਲ ਵਗਿਆਿਨ

Asteroid	ਟਕਰਾਉਣ
Astronaut	ਪੁਲਾੜ ਯਾਤਰੀ
Astronomer	ਖਗੋਲ
Constellation	ਸੰਗ੍ਰਹਿ
Cosmos	ਕੌਸਮੋਸ
Earth	ਧਰਤੀ
Eclipse	ਈਲੈਪਸ
Equinox	ਈਕੁਇਨੌਕਸ
Galaxy	ਗਲੈਕਸੀ
Meteor	ਉਲਕਾ
Moon	ਚੰਦਰਮਾ
Nebula	ਨੇਬੁਲਾ
Observatory	ਆਬਜ਼ਰਵੇਟਰੀ
Planet	ਗ੍ਰਹਿ
Radiation	ਰੇਡੀਏਸ਼ਨ
Rocket	ਰਾਕੇਟ
Satellite	ਸੈਟੇਲਾਈਟ
Sky	ਆਕਾਸ਼
Supernova	ਸੁਪਰਨੋਵਾ
Zodiac	ਰਾਸ਼ੀ

Ballet
ਬੈਲੇ

Artistic	ਕਲਾਤਮਕ
Audience	ਦਰਸ਼ਕ
Ballerina	ਬੈਲੇਰਿਨਾ
Choreography	ਕੋਰੀਓਗ੍ਰਾਫੀ
Composer	ਸੰਗੀਤਕਾਰ
Dancers	ਡਾਂਸਰ
Expressive	ਪ੍ਰਗਟ
Gesture	ਸੰਕੇਤ
Intensity	ਤੀਬਰਤਾ
Muscles	ਮਾਸਪੇਸ਼ੀਆਂ
Music	ਸੰਗੀਤ
Orchestra	ਆਰਕੈਸਟਰਾ
Practice	ਅਭਿਆਸ
Rehearsal	ਰਹਿਰਸਲ
Rhythm	ਤਾਲ
Skill	ਹੁਨਰ
Style	ਸ਼ੈਲੀ
Technique	ਤਕਨੀਕ

Barbecues
ਬਾਰਬਕਿਯੂਜ਼

Chicken	ਚਕਿਨ
Children	ਬੱਚੇ
Family	ਪਰਵਿਾਰ
Food	ਭੋਜਨ
Friends	ਦੋਸਤ
Fruit	ਫਲ
Hot	ਤਾਜ਼ਾ
Hunger	ਭੁੱਖ
Invitation	ਸੱਦਾ
Knives	ਚਾਕੂ
Music	ਸੰਗੀਤ
Onions	ਪਿਆਜ਼
Pepper	ਮਰਿਚ
Salads	ਸਲਾਦ
Salt	ਲੂਣ
Sauce	ਸਾਸ
Sausages	ਸੌਸੇਜ
Summer	ਗਰਮੀ
Tomatoes	ਟਮਾਟਰ
Vegetables	ਸਬਜ਼ੀ

Beauty
ਸੁੰਦਰਤਾ

Charm	ਚਾਰਮ
Color	ਰੰਗ
Cosmetics	ਕਾਸਮੈਟਕਿਸ
Curls	ਕਰਲ
Elegance	ਖੂਬਸੂਰਤੀ
Elegant	ਸ਼ਾਨਦਾਰ
Fragrance	ਖੁਸ਼ਬੂ
Grace	ਕਰਿਪਾ
Lipstick	ਲਪਿਸਟਕਿ
Mascara	ਮਸਕਾਰਾ
Mirror	ਮਰਿਰ
Oils	ਤੇਲ
Photogenic	ਫੋਟੋਜੈਨਕਿ
Products	ਉਤਪਾਦ
Scent	ਆਤਮਸਾਤ
Scissors	ਕੈਂਚੀ
Services	ਸੇਵਾ
Shampoo	ਸ਼ੈਂਪੂ
Skin	ਚਮੜੀ
Stylist	ਸਟਾਈਲਸਿਟ

Bees
ਮਧੂਮੱਖੀਆਂ

Beneficial	ਲਾਭਦਾਇਕ
Diversity	ਵਭਿਨਿਤਾ
Ecosystem	ਈਕੋਸਸਿਟਮ
Flowers	ਫੁੱਲ
Food	ਭੋਜਨ
Fruit	ਫਲ
Garden	ਬਾਗ
Habitat	ਹੈਬੀਟੇਟ
Hive	ਹਾਈਵ
Honey	ਸ਼ਹਿਦ
Insect	ਕੀੜੇ
Plants	ਪੌਦੇ
Pollen	ਬੂਰ
Pollinator	ਪੋਲੀਨੇਟਰ
Queen	ਰਾਣੀ
Smoke	ਧੂੰਆਂ
Swarm	ਸਵਰਮ
Wax	ਮੋਮ

Biology
ਜੀਵ ਵਗਿਆਿਨ

Anatomy	ਵਵਿਗਆਨ
Bacteria	ਬੈਕਟੀਰੀਆ
Cell	ਸੈੱਲ
Chromosome	ਕ੍ਰੋਮੋਸੋਮ
Collagen	ਕੋਲੇਜਨ
Embryo	ਭਰੂਣ
Enzyme	ਐਨਜ਼ਾਈਮ
Evolution	ਵਕਿਾਸ
Hormone	ਹਾਰਮੋਨ
Mammal	ਥਣਧਾਰੀ
Mutation	ਪਰਵਿਰਤਨ
Natural	ਕੁਦਰਤੀ
Neuron	ਨਊਿਰੋਨ
Osmosis	ਓਸਮੋਸਸਿ
Pathogen	ਰੋਗਾਣੂ
Plants	ਪੌਦੇ
Protein	ਪ੍ਰੋਟੀਨ
Reptile	ਸੱਪ
Symbiosis	ਸਬਿੀਓਸਸਿ
Synapse	ਸਨਿੈਪਸ

Birds
ਪੰਛੀ

Canary	ਕੈਨਰੀ
Chicken	ਚਕਿਨ
Crow	ਕਾਂ
Cuckoo	ਕੋਕੂ
Duck	ਬਤਖ਼
Eagle	ਇੱਲ
Egg	ਈ.ਜੀ.ਜੀ
Flamingo	ਫਲੇਮਗਿੋ
Gull	ਗੁੱਲ
Hawk	ਹਾਕ
Heron	ਹੇਰੋਨ
Ostrich	ਸੁਤਰਮੁਰਗ
Parrot	ਤੋਤਾ
Peacock	ਮੋਰ
Pelican	ਪੈਲਕਿਨ
Penguin	ਪੈਨਗੁਇਨ
Sparrow	ਚੜ਼ੀ
Stork	ਐਸਟੀਓਆਰਕੇ
Swan	ਹੰਸ
Toucan	ਟੂਕਨ

Boats
ਕਸ਼ਿਤੀਆ

Anchor	ਲੰਗਰ
Buoy	ਐਡੀਲੇਡ
Canoe	ਕੈਨੋ
Crew	ਕਰੂ
Dock	ਡੌਕ
Engine	ਇੰਜਣ
Kayak	ਕਾਯੇਕ
Lake	ਝੀਲ
Lifeboat	ਲਾਈਫਬੋਟ
Mast	ਮਾਸਟ
Nautical	ਨੌਟਕਿਲ
Ocean	ਸਮੁੰਦਰ
Raft	ਰਾਫਟ
River	ਨਦੀ
Rope	ਰੱਸੀ
Sailboat	ਸੈਲਬੋਟ
Sailor	ਮਲਾਹ
Sea	ਸਾਗਰ
Yacht	ਯਾਚ

Books
ਕਤਿਾਬਾਂ

Adventure	ਦਲੇਰਾਨਾ
Author	ਲੇਖਕ
Character	ਅੱਖਰ
Collection	ਸੰਗ੍ਰਹਿ
Context	ਪ੍ਰਸੰਗ
Duality	ਦਵੈਤ
Epic	ਐਪਕਿ
Historical	ਇਤਹਿਾਸਕ
Humorous	ਹਾਸੋਹੀਣੀ
Inventive	ਖੋਜੀ
Literary	ਸਾਹਤਿਕ
Novel	ਨਾਵਲ
Page	ਸਫ਼ਾ
Poetry	ਕਵਤਿਾ
Reader	ਪਾਠਕ
Relevant	ਸੰਬੰਧਤਿ
Series	ਲੜੀ
Story	ਕਹਾਣੀ
Tragic	ਦੁਖਦਾਈ
Written	ਲਖਿਆਿ

Buildings
ਇਮਾਰਤਾਂ

Apartment	ਅਪਾਰਟਮੈਂਟ
Barn	ਬਾਰਨ
Cabin	ਕੈਬਨਿ
Castle	ਭਵਨ
Cinema	ਸਨਿੇਮਾ
Embassy	ਦੂਤਾਵਾਸ
Factory	ਫੈਕਟਰੀ
Hospital	ਹਸਪਤਾਲ
Hostel	ਹੋਸਟਲ
Hotel	ਹੋਟਲ
Laboratory	ਪ੍ਰਯੋਗਸ਼ਾਲਾ
Museum	ਮਊਿਜ਼ੀਅਮ
Observatory	ਆਬਜ਼ਰਵੇਟਰੀ
School	ਵਦਿਆਿਲਾ
Stadium	ਸਟੇਡੀਅਮ
Supermarket	ਸੁਪਰਮਾਰਕੀਟ
Tent	ਤੰਬੂ
Theater	ਥੀਏਟਰ
Tower	ਟਾਵਰ
University	ਯੂਨੀਵਰਸਟੀ

Business
ਕਾਰੋਬਾਰ

Boss	ਬੌਸ
Budget	ਬਜਟ
Career	ਕੈਰੀਅਰ
Company	ਕੰਪਨੀ
Cost	ਲਾਗਤ
Currency	ਮੁਦਰਾ
Discount	ਛੋਟ
Employee	ਕਰਮਚਾਰੀ
Employer	ਰੁਜ਼ਗਾਰਦਾਤਾ
Factory	ਫੈਕਟਰੀ
Finance	ਵੱਤਿ
Import	ਆਯਾਤ
Income	ਆਮਦਨ
Investment	ਨਵਿੇਸ਼
Job	ਨੌਕਰੀ
Manager	ਮੈਨੇਜਰ
Money	ਪੈਸਾ
Office	ਦਫਤਰ
Sale	ਵਕਿਰੀ
Taxes	ਟੈਕਸ

Camping
ਕੈਂਪਿੰਗ

Adventure	ਦਲੇਰਾਨਾ
Animals	ਜਾਨਵਰ
Cabin	ਕੈਬਨਿ
Canoe	ਕੈਨੋ
Compass	ਕੰਪਾਸ
Fire	ਅੱਗ
Forest	ਵਣ
Fun	ਮਜੇਦਾਰ
Hammock	ਹੈਮੌਕ
Hat	ਐਚ.ਏ.ਟੀ
Hunting	ਸ਼ਕਿਾਰ
Insect	ਕੀੜੇ
Lake	ਝੀਲ
Map	ਨਕਸ਼ਾ
Moon	ਚੰਦਰਮਾ
Mountain	ਪਹਾੜ
Nature	ਕੁਦਰਤ
Rope	ਰੱਸੀ
Tent	ਤੰਬੂ
Trees	ਰੁੱਖ

Chemistry
ਕੈਮਸਿਟਰੀ

Acid	ਐਸਡਿ
Alkaline	ਅਲਕਲੀਨ
Carbon	ਕਾਰਬਨ
Catalyst	ਉਤਪ੍ਰੇਰਕ
Chlorine	ਕਲੋਰੀਨ
Electron	ਇਲੈਕਟ੍ਰੋਨ
Elements	ਤੱਤ
Enzyme	ਐਨਜ਼ਾਈਮ
Gas	ਗੈਸ
Heat	ਗਰਮੀ
Hydrogen	ਹਾਈਡ੍ਰੋਜਨ
Ion	ਲਥਿਅਿਨ
Liquid	ਤਰਲ
Metals	ਧਾਤ
Molecule	ਅਣੂ
Organic	ਆਰਗੈਨਕਿ
Oxygen	ਆਕਸੀਜਨ
Salt	ਲੂਣ
Temperature	ਤਾਪਮਾਨ
Weight	ਭਾਰ

Chess
ਸ਼ਤਰੰਜ

Black	ਕਾਲਾ
Champion	ਚੈਂਪੀਅਨ
Contest	ਮੁਕਾਬਲਾ
Diagonal	ਤਰਿਛੀ
Game	ਖੇਡ
King	ਰਾਜਾ
Opponent	ਵਰਿਧੀ
Passive	ਪੈਸਵਿ
Player	ਖਡਿਾਰੀ
Points	ਅੰਕ
Queen	ਰਾਣੀ
Rules	ਨਯਿਮ
Sacrifice	ਕੁਰਬਾਨੀ
Strategy	ਰਣਨੀਤੀ
Time	ਸਮਾਂ
Tournament	ਟੂਰਨਾਮੈਂਟ
White	ਚਟਿਾ

Chocolate
ਚਾਕਲੇਟ

Antioxidant	ਐਂਟੀਆਕਸੀਡੈਂਟ
Artisanal	ਕਾਰੀਗਰ
Bitter	ਕੌੜਾ
Cacao	ਸੀਏਸੀਏਓ
Calories	ਕੈਲੋਰੀਜ਼
Candy	ਕੈਂਡੀ
Caramel	ਕਾਰਾਮਲ
Coconut	ਨਾਰੀਅਲ
Delicious	ਸੁਆਦੀ
Exotic	ਵਦਿੇਸ਼ੀ
Ingredient	ਸਮੱਗਰੀ
Peanuts	ਮੂੰਗਫਲੀ
Powder	ਪਾਊਡਰ
Quality	ਗੁਣਵੱਤਾ
Recipe	ਵਅਿੰਜਨ
Sugar	ਖੰਡ
Sweet	ਮੱਠਿਾ
Taste	ਸੁਆਦ

Climbing
ਚੜ੍ਹਨਾ

Altitude	ਉਚਾਈ
Atmosphere	ਮਾਹੌਲ
Boots	ਬੂਟ
Cave	ਗੁਫਾ
Curiosity	ਉਤਸੁਕਤਾ
Expert	ਮਾਹਰ
Gloves	ਦਸਤਾਨੇ
Guides	ਗਾਈਡ
Helmet	ਹੈਲਮਟ
Hiking	ਹਾਈਕਗਿ
Injury	ਸੱਟ
Map	ਨਕਸ਼ਾ
Narrow	ਤੰਗ
Physical	ਸਰੀਰਕ
Stability	ਸਥਰਿਤਾ
Strength	ਤਾਕਤ
Training	ਸਖਿਲਾਈ

Clothes
ਕੱਪੜੇ

Apron	ਐਪਰਨ
Belt	ਬੈਲਟ
Blouse	ਬਲਾਊਜ਼
Bracelet	ਬਰੇਸਲੇਟ
Coat	ਕੋਟ
Dress	ਪਹਰਿਾਵਾ
Fashion	ਫੈਸ਼ਨ
Gloves	ਦਸਤਾਨੇ
Hat	ਐਚ.ਏ.ਟੀ
Jacket	ਕੋਟੀ
Jeans	ਜੀਨਸ
Jewelry	ਗਹਣਿੇ
Pajamas	ਪਜਾਮਾ
Pants	ਪੈਂਟਸ
Sandals	ਸੈਂਡਲ
Scarf	ਸਕਾਰਫ
Shirt	ਕਮੀਜ਼
Shoe	ਜੁੱਤੀ
Skirt	ਸਕਰਟ
Sweater	ਸਵੈਟਰ

Colors
ਰੰਗ

Beige	ਬੇਜ
Black	ਕਾਲਾ
Blue	ਨੀਲਾ
Brown	ਭੂਰਾ
Crimson	ਕ੍ਰਮਿਸਨ
Cyan	ਸਆਿਨ
Fuchsia	ਫੁਚਸੀਆ
Green	ਹਰਾ
Grey	ਸਲੇਟੀ
Indigo	ਇੰਡੀਗੋ
Orange	ਸੰਤਰੀ
Pink	ਗੁਲਾਬੀ
Purple	ਪਰਪਲ
Red	ਲਾਲ
Sepia	ਸੇਪੀਆ
White	ਚਟਿੱਾ
Yellow	ਪੀਲਾ

Conservation
ਸੰਭਾਲ

Changes	ਤਬਦੀਲੀਆਂ
Climate	ਜਲਵਾਯੂ
Concern	ਚਤਿਾ
Cycle	ਚੱਕਰ
Ecosystem	ਈਕੋਸਸਿਟਮ
Education	ਸਖਿੱਆਿ
Environmental	ਵਾਤਾਵਰਣ
Green	ਹਰਾ
Habitat	ਹੈਬੀਟੇਟ
Health	ਸਹਿਤ
Natural	ਕੁਦਰਤੀ
Organic	ਆਰਗੈਨਕਿ
Pesticide	ਕੀਟਨਾਸ਼ਕ
Pollution	ਪ੍ਰਦੂਸ਼ਣ
Recycle	ਰੀਸਾਈਕਲ
Reduce	ਘਟਾਓ
Sustainable	ਟਕਿਾਊ
Volunteer	ਵਲੰਟੀਅਰ
Water	ਪਾਣੀ

Countries #1
ਦੇਸ਼ #1

Brazil	ਬ੍ਰਾਜੀਲ
Canada	ਕਨੇਡਾ
Egypt	ਮਸਿਰ
Finland	ਫਨਿਲੈਂਡ
Germany	ਜਰਮਨੀ
Iraq	ਇਰਾਕ
Israel	ਇਜ਼ਰਾਈਲ
Italy	ਇਟਲੀ
Latvia	ਲਾਤਵੀਆ
Libya	ਲੀਬੀਆ
Morocco	ਮੋਰੋਕੋ
Nicaragua	ਨਕਿਾਰਾਗੁਆ
Norway	ਨਾਰਵੇ
Panama	ਪਨਾਮਾ
Poland	ਪੋਲੈਂਡ
Romania	ਰੋਮਾਨੀਆ
Senegal	ਸੇਨੇਗਲ
Spain	ਸਪੇਨ
Venezuela	ਵੈਨੇਜ਼ੁਏਲਾ
Vietnam	ਵੀਅਤਨਾਮ

Countries #2
ਦੇਸ਼ #2

Albania	ਅਲਬਾਨੀਆ
Denmark	ਡੈਨਮਾਰਕ
Ethiopia	ਇਥੋਪੀਆ
Greece	ਗ੍ਰੀਸ
Haiti	ਹੈਟੀ
Jamaica	ਜਮਾਏਕਾ
Japan	ਜਪਾਨ
Laos	ਲਾਓਸ
Lebanon	ਲਬਿਨਾਨ
Liberia	ਲਾਈਬੇਰੀਆ
Mexico	ਮੈਕਸੀਕੋ
Nepal	ਨੇਪਾਲ
Nigeria	ਨਾਈਜੀਰੀਆ
Pakistan	ਪਾਕਸਿਤਾਨ
Russia	ਰੂਸ
Somalia	ਸੋਮਾਲੀਆ
Sudan	ਸੁਡਾਨ
Syria	ਸੀਰੀਆ
Uganda	ਯੁਗਾਂਡਾ
Ukraine	ਯੂਕਰੇਨ

Dance
ਡਾਂਸ

Academy	ਅਕੈਡਮੀ
Art	ਕਲਾ
Body	ਸਰੀਰ
Choreography	ਕੋਰੀਓਗ੍ਰਾਫੀ
Classical	ਕਲਾਸੀਕਲ
Cultural	ਸੱਭਆਿਚਾਰਕ
Culture	ਸੱਭਆਿਚਾਰ
Emotion	ਭਾਵਨਾ
Expressive	ਪ੍ਰਗਟ
Grace	ਕਰਿਪਾ
Joyful	ਅਨੰਦਮਈ
Music	ਸੰਗੀਤ
Partner	ਪਾਰਟਨਰ
Rehearsal	ਰਹਿਰਸਲ
Rhythm	ਤਾਲ
Traditional	ਰਵਾਇਤੀ
Visual	ਵਜ਼ਿੂਅਲ

Days and Months
ਦਨਿ ਅਤੇ ਮਹੀਨੇ

April	ਅਪ੍ਰੈਲ
August	ਅਗਸਤ
Calendar	ਕੈਲੰਡਰ
February	ਫਰਵਰੀ
Friday	ਸ਼ੁੱਕਰਵਾਰ
January	ਜਨਵਰੀ
July	ਜੁਲਾਈ
March	ਮਾਰਚ
Monday	ਸੋਮਵਾਰ
Month	ਮਹੀਨਾ
November	ਨਵੰਬਰ
October	ਅਕਤੂਬਰ
Saturday	ਸ਼ਨੀਵਾਰ
September	ਸਤੰਬਰ
Sunday	ਐਤਵਾਰ
Thursday	ਵੀਰਵਾਰ
Tuesday	ਮੰਗਲਵਾਰ
Wednesday	ਬੁੱਧਵਾਰ
Week	ਹਫਤਾ
Year	ਸਾਲ

Diplomacy
ਕੂਟਨੀਤੀ

Adviser	ਸਲਾਹਕਾਰ
Ambassador	ਰਾਜਦੂਤ
Citizens	ਨਾਗਰਕਿ
Civic	ਸਵਿਕਿ
Community	ਭਾਈਚਾਰਾ
Conflict	ਟਕਰਾਅ
Cooperation	ਸਹਯਿੋਗ
Diplomatic	ਕੂਟਨੀਤਕ
Discussion	ਚਰਚਾ
Embassy	ਦੂਤਾਵਾਸ
Ethics	ਨੈਤਕਿਤਾ
Government	ਸਰਕਾਰ
Humanitarian	ਮਾਨਵਤਾਵਾਦੀ
Integrity	ਅਖੰਡਤਾ
Justice	ਨਆਿਂ
Politics	ਰਾਜਨੀਤੀ
Resolution	ਰੈਜ਼ੋਲੂਸ਼ਨ
Security	ਸੁਰੱਖਆਿ
Solution	ਹੱਲ
Treaty	ਸੰਧੀ

Disease
ਰੋਗ

Abdominal	ਪੇਟ
Allergies	ਐਲਰਜੀ
Body	ਸਰੀਰ
Contagious	ਛੂਤਕਾਰੀ
Genetic	ਜੈਨੇਟਕਿ
Health	ਸਹਿਤ
Heart	ਦਲਿ
Hereditary	ਖ਼ਾਨਦਾਨੀ
Immunity	ਇਮਊਿਨਟੀ
Lumbar	ਲੁਮਬਾਰ
Neuropathy	ਨਊਿਰੋਪੈਥੀ
Pathogens	ਰੋਗਾਣੂ
Pulmonary	ਪਲਮੋਨਰੀ
Respiratory	ਸਾਹ
Syndrome	ਸਡਿਰੋਮ
Therapy	ਥੈਰੇਪੀ
Weak	ਕਮਜ਼ੋਰ
Wellness	ਤੰਦਰੁਸਤੀ

Driving
ਗੱਡੀ ਚਲਾਉਣਾ

Accident	ਦੁਰਘਟਨਾ
Brakes	ਬ੍ਰੇਕ
Car	ਕਾਰ
Danger	ਖ਼ਤਰਾ
Driver	ਡਰਾਈਵਰ
Fuel	ਈਧਨ
Garage	ਗੈਰੇਜ
Gas	ਗੈਸ
License	ਲਾਇਸੰਸ
Map	ਨਕਸ਼ਾ
Motor	ਮੋਟਰ
Motorcycle	ਮੋਟਰਸਾਈਕਲ
Pedestrian	ਪੈਦਲ
Police	ਪੁਲਸਿ
Safety	ਸੁਰੱਖਆਿ
Speed	ਗਤੀ
Street	ਗਲੀ
Traffic	ਆਵਾਜਾਈ
Truck	ਟਰੱਕ
Tunnel	ਟਨਲ

Ecology
ਈਕੋਲੋਜੀ

Climate	ਜਲਵਾਯੂ
Communities	ਭਾਈਚਾਰੇ
Diversity	ਵਭਿਨਿਤਾ
Drought	ਸੋਕਾ
Flora	ਫਲੋਰਾ
Global	ਗਲੋਬਲ
Habitat	ਹੈਬੀਟੇਟ
Marine	ਮਰੀਨ
Marsh	ਮਾਰਸ਼
Mountains	ਪਹਾੜ
Natural	ਕੁਦਰਤੀ
Nature	ਕੁਦਰਤ
Plants	ਪੌਦੇ
Resources	ਸਰੋਤ
Species	ਸਪੀਸੀਜ਼
Survival	ਸਰਵਾਈਵਲ
Sustainable	ਟਕਿਾਊ
Vegetation	ਬਨਸਪਤੀ
Volunteers	ਵਲੰਟੀਅਰ

Electricity
ਬਜਿਲੀ

Battery	ਬੈਟਰੀ
Cable	ਕੇਬਲ
Electric	ਬਜਿਲੀ
Electrician	ਇਲੈਕਟ੍ਰੀਸ਼ੀਅਨ
Generator	ਜੇਨਰੇਟਰ
Lamp	ਦੀਵੇ
Laser	ਲੇਜ਼ਰ
Magnet	ਚੁੰਬਕ
Negative	ਨਕਾਰਾਤਮਕ
Network	ਨੈੱਟਵਰਕ
Objects	ਵਸਤੂਆਂ
Positive	ਸਕਾਰਾਤਮਕ
Quantity	ਮਾਤਰਾ
Socket	ਸਾਕਟ
Storage	ਸਟੋਰੇਜ
Telephone	ਟੈਲੀਫੋਨ
Television	ਟੈਲੀਵਜ਼ਿਨ

Energy
ਊਰਜਾ

Battery	ਬੈਟਰੀ
Carbon	ਕਾਰਬਨ
Diesel	ਡੀਜ਼ਲ
Electric	ਬਜਿਲੀ
Electron	ਇਲੈਕਟ੍ਰੋਨ
Engine	ਇੰਜਣ
Entropy	ਐਨਟ੍ਰੌਪੀ
Environment	ਵਾਤਾਵਰਨ
Fuel	ਈਧਨ
Gasoline	ਗੈਸੋਲੀਨ
Heat	ਗਰਮੀ
Hydrogen	ਹਾਈਡ੍ਰੋਜਨ
Industry	ਉਦਯੋਗ
Motor	ਮੋਟਰ
Photon	ਫੋਟੋਨ
Pollution	ਪ੍ਰਦੂਸ਼ਣ
Renewable	ਨਵਆਿਉਣਯੋਗ
Steam	ਸਟੀਮ
Turbine	ਟਰਬਾਈਨ
Wind	ਹਵਾ

Engineering
ਇੰਜੀਨੀਅਰਗਿ

Angle	ਕੋਣ
Axis	ਧੁਰਾ
Calculation	ਗਣਨਾ
Construction	ਉਸਾਰੀ
Depth	ਡੂੰਘਾਈ
Diagram	ਚੌਤਿਰ
Diameter	ਵਿਆਸ
Diesel	ਡੀਜ਼ਲ
Distribution	ਵੰਡ
Energy	ਊਰਜਾ
Engine	ਇੰਜਣ
Friction	ਰਗੜ
Liquid	ਤਰਲ
Machine	ਮਸ਼ੀਨ
Measurement	ਮਾਪ
Motor	ਮੋਟਰ
Propulsion	ਪ੍ਰੋਪਲਸ਼ਨ
Stability	ਸਥਰਿਤਾ
Strength	ਤਾਕਤ
Structure	ਢਾਂਚਾ

Ethics
ਨੈਤਕਿਤਾ

Altruism	ਪਰਉਪਕਾਰ
Benevolent	ਪਰਉਪਕਾਰੀ
Compassion	ਹਮਦਰਦੀ
Cooperation	ਸਹਯਿੋਗ
Dignity	ਮਾਣ
Diplomatic	ਕੂਟਨੀਤਕ
Honesty	ਈਮਾਨਦਾਰੀ
Humanity	ਮਨੁੱਖਤਾ
Individualism	ਵਅਿਕਤੀਵਾਦ
Integrity	ਅਖੰਡਤਾ
Kindness	ਦਆਿਲਤਾ
Optimism	ਆਸ਼ਾਵਾਦੀ
Patience	ਸਬਰ
Philosophy	ਫਲਿਾਸਫੀ
Rationality	ਤਰਕਸ਼ੀਲਤਾ
Realism	ਯਥਾਰਥਵਾਦ
Reasonable	ਵਾਜਬ
Tolerance	ਸਹਣਿਸ਼ੀਲਤਾ
Values	ਮੁੱਲ
Wisdom	ਬੁੱਧ

Family
ਪਰਵਿਾਰ

Ancestor	ਪੁਰਖ
Aunt	ਭੂਆ
Brother	ਭਰਾ
Child	ਬੱਚਾ
Childhood	ਬਚਪਨ
Children	ਬੱਚੇ
Daughter	ਧੀ
Father	ਪਤਿਾ
Grandchild	ਪੋਤਾ
Grandfather	ਦਾਦਾ
Grandmother	ਦਾਦੀ
Husband	ਪਤੀ
Mother	ਮਾਂ
Nephew	ਭਤੀਜੇ
Niece	ਭਤੀਜੀ
Sister	ਭੈਣ
Uncle	ਅੰਕਲ
Wife	ਪਤਨੀ

Farm #1
ਫਾਰਮ #1

Agriculture	ਖੇਤੀਬਾੜੀ
Bee	ਬੀ.ਈ.ਈ
Bison	ਬਾਈਸਨ
Calf	ਵੱਛੇ
Cat	ਬੌਿਲੀ
Chicken	ਚਕਿਨ
Cow	ਗਊ
Crow	ਕਾਂ
Dog	ਕੁੱਤੇ
Donkey	ਗਧਾ
Fence	ਵਾੜ
Fertilizer	ਖਾਦ
Field	ਖੇਤਰ
Flock	ਝੁੰਡ
Goat	ਬੱਕਰੀ
Honey	ਸ਼ਹਦਿ
Horse	ਘੋੜਾ
Rice	ਚੌਲ
Seeds	ਬੀਜ
Water	ਪਾਣੀ

Farm #2
ਫਾਰਮ #2

Animals	ਜਾਨਵਰ
Barley	ਜੌਂ
Barn	ਬਾਰਨ
Beehive	ਬੀਹੀਵ
Duck	ਬਤਖ਼
Farmer	ਕਸਿਾਨ
Food	ਭੋਜਨ
Fruit	ਫਲ
Irrigation	ਸਚਿਾਈ
Llama	ਲਾਮਾ
Meadow	ਮੀਡੋ
Milk	ਦੁੱਧ
Orchard	ਆਰਚਰਡ
Sheep	ਭੇਡ
Tractor	ਟਰੈਕਟਰ
Vegetable	ਸਬਜ਼ੀ
Wheat	ਕਣਕ
Windmill	ਵਡਿਮਲਿ

Flowers
ਫੁੱਲ

Bouquet	ਗੁਲਦਸਤਾ
Clover	ਕਲੋਵਰ
Daffodil	ਡੈਫੋਡਲਿ
Daicy	ਡੇਜ਼ੀ
Dandelion	ਡੰਡਲੀਅਨ
Gardenia	ਗਾਰਡਨੀਆ
Hibiscus	ਹਬਿਸਿਕਸ
Jasmine	ਜੈਸਮੀਨ
Lavender	ਲਵੈਂਡਰ
Lilac	ਲਲਿੈਕ
Magnolia	ਮੈਗਨੋਲੀਆ
Orchid	ਆਰਕਡਿ
Passionflower	ਪੈਸ਼ਨਫਲਾਵਰ
Petal	ਪੰਖੜੀ
Plumeria	ਪਲੂਮਰੀਆ
Rose	ਗੁਲਾਬ
Sunflower	ਸੂਰਜਮੁਖੀ
Tulip	ਟਊਿਲਪਿ

Food #1

ਭੋਜਨ #1

Apricot	ਖੁਰਮਾਨੀ
Barley	ਜੌਂ
Basil	ਬੇਸਲਿ
Carrot	ਗਾਜਰ
Cinnamon	ਦਾਲਚੀਨੀ
Garlic	ਲਸਣ
Juice	ਜੂਸ
Lemon	ਨਿੰਬੂ
Milk	ਦੁੱਧ
Onion	ਪਿਆਜ
Peanut	ਮੂੰਗਫਲੀ
Pear	ਨਾਸ਼ਪਾਤੀ
Salad	ਸਲਾਦ
Salt	ਲੂਣ
Soup	ਸੂਪ
Spinach	ਪਾਲਕ
Strawberry	ਸਟ੍ਰਾਬੈਰੀ
Sugar	ਖੰਡ
Tuna	ਟੂਨਾ
Turnip	ਸ਼ਲਗਮ

Food #2

ਭੋਜਨ #2

Apple	ਐਪਲ
Artichoke	ਆਂਟਚਿੰਕ
Banana	ਕੇਲਾ
Broccoli	ਬਰੌਕਲੀ
Celery	ਅਜਵਾਇਨ
Cheese	ਪਨੀਰ
Cherry	ਚੈਰੀ
Chicken	ਚਕਿਨ
Chocolate	ਚਾਕਲੇਟ
Egg	ਈ.ਜੀ.ਜੀ
Eggplant	ਬੈਂਗਣ
Fish	ਮੱਛੀ
Grape	ਅੰਗੂਰ
Ham	ਹੇਮ
Kiwi	ਕੀਵੀ
Mushroom	ਖੁੰਭ
Rice	ਚੌਲ
Tomato	ਟਮਾਟਰ
Wheat	ਕਣਕ
Yogurt	ਦਹ

Force and Gravity

ਫੋਰਸ ਅਤੇ ਗੰਭੀਰਤਾ

Axis	ਧੁਰਾ
Center	ਕੇਂਦਰ
Discovery	ਖੋਜ
Distance	ਦੂਰੀ
Dynamic	ਗਤੀਸ਼ੀਲ
Friction	ਰਗੜ
Impact	ਅਸਰ
Magnetism	ਚੁੰਬਕਤਾ
Mechanics	ਮਕੈਨਕਿ
Momentum	ਮੋਮੈਂਟਮ
Orbit	ਓਆਰਬਟਿ
Pressure	ਦਬਾਅ
Properties	ਵਸ਼ਿੇਸ਼ਤਾਵਾਂ
Speed	ਗਤੀ
Time	ਸਮਾਂ
Universal	ਯੂਨੀਵਰਸਲ
Weight	ਭਾਰ

Fruit

ਫਲ

Apple	ਐਪਲ
Apricot	ਖੁਰਮਾਨੀ
Avocado	ਆਵਾਕੈਡੋ
Banana	ਕੇਲਾ
Berry	ਬੇਰੀ
Cherry	ਚੈਰੀ
Coconut	ਨਾਰੀਅਲ
Fig	ਚਿੱਤਰ
Grape	ਅੰਗੂਰ
Kiwi	ਕੀਵੀ
Lemon	ਨਿੰਬੂ
Mango	ਆਮ
Melon	ਤਰਬੂਜ
Nectarine	ਨੈਕਟਰੀਨ
Orange	ਸੰਤਰੀ
Papaya	ਪਪੀਤਾ
Peach	ਆੜੂ
Pear	ਨਾਸ਼ਪਾਤੀ
Pineapple	ਅਨਾਨਾਸ
Raspberry	ਰਸਭਰੀ

Geography

ਭੂਗੋਲ

Altitude	ਉਚਾਈ
Atlas	ਐਟਲਸ
City	ਸ਼ਹਰਿ
Continent	ਮਹਾਂਦੀਪ
Country	ਦੇਸ਼
Equator	ਭੂਮੱਧ
Hemisphere	ਗੋਲਾ
Island	ਟਾਪੂ
Latitude	ਅਕਸ਼ਾਂਸ਼
Longitude	ਲੰਬਕਾਰ
Map	ਨਕਸ਼ਾ
Meridian	ਮੈਰੀਡੀਅਨ
Mountain	ਪਹਾੜ
North	ਉੱਤਰ
Ocean	ਸਮੁੰਦਰ
Region	ਖੇਤਰ
River	ਨਦੀ
Sea	ਸਾਗਰ
South	ਦੱਖਣੀ
West	ਪੱਛਮ

Geology

ਭੂ-ਵਗਿਆਿਨ

Acid	ਐਸਡਿ
Calcium	ਕੈਲਸ਼ੀਅਮ
Cavern	ਗੁਫਾ
Continent	ਮਹਾਂਦੀਪ
Coral	ਕੋਰਲ
Crystals	ਕ੍ਰਸਿਟਲ
Cycles	ਚੱਕਰ
Earthquake	ਭੂਚਾਲ
Fossil	ਜੀਵਾਸ਼ਮ
Geyser	ਗੀਜ਼ਰ
Layer	ਪਰਤ
Minerals	ਖਣਜਿ
Plateau	ਪਠਾਰ
Quartz	ਕੁਆਰਟਜ਼
Salt	ਲੂਣ
Stalactite	ਸਟੈਲੇਕਟਾਇਟ
Stalagmites	ਸਟੈਲਾਗਮਾਈਟਸ
Stone	ਪੱਥਰ
Tilt	ਝੁਕਾਓ
Volcano	ਜਵਾਲਾਮੁਖੀ

Geometry
ਜਓਿਮੈਟਰੀ

Angle	ਕੋਣ
Calculation	ਗਣਨਾ
Circle	ਚੱਕਰ
Curve	ਕਰਵ
Diameter	ਵਆਿਸ
Dimension	ਮਾਪ
Equation	ਸਮੀਕਰਨ
Height	ਉਚਾਈ
Horizontal	ਖਤਿਜੀ
Logic	ਤਰਕ
Mass	ਪੁੰਜ
Median	ਔਸਤ
Number	ਗਣਿਤੀ
Proportion	ਅਨੁਪਾਤ
Segment	ਖੰਡ
Square	ਵਰਗ
Surface	ਸਤਹ
Symmetry	ਸਮਮਤਿੀ
Theory	ਥਊਿਰੀ
Triangle	ਤਕਿੋਣ

Global Warming
ਗਲੋਬਲ ਵਾਰਮਗਿ

Arctic	ਆਰਕਟਕਿ
Attention	ਧਆਿਨ
Changes	ਤਬਦੀਲੀਆਂ
Climate	ਜਲਵਾਯੂ
Consequences	ਨਤੀਜੇ
Crisis	ਸੰਕਟ
Development	ਵਕਿਾਸ
Energy	ਊਰਜਾ
Environmental	ਵਾਤਾਵਰਣ
Future	ਭਵੱਖਿ
Gas	ਗੈਸ
Generations	ਪੀੜ੍ਹੀਆਂ
Government	ਸਰਕਾਰ
Industry	ਉਦਯੋਗ
International	ਅੰਤਰਰਾਸ਼ਟਰੀ
Legislation	ਕਾਨੂੰਨ
Now	ਹੁਣ
Populations	ਆਬਾਦੀ
Scientist	ਵਗਿਆਿਨੀ
Temperatures	ਤਾਪਮਾਨ

Government
ਸਰਕਾਰ

Citizenship	ਨਾਗਰਕਿਤਾ
Civil	ਸਵਿਲ
Constitution	ਸੰਵਧਿਾਨ
Democracy	ਲੋਕਤੰਤਰ
Discussion	ਚਰਚਾ
District	ਜ਼ਲ੍ਹਿਾ
Equality	ਸਮਾਨਤਾ
Independence	ਸੁਤੰਤਰਤਾ
Judicial	ਨਆਿਂਇਕ
Justice	ਨਆਿਂ
Law	ਕਾਨੂੰਨ
Legal	ਕਾਨੂੰਨੀ
Liberty	ਲਬਿਰਟੀ
Monument	ਯਾਦਗਾਰ
Nation	ਕੌਮ
Peaceful	ਸ਼ਾਂਤੀਪੂਰਨ
Politics	ਰਾਜਨੀਤੀ
Speech	ਭਾਸ਼ਣ
State	ਰਾਜ
Symbol	ਚਨ੍ਹਿ

Hair Types
ਵਾਲਾਂ ਦੀਆਂ ਕਸਿਮਾਂ

Bald	ਗੰਜਾ
Black	ਕਾਲਾ
Braided	ਬਰੇਡਡ
Brown	ਭੂਰਾ
Colored	ਰੰਗ
Curls	ਕਰਲ
Curly	ਘੁੰਗਰਾਲਾ
Gray	ਸਲੇਟੀ
Healthy	ਸਹਿਤਮੰਦ
Long	ਲੰਬਾ
Shiny	ਚਮਕਦਾਰ
Short	ਛੋਟਾ
Smooth	ਨਰਿਵਘਿਨ
Soft	ਨਰਮ
Thick	ਮੋਟਾ
Thin	ਪਤਲਾ
White	ਚਟਿੱਾ

Health and Wellness #1
ਸਹਿਤ ਅਤੇ ਤੰਦਰੁਸਤੀ #1

Active	ਸਰਗਰਮ
Bacteria	ਬੈਕਟੀਰੀਆ
Clinic	ਕਲੀਨਕਿ
Doctor	ਡਾਕਟਰ
Habit	ਆਦਤ
Height	ਉਚਾਈ
Hormones	ਹਾਰਮੋਨਸ
Hunger	ਭੁੱਖ
Injury	ਸੱਟ
Medical	ਮੈਡੀਕਲ
Medicine	ਦਵਾਈ
Muscles	ਮਾਸਪੇਸ਼ੀਆਂ
Pharmacy	ਫਾਰਮੇਸੀ
Reflex	ਰਫਿਲੈਕਸ
Skin	ਚਮੜੀ
Therapy	ਥੈਰੇਪੀ
Treatment	ਇਲਾਜ
Virus	ਵਾਇਰਸ

Health and Wellness #2
ਸਹਿਤ ਅਤੇ ਤੰਦਰੁਸਤੀ #2

Allergy	ਐਲਰਜੀ
Anatomy	ਵਵਿਗਆਿਨ
Appetite	ਭੁੱਖ
Blood	ਖੂਨ
Calorie	ਕੈਲੋਰੀ
Dehydration	ਡੀਹਾਈਡ੍ਰੇਸ਼ਨ
Diet	ਡਾਈਟ
Disease	ਬਮਿਾਰੀ
Energy	ਊਰਜਾ
Genetics	ਜੈਨੇਟਕਿਸ
Healthy	ਸਹਿਤਮੰਦ
Hospital	ਹਸਪਤਾਲ
Hygiene	ਸਫਾਈ
Infection	ਲਾਗ
Massage	ਮਸਾਜ
Nutrition	ਪੋਸ਼ਣ
Recovery	ਮੁੜ-ਸਹਿਤਯਾਬੀ
Stress	ਤਣਾਅ
Vitamin	ਵਟਿਾਮਨਿ
Weight	ਭਾਰ

Herbalism
ਹਰਬਲਵਾਦ

Aromatic	ਖੁਸ਼ਬੂਦਾਰ
Basil	ਬੇਸਲਿ
Beneficial	ਲਾਭਦਾਇਕ
Culinary	ਰਸੋਈ
Fennel	ਸੌਂਫ
Flavor	ਸੁਆਦ
Flower	ਫੁੱਲ
Garden	ਬਾਗ
Garlic	ਲਸਣ
Green	ਹਰਾ
Ingredient	ਸਮੱਗਰੀ
Lavender	ਲਵੈਂਡਰ
Marjoram	ਮਾਰਜੋਰਮ
Mint	ਮਟਿ
Oregano	ਓਰੇਗਾਨੋ
Parsley	ਪਾਰਸਲੇ
Quality	ਗੁਣਵੱਤਾ
Rosemary	ਰੋਜ਼ਮੇਰੀ
Saffron	ਕੇਸਰ
Tarragon	ਤਾਰਗੋਨ

Hiking
ਹਾਈਕਗਿ

Animals	ਜਾਨਵਰ
Boots	ਬੂਟ
Camping	ਕੈਂਪਗਿ
Climate	ਜਲਵਾਯੂ
Guides	ਗਾਈਡ
Heavy	ਭਾਰੀ
Map	ਨਕਸ਼ਾ
Mosquitoes	ਮੱਛਰ
Mountain	ਪਹਾੜ
Nature	ਕੁਦਰਤ
Orientation	ਓਰੀਐਂਟੇਸ਼ਨ
Parks	ਪਾਰਕ
Preparation	ਤਆਿਰੀ
Stones	ਪੱਥਰ
Summit	ਸੰਮੇਲਨ
Tired	ਥੱਕ
Water	ਪਾਣੀ
Weather	ਮੌਸਮ
Wild	ਜੰਗਲੀ

House
ਘਰ

Attic	ਐਟਕਿ
Broom	ਝਾੜੂ
Curtains	ਪਰਦੇ
Door	ਦਰਵਾਜ਼ਾ
Fence	ਵਾੜ
Fireplace	ਅੰਗੀਠੀ
Floor	ਮੰਜ਼ਲਿ
Furniture	ਫਰਨੀਚਰ
Garage	ਗੈਰੇਜ
Garden	ਬਾਗ
Keys	ਕੁੰਜੀ
Kitchen	ਰਸੋਈ
Lamp	ਦੀਵੇ
Library	ਲਾਇਬ੍ਰੇਰੀ
Mirror	ਮਰਿਰ
Roof	ਛੱਤ
Room	ਕਮਰਾ
Shower	ਸ਼ਾਵਰ
Wall	ਕੰਧ
Window	ਵਡਿੋ

Human Body
ਮਨੁੱਖੀ ਸਰੀਰ ਨੂੰ

Ankle	ਗਿੱਟਾ
Blood	ਖੂਨ
Brain	ਦਮਿਾਗ
Chin	ਚਨਿ
Ear	ਕੰਨ
Elbow	ਕੂਹਣੀ
Finger	ਉਂਗਲ
Hand	ਹੱਥ
Head	ਸਰਿ
Heart	ਦਲਿ
Jaw	ਜਬਾੜੇ
Knee	ਗੋਡੇ
Leg	ਲੱਤ
Mouth	ਮੂੰਹ
Neck	ਗਰਦਨ
Nose	ਨੱਕ
Shoulder	ਮੋਢੇ
Skin	ਚਮੜੀ
Stomach	ਪੇਟ
Tongue	ਜੀਭ

Insects
ਕੀੜੇ

Ant	ਕੀੜੀ
Aphid	ਏਪੀਹਡਿ
Bee	ਬੀ.ਈ.ਈ
Beetle	ਬੀਟਲ
Butterfly	ਬਟਰਫਲਾਈ
Cicada	ਸੀਆਈਸੀਏਡੀਏ
Cockroach	ਕਾਕਰੋਚ
Dragonfly	ਡਰੈਗਨਫਲਾਈ
Flea	ਪੀਸੂ
Gnat	ਜੀਐਨਏਟੀ
Hornet	ਹੋਰਨੇਟ
Ladybug	ਲੇਡੀਬੱਗ
Larva	ਲਾਰਵਾ
Mantis	ਮੈਂਟਸਿ
Mosquito	ਮੱਛਰ
Termite	ਸਉਿਕ
Worm	ਕੀੜਾ

Jazz
ਜੈਜ਼

Album	ਐਲਬਮ
Artist	ਕਲਾਕਾਰ
Composer	ਸੰਗੀਤਕਾਰ
Composition	ਰਚਨਾ
Concert	ਮੇਲ
Famous	ਮਸ਼ਹੂਰ
Favorites	ਮਨਪਸੰਦ
Improvisation	ਸੁਧਾਰ
Influences	ਪ੍ਰਭਾਵ
Music	ਸੰਗੀਤ
New	ਨਵਾਂ
Orchestra	ਆਰਕੈਸਟਰਾ
Rhythm	ਤਾਲ
Song	ਗੀਤ
Style	ਸ਼ੈਲੀ
Talent	ਪ੍ਰਤਭਿਾ
Technique	ਤਕਨੀਕ

Landscapes
ਲੈਂਡਸਕੇਪ

Beach	ਬੀਚ
Cave	ਗੁਫਾ
Desert	ਮਾਰੂਥਲ
Geyser	ਗੀਜ਼ਰ
Glacier	ਗਲੇਸ਼ੀਅਰ
Hill	ਹੱਲਿ
Iceberg	ਆਈਸਬਰਗ
Island	ਟਾਪੂ
Lake	ਝੀਲ
Mountain	ਪਹਾੜ
Oasis	ਓਏਸਸਿ
Ocean	ਸਮੁੰਦਰ
Peninsula	ਪ੍ਰਾਇਦੀਪ
River	ਨਦੀ
Sea	ਸਾਗਰ
Swamp	ਦਲਦਲ
Tundra	ਟੁੰਡਰਾ
Valley	ਵੈਲੀ
Volcano	ਜਵਾਲਾਮੁਖੀ
Waterfall	ਵਾਟਰਫਾਲ

Literature
ਸਾਹਤਿ

Analogy	ਸਮਾਨਤਾ
Analysis	ਵਸ਼ਿਲੇਸ਼ਣ
Anecdote	ਕੱਸਿਾ
Author	ਲੇਖਕ
Biography	ਜੀਵਨੀ
Comparison	ਤੁਲਨਾ
Conclusion	ਸੱਟਿਾ
Description	ਵਰਣਨ
Dialogue	ਡਾਇਲਾਗ
Fiction	ਕਲਪਨਾ
Metaphor	ਰੂਪਕ
Novel	ਨਾਵਲ
Opinion	ਰਾਏ
Poem	ਕਵਤਿਾ
Poetic	ਕਾਵਕਿ
Rhyme	ਤੁਮ
Rhythm	ਤਾਲ
Style	ਸ਼ੈਲੀ
Theme	ਥੀਮ
Tragedy	ਦੁਖਾਂਤ

Mammals
ਥਣਧਾਰੀ

Bear	ਰੱਛਿ
Beaver	ਬੀਵਰ
Bull	ਬਲਦ
Cat	ਬੱਲਿੀ
Coyote	ਕੋਯੋਟ
Dog	ਕੁੱਤੇ
Dolphin	ਡਾਲਫਨਿ
Elephant	ਹਾਥੀ
Fox	ਫੌਕਸ
Giraffe	ਜਰਿਾਫ
Gorilla	ਗੋਰਲਿਾ
Horse	ਘੋੜਾ
Kangaroo	ਕੰਗਾਰੂ
Lion	ਸ਼ੇਰ
Monkey	ਬਾਂਦਰ
Rabbit	ਖਰਗੋਸ਼
Sheep	ਭੇਡ
Whale	ਮਛੀ
Wolf	ਵੁਲਫ
Zebra	ਜ਼ੈਬਰਾ

Math
ਗਣਤਿ

Angles	ਕੋਣ
Arithmetic	ਗਣਤਿ
Circumference	ਚੱਕਰ
Decimal	ਦਸ਼ਮਲਵ
Degrees	ਡਗਿਰੀ
Diameter	ਵਿਆਸ
Division	ਡਵਿੀਜ਼ਨ
Equation	ਸਮੀਕਰਨ
Exponent	ਐਕਸਪੋਨੇਟ
Geometry	ਜੁਮੈਟਰੀ
Numbers	ਨੰਬਰ
Parallelogram	ਪੈਰਲੇਲੋਗ੍ਰਾਮ
Perimeter	ਘੇਰੇ
Perpendicular	ਲੰਬ
Polygon	ਬਹੁਭੁਜ
Rectangle	ਆਇਤ
Square	ਵਰਗ
Sum	ਜੋੜ
Symmetry	ਸਮਮਤਿੀ
Triangle	ਤਕਿੋਣ

Measurements
ਨਾਪ

Byte	ਬਾਈਟ
Centimeter	ਸੈਂਟੀਮੀਟਰ
Decimal	ਦਸ਼ਮਲਵ
Degree	ਡਗਿਰੀ
Depth	ਡੂੰਘਾਈ
Gram	ਗ੍ਰਾਮ
Height	ਉਚਾਈ
Inch	ਇੰਚ
Kilogram	ਕਲਿੋਗ੍ਰਾਮ
Kilometer	ਕਲਿੋਮੀਟਰ
Length	ਲੰਬਾਈ
Liter	ਲਟਿਰ
Mass	ਪੁੰਜ
Meter	ਮੀਟਰ
Minute	ਮਟਿ
Ounce	ਔਂਸ
Ton	ਟਨ
Weight	ਭਾਰ
Width	ਚੌੜਾਈ

Musical Instruments
ਸੰਗੀਤ ਯੰਤਰ

Banjo	ਬੈਂਜੋ
Bassoon	ਬਾਸੂਨ
Cello	ਸੇਲੋ
Clarinet	ਕਲੈਰੀਨੈਟ
Drumsticks	ਡ੍ਰਮਸਟਕਿਸ
Flute	ਬੰਸਰੀ
Gong	ਘੰਟਾ
Guitar	ਗਟਿਾਰ
Harmonica	ਹਾਰਮੋਨਕਿਾ
Harp	ਹਾਰਪ
Mandolin	ਮੈਂਡੋਲਨਿ
Marimba	ਮਰੀਮਬਾ
Oboe	ਓਬੀਈਈ
Piano	ਪਆਿਨੋ
Saxophone	ਸੈਕਸੋਫੋਨ
Tambourine	ਤੰਬੂਰੀਨ
Trombone	ਟ੍ਰੋਂਬੋਨ
Violin	ਵਾਇਲਨ

Mythology
ਮਿਥਿਹਾਸ

Archetype	ਆਰਕੀਟਾਈਪ
Behavior	ਵਿਹਾਰ
Beliefs	ਵਸ਼ਿਵਾਸ
Creation	ਸਰਿਜਣਾ
Creature	ਜੀਵ
Culture	ਸੱਭਿਆਚਾਰ
Disaster	ਤਬਾਹੀ
Heaven	ਸਵਰਗ
Hero	ਹੀਰੋ
Heroine	ਹੀਰੋਇਨ
Immortality	ਅਮਰ
Jealousy	ਈਰਖਾ
Labyrinth	ਭੁਲੱਕੜ
Legend	ਲੀਜੈਂਡ
Lightning	ਲਾਈਟਨਗਿ
Monster	ਅਦਭੁਤ
Mortal	ਪ੍ਰਾਣੀ
Revenge	ਬਦਲਾ
Strength	ਤਾਕਤ
Warrior	ਯੋਧੇ

Numbers
ਨੰਬਰ

Decimal	ਦਸ਼ਮਲਵ
Eight	ਅੱਠ
Eighteen	ਪ੍ਰੇਤ
Five	ਪੰਜ
Four	ਚਾਰ
Fourteen	ਚੌਦਾਂ
Math	ਗਣਤਿ
Nine	ਨੌਂ
One	ਇੱਕ
Seven	ਸੱਤ
Seventeen	ਸੱਤਰ
Six	ਛੇ
Sixteen	ਸੋਲ੍ਹਾਂ
Ten	ਦਸ
Thirteen	ਬੰਧਨਕਾਰੀ
Three	ਤਨਿ
Twelve	ਬਾਰਾਂ
Twenty	ਵੀਹ
Two	ਦੋ
Zero	ਜ਼ੀਰੋ

Nutrition
ਪੋਸ਼ਣ

Appetite	ਭੁੱਖ
Balanced	ਸੰਤੁਲਤਿ
Bitter	ਕੌੜਾ
Calories	ਕੈਲੋਰੀਜ਼
Carbohydrates	ਕਾਰਬੋਹਾਈਡਰੇਟ
Cereals	ਅਨਾਜ
Diet	ਡਾਈਟ
Fermentation	ਫਰਮੈਂਟੇਸ਼ਨ
Flavor	ਸੁਆਦ
Health	ਸਹਿਤ
Healthy	ਸਹਿਤਮੰਦ
Liquids	ਤਰਲ
Nutrient	ਪੌਸ਼ਟਕਿ
Proteins	ਪ੍ਰੋਟੀਨ
Quality	ਗੁਣਵੱਤਾ
Sauce	ਸਾਸ
Spices	ਮਸਾਲੇ
Toxin	ਟੌਕਸਨਿ
Vitamin	ਵਟਿਾਮਨਿ
Weight	ਭਾਰ

Ocean
ਸਮੁੰਦਰ

Coral	ਕੋਰਲ
Crab	ਕੇਕੜਾ
Dolphin	ਡਾਲਫਨਿ
Eel	ਬਾਮਮਛਲੀ
Fish	ਮੱਛੀ
Jellyfish	ਜੈਲੀਫਸ਼ਿ
Octopus	ਆਕਟੋਪਸ
Oyster	ਸੀਓਪੀ
Reef	ਰੀਫ
Salt	ਲੂਣ
Shark	ਸ਼ਾਰਕ
Shrimp	ਝੀਗਾ
Sponge	ਸਪੰਜ
Storm	ਤੂਫ਼ਾਨ
Tuna	ਟੂਨਾ
Turtle	ਕੱਛੂਕੁੰਮਾ
Whale	ਮਛੀ

Philanthropy
ਪਰਉਪਕਾਰ

Charity	ਚੈਰਟਿੀ
Children	ਬੱਚੇ
Community	ਭਾਈਚਾਰਾ
Contacts	ਸੰਪਰਕ
Finance	ਵਤਿੰ
Funds	ਫੰਡ
Generosity	ਉਦਾਰਤਾ
Global	ਗਲੋਬਲ
Groups	ਗਰੁੱਪ
History	ਇਤਹਿਾਸ
Honesty	ਈਮਾਨਦਾਰੀ
Humanity	ਮਨੁੱਖਤਾ
Mission	ਮਸ਼ਿਨ
Need	ਲੋੜ
People	ਲੋਕ
Programs	ਪ੍ਰੋਗਰਾਮ
Youth	ਨੌਜਵਾਨ

Photography
ਫੋਟੋਗ੍ਰਾਫੀ

Black	ਕਾਲਾ
Camera	ਕੈਮਰਾ
Color	ਰੰਗ
Composition	ਰਚਨਾ
Contrast	ਉਲਟ
Definition	ਪਰਭਿਾਸ਼ਾ
Exhibition	ਪ੍ਰਦਰਸ਼ਨੀ
Format	ਫਾਰਮੈਟ
Frame	ਫਰੇਮ
Lighting	ਲਾਈਟਗਿ
Object	ਇਕਾਈ
Perspective	ਦ੍ਰਸ਼ਿਟੀਕੋਣ
Portrait	ਪੋਰਟਰੇਟ
Shadows	ਪਰਛਾਵੇਂ
Subject	ਵਸ਼ਿਾ
Texture	ਟੈਕਸਟਚਰ
Visual	ਵਜ਼ਿੁਅਲ

Physics
ਭੌਤਕਿ ਵਗਿਆਿਨ

Acceleration	ਐਕਸਪਰੇਸ਼ਨ
Atom	ਐਟਮ
Chaos	ਹਫੜਾ
Chemical	ਰਸਾਇਣਕ
Density	ਘਣਤਾ
Electron	ਇਲੈਕਟ੍ਰੋਨ
Engine	ਇੰਜਣ
Formula	ਫਾਰਮੂਲਾ
Frequency	ਬਾਰੰਬਾਰਤਾ
Gas	ਗੈਸ
Gravity	ਗੰਭੀਰਤਾ
Magnetism	ਚੁੰਬਕਤਾ
Mass	ਪੁੰਜ
Mechanics	ਮਕੈਨਕਿ
Molecule	ਅਣੂ
Particle	ਕਣ
Relativity	ਸਾਪੇਖਤਾ
Speed	ਗਤੀ
Universal	ਯੂਨੀਵਰਸਲ
Velocity	ਵੇਗ

Plants
ਪੌਦੇ

Bamboo	ਬਾਂਸ
Bean	ਬੀਨ
Berry	ਬੇਰੀ
Botany	ਬੋਟਨੀ
Bush	ਬੁਸ਼
Cactus	ਕੈਕਟਸ
Fertilizer	ਖਾਦ
Flora	ਫਲੋਰਾ
Flower	ਫੁੱਲ
Foliage	ਪੱਤੇ
Forest	ਵਣ
Garden	ਬਾਗ
Grass	ਘਾਹ
Ivy	ਆਈਵੀਆਈ
Moss	ਮੋਸ
Petal	ਪੰਖੜੀ
Root	ਰੂਟ
Stem	ਸਟੈਮ
Vegetable	ਸਬਜ਼ੀ
Vegetation	ਬਨਸਪਤੀ

Professions #1
ਪੇਸ਼ੇ #1

Ambassador	ਰਾਜਦੂਤ
Astronomer	ਖਗੋਲ
Attorney	ਅਟਾਰਨੀ
Banker	ਸਾਹੂਕਾਰ
Cartographer	ਕਾਰਟੋਗ੍ਰਾਫਰ
Coach	ਕੋਚ
Dancer	ਡਾਂਸਰ
Doctor	ਡਾਕਟਰ
Editor	ਸੰਪਾਦਕ
Firefighter	ਫਾਇਰਫਾਈਟਰ
Hunter	ਹੰਟਰ
Jeweler	ਜਊ੍ਹਲਰ
Lawyer	ਵਕੀਲ
Musician	ਸੰਗੀਤਕਾਰ
Nurse	ਨਰਸ
Pianist	ਪਆਿਨਸਿਟ
Plumber	ਪਲੰਬਰ
Psychologist	ਮਨੋਵਗਿਆਿਨੀ
Sailor	ਮਲਾਹ
Veterinarian	ਤਚਕੱਤਸਕ

Professions #2
ਪੇਸ਼ੇ #2

Astronaut	ਪੁਲਾੜ ਯਾਤਰੀ
Biologist	ਜੀਵ
Dentist	ਡਾਕਟਰ
Detective	ਡਟਿੈਕਟਵਿ
Engineer	ਇੰਜੀਨੀਅਰ
Farmer	ਕਸਿਾਨ
Gardener	ਬਾਗਬਾਨ
Inventor	ਖੋਜ
Journalist	ਪੱਤਰਕਾਰ
Librarian	ਲਾਇਬ੍ਰੇਰੀਅਨ
Linguist	ਭਾਸ਼ਾ ਵਗਿਆਿਨੀ
Painter	ਚੰਿਤਰਕਾਰ
Philosopher	ਦਾਰਸ਼ਨਕਿ
Photographer	ਫੋਟੋਗ੍ਰਾਫਰ
Physician	ਫਜ਼ਿੀਸ਼ੀਅਨ
Pilot	ਪਾਇਲਟ
Researcher	ਖੋਜਕਾਰ
Surgeon	ਸਰਜਨ
Teacher	ਅਧਆਿਪਕ
Zoologist	ਜ਼ੂਲੋਗਸਿਟ

Psychology
ਮਨੋਵਗਿਆਿਨ

Appointment	ਨਯਿੁਕਤੀ
Assessment	ਮੁਲਾਂਕਣ
Behavior	ਵਹਿਾਰ
Childhood	ਸਜ਼ਾ।ਨ
Clinical	ਕਲੀਨਕਿਲ
Conflict	ਟਕਰਾਅ
Dreams	ਸੁਪਨੇ
Ego	ਈ.ਜੀ.ੳ
Experiences	ਅਨੁਭਵ
Influences	ਪ੍ਰਭਾਵ
Perception	ਧਾਰਨਾ
Problem	ਸਮੱਸਆਿ
Reality	ਹਕੀਕਤ
Sensation	ਸਨਸਨੀ
Subconscious	ਅਵਚੇਤਨ
Therapy	ਥੈਰੇਪੀ
Thoughts	ਵਚਿਾਰ
Unconscious	ਬੇਹੋਸ਼

Restaurant #1
ਰੈਸਟੋਰੈਂਟ #1

Allergy	ਐਲਰਜੀ
Bread	ਰੋਟੀ
Cashier	ਕੈਸ਼ੀਅਰ
Chicken	ਚਕਿਨ
Coffee	ਕਾਫੀ
Dessert	ਮਠਿਆਈ
Food	ਭੋਜਨ
Ingredients	ਸਮੱਗਰੀ
Kitchen	ਰਸੋਈ
Knife	ਚਾਕੂ
Meat	ਮੀਟ
Menu	ਮੀਨੂ
Napkin	ਰੁਮਾਲ
Plate	ਪਲੇਟ
Reservation	ਰਜ਼ਿਰਵੇਸ਼ਨ
Sauce	ਸਾਸ
Spicy	ਮਸਾਲੇਦਾਰ
Waitress	ਵੇਟਰੇਸ

Restaurant #2
ਰੈਸਟੋਰੈਂਟ #2

Appetizer	ਐਪੀਟਾਈਜ਼ਰ
Cake	ਕੇਕ
Chair	ਕੁਰਸੀ
Delicious	ਸੁਆਦੀ
Eggs	ਅੰਡੇ
Fish	ਮੱਛੀ
Fork	ਫੋਰਕ
Fruit	ਫਲ
Ice	ਆਈ.ਸੀ.ਈ
Noodles	ਨੂਡਲਜ਼
Salad	ਸਲਾਦ
Salt	ਲੂਣ
Soup	ਸੂਪ
Spices	ਮਸਾਲੇ
Spoon	ਚਮਚਾ
Vegetables	ਸਬਜ਼ੀ
Waiter	ਵੇਟਰ
Water	ਪਾਣੀ

Science
ਵਿਗਿਆਨ

Atom	ਐਟਮ
Chemical	ਰਸਾਇਣਕ
Climate	ਜਲਵਾਯੂ
Evolution	ਵਿਕਾਸ
Fact	ਤੱਥ
Fossil	ਜੀਵਾਸ਼ਮ
Gravity	ਗੰਭੀਰਤਾ
Hypothesis	ਪਰੀਕਲਪਨਾ
Laboratory	ਪ੍ਰਯੋਗਸ਼ਾਲਾ
Method	ਵਿਧੀ
Minerals	ਖਣਿਜ
Molecules	ਅਣੂ
Nature	ਕੁਦਰਤ
Observation	ਨਿਰੀਖਣ
Particles	ਕਣ
Plants	ਪੌਦੇ
Scientist	ਵਿਗਿਆਨੀ

Science Fiction
ਵਿਗਿਆਨਕ ਕਲਪਨਾ

Cinema	ਸਿਨੇਮਾ
Clones	ਕਲੋਨ
Distant	ਦੂਰ
Dystopia	ਡਿਸਟੋਪੀਆ
Extreme	ਅਤਿ
Fantastic	ਸ਼ਾਨਦਾਰ
Fire	ਅੱਗ
Futuristic	ਭਵਿੱਖਵਾਦੀ
Galaxy	ਗਲੈਕਸੀ
Illusion	ਭਰਮ
Imaginary	ਕਾਲਪਨਿਕ
Mysterious	ਰਹੱਸਮਈ
Novels	ਨਾਵਲ
Oracle	ਓਰੇਕਲ
Planet	ਗ੍ਰਹਿ
Realistic	ਯਥਾਰਥਵਾਦੀ
Scenario	ਦ੍ਰਿਸ਼
Technology	ਤਕਨਾਲੋਜੀ
Utopia	ਯੂਟੋਪੀਆ

Scientific Disciplines
ਵਿਗਿਆਨਕ ਅਨੁਸ਼ਾਸਨ

Anatomy	ਵਿਵਿਗਆਨ
Archaeology	ਪੁਰਾਤੱਤਵ
Astronomy	ਖਗੋਲ
Biochemistry	ਬਾਇਓਕੈਮਿਸਟਰੀ
Biology	ਜੀਵ
Botany	ਬੋਟਨੀ
Chemistry	ਰਸਾਇਣ
Ecology	ਈਕੋਲੋਜੀ
Geology	ਭੂਗੋਲ
Immunology	ਇਮਯੂਨੋਲੋਜੀ
Kinesiology	ਕਨਿਸੀਓਲੋਜੀ
Linguistics	ਵਗਿਆਿਨ
Mechanics	ਮਕੈਨਕਿ
Mineralogy	ਖਣਜਿ
Neurology	ਨਊਿਰੋਲੋਜੀ
Physiology	ਸਰੀਰ ਵਗਿਆਿਨ
Psychology	ਮਨੋਵਗਿਆਿਨ
Sociology	ਸਮਾਜ
Thermodynamics	ਥਰਮੋਡਾਇਨਾਮਕਿਸ
Zoology	ਜ਼ੂਲੋਜੀ

Shapes
ਆਕਾਰ

Arc	ਏ
Circle	ਚੱਕਰ
Cone	ਕੋਨ
Corner	ਕੋਨਾ
Cube	ਘਣ
Curve	ਕਰਵ
Cylinder	ਸਲਿੰਡਰ
Edges	ਕਨਿਾਰੇ
Ellipse	ਐਲੀਪਸ
Hyperbola	ਹਾਈਪਰਬੋਲਾ
Line	ਲਾਈਨ
Oval	ਓਵਲ
Polygon	ਬਹੁਭੁਜ
Prism	ਪ੍ਰਜ਼ਿਮ
Pyramid	ਪਰਿਾਮਡਿ
Rectangle	ਆਇਤ
Side	ਪਾਸੇ
Square	ਵਰਗ
Triangle	ਤਕਿੋਣ

Spices
ਮਸਾਲੇ

Anise	ਅਨੀਸ
Bitter	ਕੌੜਾ
Cardamom	ਇਲਾਇਚੀ
Cinnamon	ਦਾਲਚੀਨੀ
Coriander	ਧਨੀਆ
Curry	ਕਰੀ
Fennel	ਸੌਂਫ
Flavor	ਸੁਆਦ
Garlic	ਲਸਣ
Ginger	ਅਦਰਕ
Licorice	ਲਕਿੋਰਸਿ
Nutmeg	ਨਟਮਗ
Onion	ਪਆਿਜ
Paprika	ਪਪ੍ਰਕਿਾ
Pepper	ਮਰਿਚ
Saffron	ਕੇਸਰ
Salt	ਲੂਣ
Sweet	ਮੱਠਿਾ
Turmeric	ਹਲਦੀ
Vanilla	ਵਨੀਲਾ

Technology
ਤਕਨਾਲੋਜੀ

Bytes	ਬਾਈਟ
Camera	ਕੈਮਰਾ
Computer	ਕੰਪਊਿਟਰ
Cursor	ਕਰਸਰ
Digital	ਡਜੀਟਲ
Display	ਡਸਿਪਲੇਅ
File	ਫਾਇਲ
Font	ਫੋਂਟ
Internet	ਇੰਟਰਨੈੱਟ
Message	ਸੁਨੇਹਾ
Research	ਖੋਜ
Screen	ਸਕਰੀਨ
Security	ਸੁਰੱਖਿਆ
Software	ਸਾਫਟਵੇਅਰ
Statistics	ਅੰਕੜੇ
Virtual	ਵਰਚੁਅਲ
Virus	ਵਾਇਰਸ

The Media
ਮੀਡੀਆ

Advertisements	ਇਸ਼ਤਹਿਾਰ
Attitudes	ਰਵੱਈਏ
Commercial	ਵਪਾਰਕ
Communication	ਸੰਚਾਰ
Digital	ਡਜੀਟਲ
Edition	ਐਡੀਸ਼ਨ
Education	ਸੱਿਖਿਆ
Facts	ਤੱਥ
Images	ਚੱਿਤਰ
Individual	ਵਅਿਕਤੀਗਤ
Industry	ਉਦਯੋਗ
Intellectual	ਬੌਧਕਿ
Local	ਸਥਾਨਕ
Network	ਨੈੱਟਵਰਕ
Opinion	ਰਾਏ
Photos	ਫੋਟੋ
Radio	ਰੇਡੀਓ
Television	ਟੈਲੀਵਜ਼ਿਨ

Time
ਸਮਾਂ

Annual	ਸਾਲਾਨਾ
Before	ਪਹਲਿਾਂ
Calendar	ਕੈਲੰਡਰ
Century	ਸਦੀ
Clock	ਘੜੀ
Day	ਦਨਿ
Decade	ਦਹਾਕੇ
Early	ਸ਼ੁਰੂ
Future	ਭਵੱਿਖ
Hour	ਘੰਟਾ
Minute	ਮਟਿ
Month	ਮਹੀਨਾ
Morning	ਸਵੇਰ
Night	ਰਾਤ
Noon	ਦੁਪਹਰਿ
Now	ਹੁਣ
Soon	ਜਲਦੀ ਹੀ
Today	ਅੱਜ
Week	ਹਫਤਾ
Year	ਸਾਲ

Town
ਸ਼ਹਰਿ

Airport	ਏਅਰਪੋਰਟ
Bakery	ਬੇਕਰੀ
Cinema	ਸਨਿੇਮਾ
Clinic	ਕਲੀਨਕਿ
Florist	ਫਲੋਰਸਿਟ
Gallery	ਗੈਲਰੀ
Hotel	ਹੋਟਲ
Library	ਲਾਇਬ੍ਰੇਰੀ
Market	ਮੰਡੀ
Museum	ਮਊਿਜ਼ੀਅਮ
Pharmacy	ਫਾਰਮੇਸੀ
Restaurant	ਭੋਜਨਾਲਾ
Salon	ਸੈਲੂਨ
School	ਵਦਿਆਿਲਾ
Stadium	ਸਟੇਡੀਅਮ
Store	ਸਟੋਰ
Supermarket	ਸੁਪਰਮਾਰਕੀਟ
Theater	ਥੀਏਟਰ
University	ਯੂਨੀਵਰਸਟਿੀ
Zoo	ਚੜ਼ੀਆਘਰ

Universe
ਬ੍ਰਹਮਿੰਡ

Asteroid	ਟਕਰਾਉਣ
Astronomy	ਖਗੋਲ
Atmosphere	ਮਾਹੌਲ
Cosmic	ਬ੍ਰਹਮਿੰਡੀ
Eon	ਈਓਐਨ
Equator	ਭੂਮੱਧ
Galaxy	ਗਲੈਕਸੀ
Hemisphere	ਗੋਲਾ
Horizon	ਹੋਰੀਜ਼ਨ
Latitude	ਅਕਸ਼ਾਂਸ਼
Longitude	ਲੰਬਕਾਰ
Moon	ਚੰਦਰਮਾ
Orbit	ਓਿਆਰਬਟਿ
Sky	ਆਕਾਸ਼
Solar	ਸੋਲਰ
Solstice	ਸੰਗਰਾਦ
Telescope	ਟੈਲੀਸਕੋਪ
Tilt	ਝੁਕਾਓ
Visible	ਦਖਿਣਯੋਗ
Zodiac	ਰਾਸ਼ੀ

Vacation #2
ਛੁੱਟੀ #2

Airport	ਏਅਰਪੋਰਟ
Beach	ਬੀਚ
Camping	ਕੈਂਪਗਿ
Destination	ਮੰਜ਼ਲਿ
Foreigner	ਵਦਿੇਸ਼ੀ
Holiday	ਛੁੱਟੀ
Hotel	ਹੋਟਲ
Island	ਟਾਪੂ
Journey	ਯਾਤਰਾ
Leisure	ਮਨੋਰੰਜਨ
Map	ਨਕਸ਼ਾ
Mountains	ਪਹਾੜ
Passport	ਪਾਸਪੋਰਟ
Photos	ਫੋਟੋ
Restaurant	ਭੋਜਨਾਲਾ
Sea	ਸਾਗਰ
Taxi	ਟੈਕਸੀ
Tent	ਤੰਬੂ
Transportation	ਆਵਾਜਾਈ
Visa	ਵੀਜ਼ਾ

Vegetables

ਸਬਜ਼ੀਆਂ

Artichoke	ਆਂਟਚੋਕ
Broccoli	ਬਰੋਂਕਲੀ
Carrot	ਗਾਜਰ
Cauliflower	ਫੁੱਲਗੋਭੀ
Celery	ਅਜਵਾਇਨ
Cucumber	ਖੀਰਾ
Eggplant	ਬੈਂਗਣ
Garlic	ਲਸਣ
Ginger	ਅਦਰਕ
Mushroom	ਖੁੰਭ
Olive	ਜੈਤੂਨ
Onion	ਪਿਆਜ
Parsley	ਪਾਰਸਲੇ
Pea	ਪੀ.ਈ.ਏ
Pumpkin	ਕੱਦੂ
Radish	ਮੂਲੀ
Salad	ਸਲਾਦ
Spinach	ਪਾਲਕ
Tomato	ਟਮਾਟਰ
Turnip	ਸ਼ਲਗਮ

Vehicles

ਵਾਹਨ

Airplane	ਜਹਾਜ਼
Ambulance	ਐਂਬੂਲੈਂਸ
Bicycle	ਸਾਈਕਲ
Bus	ਬੱਸ
Car	ਕਾਰ
Engine	ਇੰਜਣ
Helicopter	ਹੈਲੀਕਾਪਟਰ
Motor	ਮੋਟਰ
Raft	ਰਾਫਟ
Rocket	ਰਾਕੇਟ
Scooter	ਸਕੂਟਰ
Shuttle	ਸ਼ਟਲ
Submarine	ਪਣਡੁੱਬੀ
Subway	ਸਬਵੇਅ
Taxi	ਟੈਕਸੀ
Tires	ਟਾਇਰ
Tractor	ਟਰੈਕਟਰ
Truck	ਟਰੱਕ
Van	ਵੈਨ

Visual Arts

ਵਿਜ਼ੂਅਲ ਆਰਟਸ

Architecture	ਆਰਕੀਟੈਕਚਰ
Ceramics	ਵਸਰਾਵਕਿਸ
Chalk	ਚਾਕ
Charcoal	ਚਾਰਕੋਲ
Clay	ਮਿੱਟੀ
Creativity	ਰਚਨਾਤਮਕਤਾ
Easel	ਈਜ਼ਲ
Film	ਫਲਿਮ
Masterpiece	ਮਾਅਨਿਆ
Painting	ਪੇਂਟਗਿ
Pen	ਕਲਮ
Pencil	ਪੈਨਸਲਿ
Perspective	ਨਜ਼ਰੀਏ
Photograph	ਫੋਟੋ
Portrait	ਪੋਰਟਰੇਟ
Stencil	ਸਟੈਨਸਲਿ
Wax	ਮੋਮ

Weather

ਮੌਸਮ

Atmosphere	ਮਾਹੌਲ
Breeze	ਬ੍ਰੀਜ਼
Climate	ਜਲਵਾਯੂ
Cloud	ਬੱਦਲ
Drought	ਸੋਕਾ
Dry	ਸੁੱਕਾ
Fog	ਧੁੰਦ
Hurricane	ਹਰੀਕੇਨ
Ice	ਆਈ.ਸੀ.ਈ
Lightning	ਲਾਈਟਨਗਿ
Monsoon	ਮਾਨਸੂਨ
Polar	ਪੋਲਰ
Rainbow	ਰੇਨਬੋ
Sky	ਅਸਮਾਨ
Storm	ਤੂਫ਼ਾਨ
Temperature	ਤਾਪਮਾਨ
Thunder	ਥੰਡਰ
Tornado	ਟੋਰਨਾਡੋ
Tropical	ਟ੍ਰੋਪਕਿਲ
Wind	ਹਵਾ

Congratulations

You made it!

We hope you enjoyed this book as much as we enjoyed making it. We do our best to make high quality games.
These puzzles are designed in a clever way for you to learn actively while having fun!

Did you love them?

A Simple Request

Our books exist thanks your reviews. Could you help us by leaving one now?

Here is a short link which will take you to your order review page:

BestBooksActivity.com/Review50

MONSTER CHALLENGE!

Challenge #1

Ready for Your Bonus Game? We use them all the time but they are not so easy to find. Here are **Synonyms**!

Note 5 words you discovered in each of the Puzzles noted below (#21, #36, #76) and try to find 2 synonyms for each word.

*Note 5 Words from **Puzzle 21***

Words	Synonym 1	Synonym 2

*Note 5 Words from **Puzzle 36***

Words	Synonym 1	Synonym 2

*Note 5 Words from **Puzzle 76***

Words	Synonym 1	Synonym 2

Challenge #2

Now that you are warmed-up, note 5 words you discovered in each Puzzle noted below (#9, #17, #25) and try to find 2 antonyms for each word.
How many lines can you do in 20 minutes?

Note 5 Words from ***Puzzle 9***

Words	Antonym 1	Antonym 2

Note 5 Words from ***Puzzle 17***

Words	Antonym 1	Antonym 2

Note 5 Words from ***Puzzle 25***

Words	Antonym 1	Antonym 2

Challenge #3

Wonderful, this monster  challenge is nothing to you!

Ready for the last one? Choose your 10 favorite words discovered in any of the Puzzles and note them below.

1.	6.
2.	7.
3.	8.
4.	9.
5.	10.

Now, using these words and within a maximum of six sentences, your challenge is to compose a text about a person, animal or place that you love!

Tip: You can use the last blank page of this book as a draft!

Your Writing:

NOTEBOOK:

SEE YOU SOON!

Linguas Classics Team

www.ingramcontent.com/pod-product-compliance
Lightning Source LLC
LaVergne TN
LVHW060040210926
848481LV00013B/3918
* 9 7 9 8 3 4 9 0 0 8 5 4 2 *